# グループ・ダイナミックス
## 集団と群集の心理学

釘原直樹

有斐閣
GROUP DYNAMICS

# はじめに――世間知とグループ・ダイナミックス

　吉田兼好の『徒然草』に良友と悪友の条件を書いた部分がある（武田，2002）。

　「友とするのにわろきもの七つあり。一つには高くやんごとなき人（身分が高い人），二つには若き人，三つには病なく身強き人，四つには酒を好む人，五つにはたけく勇める兵（つわもの），六つには虚言（そらごと）する人，七つには欲深き人。良き友三つあり。一つにはものをくるる友，二つには医師（くすし），三つには知恵ある友。」

　悪友の条件のうち最初の3つと5番目は相手の気持ちがわからない配慮を欠く人，4番目，6番目，7番目は他人に迷惑をかける人のことを指している。一方，良友の条件はもっぱら合理性で貫かれている。以上の内容はユーモアを感じさせるものであるが，対人関係の一側面を簡潔に表現しているといえる。
　社会心理学やグループ・ダイナミックスの知見や理論には，このような世間知や箴言（しんげん）と一致するものがかなりある。その意味では，そのような世間知からヒントを得て研究を進めることも有力な方法であろう。社会心理学の理論と多少関係ありそうな箴言を思いつくまま挙げると，下記のようなものがある。[　]の中は関連すると思われる心理学の理論である。
- 「愛は屋烏（おくう）に及ぶ」――人を深く愛すると，その人の家の屋根にとまっているカラスにまで愛が及ぶようになる。[ハロー効果]

i

- 「悪事千里を走る」――悪い行いはすぐに世間に知れ渡る。［スモールワールド問題］
- 「怨みに報いるに徳を以てす」――怨みのある者に対しても徳で報いる。［心的衡平性（equity）］
- 「心ここに在らざれば視れども見えず」――心がうわの空ではいくら見ても真(まこと)の姿は見えない。［認知バイアス］
- 「鹿を逐(お)う者は山を見ず」――利益を得ることに熱中している者は，他のことは顧みなくなる。［認知バイアス］
- 「鹿を指して馬と為(な)す」――人を威圧して間違いを押し通す。まわりの人はおかしいと思いながらも黙認している。［多元的衆愚］
- 「小人閑居して不善を為す」――誰も見ていないときにその人の本性がむき出しになる。［社会的手抜き］
- 「酔翁の意は酒に在らず」――酒に酔う人のねらいは他のことにある。うわべはともかく本音は別。［話の内容ではなく話者のパーソナリティに注意を向けさせる説得テクニック］
- 「千丈の堤もアリの一穴より」――小さなアリがつくった穴がきっかけで大きなものが崩れ始める。ほんのわずかな不注意や油断から大事が起こる。［フット・イン・ザ・ドア・テクニック］
- 「桃李言わざれども下おのずから蹊(けい)を成す」――桃やすももは何も言わないが，その花や実を慕って多くの人が集まるので，その下には自然に道ができる。徳望のある人のもとへは人が自然に集まる。［カリスマ・リーダーシップ］
- 「地の利は人の和にしかず」――地形上の有利さ（城壁や堀）は，守ろうとする人々の心の一致している強さには及ばない。［リーダーシップの集団維持機能］

筆者が勤務していた前任校ではいろいろと持論を唱え，上記のような箴言をもち出し，うんちくを傾ける工学部の某教授がいた。そのようなうんちくの中には根拠がはっきりしないものもあったが，集団研究の観点から見てけっこう納得できるものもあった。その1つが「個を制するには全体を制する方が効率的である」というものである。その根拠となった体験は，彼の子どもの授業参観中の出来事であった。理科の実験を参観していたときに，ある水道栓が壊れて大量の水がほとばしり出るようになってしまった。教師をはじめ生徒たちはその蛇口をふさいで何とか止めようとするが，水圧が強く，実験室全体が水浸しになるような状態になってしまった。そのときに，ある男性が実験室内の複数の蛇口をすべて開栓した。その結果，水圧が低下し，破損した蛇口を首尾よくふさぐことができたということであった。人間に関しても同じようなことがあるのではないかというのが彼の持論であった。たしかに集団全体に働きかけることによって個を制御することはグループ・ダイナミックスの研究の中でもポピュラーなものである。例えば集団決定（Lewin, 1947）や同調行動（Asch, 1951）の研究やマインド・コントロール現象に関する研究は，その代表的なものであろう。

　一方，根拠が薄弱な持論もあった。それは，「人はアイウエオ（アルファベット）順で出世する」というものである。歴史上の人物や有名人を筆者が思いつくまま挙げると，例えば，「阿倍仲麻呂，足利尊氏，今川義元，上杉謙信，織田信長，明智光秀，新井白石，井伊直弼，榎本武揚，大久保利通，伊藤博文，池田勇人，安倍晋三，麻生太郎，石原慎太郎，小和田雅子，安室奈美恵，明石家さんま，アインシュタイン（Einstein），アレクサンダー（Alexander）大王，チャーチル（Churchill）元首相，ブッシュ（Bush）前大統領，クリントン（Clinton）元大統領」などがある。このような名前はたしか

にアイウエオ（アルファベット）順の先頭の方に位置する。彼によれば、「名簿の前の方に記載される人の方が後に記載される人より、名前をよばれることが多くなったり、席順が早くなったり、また先頭に立って行動しなければならない機会が多く与えられるのではないか。それがその人の人となりに影響するかもしれない。ちなみに自分は渡辺だから出世しなくてもよい」というものであった。

名前が出世に影響し、渡辺さんは出世しないのだろうか。筆者は、もしこれがデータで裏づけられれば面白い発見になると考えた。そこで名前のアイウエオ順と出世の関係について見てみることにした。出世の定義は難しいが、とりあえず国会議員を出世集団と見なして、名簿を検索した。その結果、ア行とカ行が占める割合が全体の38％（衆議院と参議院を合わせた場合。2009年10月現在）になり予想が的中したかと考えた。しかし人口統計学的な人の名前の分布を考慮するために大学職員（大阪大学，2009年度）の名簿も分析したところア行とカ行の割合は35％であり、ほとんど同じ結果になった。アイウエオ順で出世するということに関しては、上記の方法では明確な結果を得ることはできなかった。

ただし、この渡辺氏の考え方はかなり妥当性が高いと思われる部分もある。すなわち個人独自の個性とされているものも、結局は集団や社会の中でその人が受けたさまざまな刺激の量の分布の違いに帰着できる部分が多い可能性があるからである。例えばある人の人となりは、集団の中で偶然に与えられた役割で形成される可能性がある。名前もそのような刺激の1つであるとしても不思議ではない。例えばアメリカ軍の新兵の研究によれば、食事のときに他の新兵を引き連れて食堂に誘導するような役割を与えられた者は、いつの間にか他の新兵にリーダーと目されるようになったとのことである（Raven & Rubin, 1983）。またアメリカ大リーグの監督やコーチの現

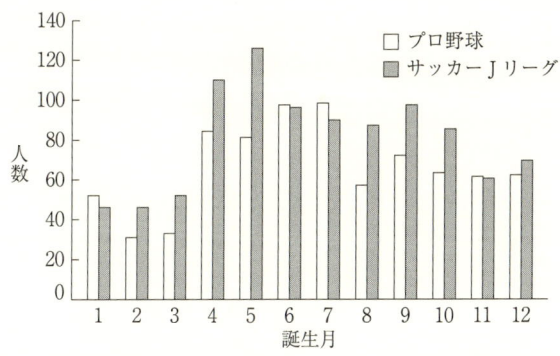

**図 プロスポーツ選手の人数と誕生月**

(出典) http://baseball-data.com/
http://vortis.s88.xrea.com/data/shussin.php より作成。

役時代の守備ポジションを調べた研究によれば、内野手（選手の割合、36.3%）出身者が占める割合が圧倒的に多い（74.8%）ことがわかった（Grusky, 1963）。また日本のプロ野球のチーム勝率を調べた研究によれば、内野手出身の監督の場合が投手や外野手出身者の場合よりも勝率が高くなることが明らかにされている（藤森、1992）。内野手は試合に出場する回数も多く、球を手にしたり、他の選手に球を投げたりする機会も多い。特に捕手は守備全体に常に気を配っておく必要がある。このようなことが、マネージャーとしての能力を形成したと考えられる。個性も集団の中で形成されるといえるのではなかろうか。

また特に運動やスポーツに関しては幼少の頃の経験が、大人になってからの経歴にも影響することを示唆するデータがある。図は2009年現在の日本人のプロ野球全選手791名と2010年現在のサッカーのJ1とJ2リーグの日本人全選手964名の誕生月ごとの人数を示したものである。

厚生労働省大臣官房統計情報部発表の人口動態報告（厚生労働省、

2010b)によれば，全国民の誕生月の人数はほとんど変わらない。ところが図は4月〜7月に誕生した選手は1月〜3月に誕生した選手より，その人数が顕著に多いことを示している。このような現象は，4月〜7月生まれの方が，同一学年内で体が大きいことに起因していると考えられる。すなわち幼少時に体力や運動能力の差を繰り返し体験することにより，その体験が集積されることを示唆している。

このようなことからグループ・ダイナミックスを知ることは集団だけでなく個性も知ることにつながり，また世間知に実証的基盤を提供することにもつながるものと思われる。

ところで本書では集団だけでなく群集や集合についても取り上げることにした。そして特に集合行動の説明に力点をおいた。従来のグループ・ダイナミックス研究は，10人以下の小集団を対象とした研究が多かった。ここで取り上げる研究はそのようなものばかりではなく，パニックや暴動等の群集行動・集合行動も含む。

パニックや暴動，テロリズム等の集合行動は日常的に発生するものではなく，科学的分析の対象とはなりにくい。しかし，そのような異常事態においてこそ人間の本性が露わになることが考えられる。「疾風に勁草を知る」という言葉があるが，集合行動が発生するような極限状況は人間の最も本質的と思われる部分，すなわち愛や勇気，臆病や利己心等が顕在化する状況とも考えられる。場合によっては集合行動は古い制度や価値の破壊と新しい社会の創造の契機となり，歴史を変えることもある。そのために映画や小説などでは繰り返し，このような集合行動に関連したものが取り上げられている。例えば『タワーリング・インフェルノ』『ポセイドン・アドベンチャー』『プラトーン』『戦艦ポチョムキン』等，枚挙の暇がないほどである。しかし，集合行動は心理学や社会学の学問研究領域の中で

は周辺的な領域としてしか扱われていない。アメリカやわが国の社会心理学の概論書のほとんどでは，集合行動に関しては最後の方に少しだけページが割かれているだけである。これは研究方法の困難さに起因しているのであろう。しかしそれでも心理学や社会学，あるいは建築学の領域で研究成果が積み重ねられつつある。本書ではパニック，群集衝突，テロリズム，スケープゴートに関する，実験室実験，野外実験，面接・質問紙研究，アーカイブ分析などを取り上げる。

なお，第II部の内容は，『危機管理マニュアル——どう伝え合うクライシスコミュニケーション』(吉川肇子・釘原直樹・岡本真一郎・中川和之，イマジン出版，2009年)の筆者執筆部分をもとに，大幅な加筆・修正を加えて構成した。掲載を承諾されたイマジン出版に感謝申し上げる。

本書の企画から刊行まで，有斐閣書籍編集第二部の櫻井堂雄氏にご協力いただいた。感謝申し上げる。

2011年2月

**釘原 直樹**

# 著者紹介

**釘原 直樹**（くぎはら なおき）

1952 年生まれ。

1982 年，九州大学大学院教育学研究科博士課程満期退学（博士，教育心理学）。

現在，東筑紫短期大学食物栄養学科教授（大阪大学大学院人間科学研究科名誉教授）。

**主要著作・論文**

『パニック実験――危機事態の社会心理学』ナカニシヤ出版，1995 年

Gender and social loafing in Japan. *Journal of Social Psychology*, **139**, 516–526, 1999 年

Effects of aggressive behaviour and group size on collective escape in an emergency: A test between a social identity model and deindividuation theory. *British Journal of Social Psychology*, **40**, 575–598, 2001 年

Effects of physical threat and collective identity on prosocial behavior in an emergency. In J. P. Morgan (Ed.), *Psychology of aggression* (pp. 45–67). Nova Science Publishers, 2005 年

「集団と組織」白樫三四郎編『産業・組織心理学への招待』(pp. 67–96) 有斐閣，2009 年

# 目　次

## 第I部　集団

### 第1章　集団とは何か　　3

1 集団の定義と研究方法 ……………………………… 3
　集団の定義（3）　　集団に関するユニークな研究（5）

2 集団の機能 …………………………………………… 9

3 集団の発達 …………………………………………… 13

4 集団の構造 …………………………………………… 16
　集団規範（16）　　役割・地位（19）　　集団のネットワーク（22）

【コラム1】グループ・ダイナミックスの創始者レヴィンに関するドイツ時代の弟子による手記（27）

### 第2章　集団のパフォーマンス　　31

1 集団のパフォーマンスに影響する要因 ………… 31
　集団成員の能力やパーソナリティと成員構成（31）　　課題（34）　　評価（37）　　まとめ（40）

2 社会的手抜き ………………………………………… 40
　社会的手抜きの実験（41）　　社会的手抜きの防止（45）
　社会的促進とホーム・アドバンテージ（47）

【コラム2】 グループ・ダイナミックスや社会心理学の研究分野の現状（56）

# 第3章 集団意思決定　59

## 1 さまざまな集団意思決定 …………………… 59
## 2 集団意思決定の問題点 …………………… 61
共有情報バイアス——隠れたプロファイル（61）　集団極化（64）　集団的浅慮（65）
## 3 集団的浅慮 …………………… 66
集団的浅慮の症状（66）　集団的浅慮の原因（68）　太平洋戦争開戦時の集団的浅慮（70）　集団的浅慮を防ぐ方法（76）

# 第4章 リーダーシップ
## ——軍隊のリーダーシップを中心として　79

## 1 リーダーシップの定義 …………………… 80
目標の明確化（81）　方向づけと動機づけ（82）

【コラム3】 PMリーダーシップ理論に基づく暴力学校における暴力低減のアクション・リサーチ（84）

## 2 リーダーシップの4要因 …………………… 86
リーダー（86）　部下（88）　状況（88）　コミュニケーション（90）
## 3 リーダーシップの原理 …………………… 91

# 第 II 部 集合と群集

## 第 5 章 集合・群集の行動

### 1 集合行動, 群集行動
歴史上に見る集合行動, 群集行動 (99)　集合, 群集とは (101)

### 2 敵意に基づく集合行動
抗議行動 (デモ) (103)　社会運動 (105)　暴動 (106)　リンチ (107)　スケープゴート (108)

### 3 興味・娯楽・利益に基づく集合行動
街角群集・野次馬 (109)　聴衆・観衆 (109)　祝祭群集 (110)　流行 (113)　行列 (115)

### 4 恐怖・不安に基づく集合行動
パニック (117)　集団ヒステリー (117)

### 5 流　言
流言とは (118)　流言が発生する原因 (120)　流言内容の変容と流言の拡散 (121)

## 第 6 章 集合行動の理論

### 1 ル・ボンの古典的理論
### 2 ゲーム理論, 社会的ジレンマ理論
### 3 輻輳理論
### 4 創発規範理論
### 5 価値付加理論
構造的誘発性 (135)　構造的緊張 (136)　一般化された信念の成長と普及 (138)　きっかけ要因 (139)　行

為に向かっての参加者の動員（140）　社会的統制の作動（140）

## 第7章　群集行動の実証的研究
### ——アーカイブ分析，野外実験　　　141

1 群集行動の研究方法 …………………………………… *141*

2 アーカイブ分析 ………………………………………… *143*
アーカイブ分析とは（*143*）　アーカイブ分析の研究例——飛び降り自殺企図者をはやす野次馬群集に関する新聞記事の分析（*145*）

3 野外（フィールド）実験 ……………………………… *146*
野外実験の研究例①——大阪のエスカレーター利用者の同調実験（*147*）　野外実験の研究例②——行列に割り込む者に対する人々の反応に関する野外実験（*150*）

## 第8章　危機事態の行動——パニック　　153

1 パニックは発生するのか ……………………………… *153*

【コラム4】パニックに関する新聞記事の分析（*155*）

2 理性モデルと非理性モデル …………………………… *157*
2つの見方（*157*）　理性モデルと非理性モデルの対立の原因（*158*）

3 危機事態における意思決定 …………………………… *162*

4 危機時の人間行動の特徴 ……………………………… *165*
個人の避難傾性（*165*）　傍観者効果（*166*）　脱出行動の性差（*167*）

5 危機事態への対処方法 ………………………………… *168*
対処方法（*168*）　対応にひそむパラドックス（*177*）

## 第9章 危機事態の行動の実証的研究　181

### 1 流体力学的研究——コンピュータ・シミュレーション …… 181
### 2 面接・質問紙研究——航空機事故の分析 …………… 183
### 3 野外実験 ……………………………………… 187
群集の遭遇・衝突実験(187)　群集誘導法に関する野外実験(191)
### 4 実験室実験 …………………………………… 192
危機事態における人間行動を研究するための方法ならびに実験装置(193)　隘路状況設定実験(195)　迷路状況(199)　複数の出口がある状況(202)　実験の結果(205)　危機事態の心理的メカニズム(213)

## 第10章 スケープゴート現象　217

### 1 スケープゴートとは ………………………… 217
### 2 スケープゴートの変遷に関する波紋モデル ………… 221
### 3 波紋モデルに関する実証的研究 ……………… 223
JR福知山線脱線事故に関する報道(223)　感染症に関する報道(224)　スケープゴートの変遷に関する研究の意義(225)

## 第11章 テロリズム　227

### 1 テロリズムとは ……………………………… 227
テロリズムの定義(228)　テロリズムの分類(229)　テロリストの分類(229)　テロリズムの歴史(232)
### 2 テロリズム行動の心理学的説明 ……………… 233
テロリズム行動を説明する理論(233)　テロリズム行為に伴う良心の呵責の軽減方法(235)

***3*** テロリズムの原因 …………………………… 236
　　人口統計学的問題（236）　　心理的要因（238）

　　**引用文献**　　243
　　**事項索引**　　265
　　**人名索引**　　272

# 第 I 部

Part 1

Group

# 集 団

# 第1章 集団とは何か

## *1* 集団の定義と研究方法

**集団の定義**

　集団は，その性質もサイズも形成過程も機能も成員間の絆の強さもさまざまである。すなわち多種多様な集団が存在する。そのために集団を定義することは難しく，研究者によってさまざまな定義が行われている。例えばレヴィン（Lewin, 1948）は，集団の定義として「共通運命」を挙げている。プロスポーツのチームの場合は成績がよければ，特に優勝などすれば選手の年俸も上がる。表1-1は，

表1-1　プロ野球球団の年俸総額（2008年度）と過去4年間のチーム成績

| セ・リーグ | | | パ・リーグ | | |
|---|---|---|---|---|---|
| 球団名 | 順位平均 | 年俸総額 | 球団名 | 順位平均 | 年俸総額 |
| 阪神 | 2 | 35億3410万円 | 日本ハム | 2.5 | 20億4940万円 |
| 中日 | 2 | 27億1610万円 | ロッテ | 2.75 | 26億8170万円 |
| 巨人 | 2.75 | 26億6506万円 | 西武 | 2.75 | 22億8840万円 |
| ヤクルト | 4.5 | 20億6090万円 | ソフトバンク | 3.5 | 32億6940万円 |
| 横浜 | 4.75 | 19億9800万円 | オリックス | 4.25 | 16億9160万円 |
| 広島 | 5 | 14億2460万円 | 楽天 | 5.25 | 16億1010万円 |

2008年度におけるプロ野球球団の年俸とチーム成績（過去4年間〔2005～2008年度〕の平均）を表したものである。このように集団成員は集団と運命をともにしている面がある。

そのほかにも，例えばシェリフとシェリフ（Sherif & Sherif, 1969）は役割や地位といった一定の構造をもつ人々の集まり，ベイルズ（Bales, 1950）は対面による相互作用，タジフェル（Tajfel, 1981）は集団アイデンティティの存在を集団の定義の必要不可欠な要素として挙げている。結局，集団を定義する際にはこれらの要素を並べて記述することになる。ということは，これらの要素をすべて強くもつ集団は集団としての存在感が強いことを意味する。この存在感（人々がもつ印象）を，キャンベル（Campbell, 1958）は集団実体性（group entitativity）という言葉で表現している。リッケルら（Lickel et al., 2000）は下記のような集団実体性と相関が高い集団特性を挙げている。

① 相互作用──集団成員が互いにどの程度日常的に交流があり，またコミュニケーションを行っているかに関連する。
② 重要性──集団成員にとってその集団に所属することがどの程度重要であるかに関連する。
③ 類似性──集団成員の行動様式，外見，デモグラフィックな（人口統計学的）要因などの類似性に関連する。
④ 持続性──集団がどの程度長く集団として存続するかに関連する。
⑤ 共通目標──集団成員がどの程度共通の目標を共有しているかに関連する。
⑥ 共通結果──集団成員個人に与えられる結果や報酬が，どの程度集団全体の業績に影響されているかに関連する。
⑦ 浸透性──集団成員の集団に対する参加と離脱の容易さに関

連する。

⑧ サイズ――集団を構成している人数に関連する。

このうちの①～⑥までは集団実体性とプラスの相関があり、⑦と⑧はマイナスの相関が見られた。リッケルらは、さまざまな集団に対して人々がもつ集団実体性の感覚を明らかにしている。それによればプロスポーツ・チームや家族、友達は実体性認知の程度が高く、一方、映画館の観客、バス停で待っている人々、銀行の窓口に並んでいる人々はそれが低かった。集団と集合を分けるとすれば、実体性が高い人々の集まりは集団であり、実体性が低いものは集合となろう。集団の定義は結局、「上記8つの特性があり、かつ役割や構造が存在する複数の人々の集まり」となる。

## 集団に関するユニークな研究

社会心理学や集団を研究対象とする場合、主として3つの研究方法がある。第1は観察、第2は調査（質問紙）、第3は実験である。社会心理学の研究方法に関してはいくつかの書籍が出版されている（例えば、安藤ら、2009など）。ここでは、過去に行われたユニークな研究のいくつかを取り上げることにする。

社会心理学の概論書に記載されている古典的な研究方法は奇抜なものが多い。例えば、ミルグラム（Milgram, 1974）は人間が権威からの命令にはいかに弱く、服従するかを明らかにした実験を行った。この実験では電気ショックの罰を学習者（実験協力者、「サクラ」である）に与えるように、実験者が実験参加者（教師役）に要請して、その要請に実験参加者がいかに応じるかを検証した。実験途中で電気ショックを与えられた学習者はうめき声を上げ、苦しみ悶えるが、実験者は実験参加者に対して実験を続行してショックを与え続けるように冷たく命令するのである。アロンソンとミルズ（Aronson &

Mills, 1959) は，努力の正当化の存在を明らかにする実験を行った。努力の正当化とは，努力して何かを成し遂げると，努力しないで同じ結果になった場合よりも，その対象に対する魅力が高まるということである。その意味で努力をしいる大学入試は，学生の動機づけを維持するのに役立つ。アロンソンらは「性の心理学」というテーマで議論を行うと称して，参加する女性実験参加者に対して，「fuck」や「cock」という言葉や，ポルノ小説の生々しい文章を男性の実験者の前で大声で読み上げさせたりした。実験参加者には「恥ずかしがって議論に参加しない人を選別するため」だと説明した。アッシュ（Asch, 1951）は人が他者の意見にいかに同調しやすいかを明らかにするために，棒の長さの比較判断を行わせた。1本の標準刺激と3本の比較刺激が呈示された（図6-1参照）。実験参加者は，標準刺激と同じ長さの棒を比較刺激の中から選ぶのである。実験参加者は1人で他は全員サクラである。実験参加者が1人で判断した場合にはほとんど間違えることはなかったが，嘘の回答（判断）をサクラ全員が言えば，75%の実験参加者がそれに引きずられてしまった。

このような実験のほかにも，実験参加者が質問紙に回答しているところに煙を入れ，火事と思い込ませて，個人および集団の行動を観察した実験（Darley & Latané, 1968）や，終末思想（この世の終わりが来て，信者のみは空飛ぶ円盤で宇宙人から助けられる）をもつ新興宗教教団に入り込み，教祖の予言が外れた後で信者がどのように行動するかを観察した研究（Festinger et al., 1956），外国人の研究者が日本のヤクザと長期間寝食をともにし，ショバ割り，杯事を体験しながら観察した研究（ラズ，1996），人通りが多い交差点で2人の通行人が衝突しそうになったときに相手をどのような姿勢で避けようとするのか，その男女の違い（女性は乳房を防御しようとして相手に背中

を向ける）を明らかにした研究（Collett & Marsh, 1974），便所の落書きから社会的に容認されていない態度や感情を明らかにしようとした研究（Green, 2003），などがある。

わが国でもユニークな実験が行われている。河野（2006）は看護学生を対象にして，入棺して自分の死を疑似体験することが死生観にどのように影響するかについて分析している。体験することが死を肯定的にとらえることを可能にし，ご遺体など死に関連するものを忌み嫌うことを少なくするデス・エデュケーション（death education）に有用であるか否かを確認する目的で実施された。入棺の手続きは下記のように進められた。①入棺は強制ではなく無理して入る必要はないことが教示された。②実際の葬祭業者を招き，葬儀の歴史などについての説明が行われた。③納棺の儀のデモンストレーション（死人役，喪主役，家族役，子ども役，親戚役など実験参加者が役を演じながら葬祭業者の指示に従い，納棺の儀の手順をひと通り実施）をする。遺体安置，枕経（末期の水の後，僧籍を有する担当者が読経），着替え（足袋や髪隠しなどを装着），納棺（本物の棺桶を使用），別れ花（顔のまわりに花を飾る），お別れ（蓋を閉めて合掌，3回釘を打つ）などを行った。④他の学生が見守る中で1人ずつ入棺した。⑤入棺後，蓋が閉められた。ただし，実験参加者が出たいと申し出ればすぐに蓋が開けられた。分析の結果，入棺体験のインパクトは強く，実験参加者の感性に強く働きかけたことが明らかになった。ただし，実験後に不安や恐怖などの心理的不調を訴える者はいなかった。

実験参加者からは，さまざまな肯定的・否定的印象が報告された。「暗くて，暖かくて，狭い空間が妙に落ち着いた。怖いという気持ちはなかった」といった肯定的な感想から，「今日入った棺桶が今までの人生の中で入った空間の中で一番小さかったような気がする。周囲のにぎやかな空気の中で，私一人だけが疎外された感じがした。

生きる者と死んだ者との別々の世界を感じた」などの否定的な感想までであった。それから自分の死について,「いつかこの中に戻ってくる自分がいるような気がした。いつかは私も死ぬんだと実感した。この中で安らかに眠って旅に出られるのであれば悪い気はしない。生まれるときも一人,死へ向かうのも一人と感じる。でもどちらも待ってくれている人や看取って送ってくれる人がいることが望ましい」などの感想があった。全般的に,この体験により,否定的死生観である,苦痛,挫折,虚無(人の死はとるに足りない),未知が軽減し,肯定的な「浄福な来世」という死生観が上昇することが明らかになった。

　この実験は棺桶に入るというきわめてまれな体験の影響を見たものであるが,伊藤ら(1998)も危機事態からの集団の避難行動を分析するために,電気ショックを持った実験者が実験参加者を追いかけるという奇抜な実験を行っている。この研究の目的は,危機事態における事前の探索経験が脱出口選択の同調行動などにどのように影響するかを検討したものである。実験は,被災状況を模すためにベニヤ板などで作成された直線コースと迷路からなる空間(4 m 70 cm×20 m 20 cm)の中で行われた。迷路の部分は道幅が1 m 30 cmで実験参加者全員が同時に通り抜けることはできなかった。実験が始まる前に実験室の外で「この実験は部屋の中が火で包まれるといった危機事態を想定している。実際に火事を起こすわけではないが,そのかわりに,電気ショックを持った実験者があなたたちを追いかける」と教示した。教示の際に実験参加者と電気ショックを持った実験者(オニ)を対面させた。このとき実験参加者にサンプル・ショックとして腕に電気ショックを与え,「オニに追いつかれたときは首筋に,より強い電気ショックを与える」との説明がなされた。教示後実験参加者を暗室状態(20 Wの赤色電球のみ点

灯）の実験室に入室させ，ベルの合図でスタートさせた。オニは実験室のドアの外で待機し，スタートの合図と同時にサイレンを鳴らし始め，3秒後に入室し実験参加者を追いかけた。ただし実験参加者に追いつかないようにした。実験は実験参加者がカーテンをくぐり抜け安全地帯にたどり着いた時点で終了した。実験の結果，出口と反対の壁を強く押し続けたり，避難経路を間違えて後から来た他の実験参加者とぶつかったりするケースが見られた。それから特に探索未経験条件では同調傾向が強かった。同調には2種類あった。第1は首尾一貫して後ろから他者についていくタイプであった。先頭の実験参加者が経路を間違えて引き返してきたとしても，その行動を参照していち早く別の経路に向かうことはなく，あくまでも先頭を行く実験参加者の後ろについていくというタイプであった。第2は自分より先に行く他者の行動を迷路の分岐点付近で待ちながら様子をうかがい，他者が正しい経路を発見してから，その後尾をついていくというタイプであった。

　これらの諸研究はそれぞれユニークであり，興味深いものであるが，現在はこのような研究は倫理上認められないものが多いであろう。実験を実施する際の基本は，実験参加者の権利と福祉が最大限尊重されなければならないということである（村田，2009）。倫理基準（実験参加者の権利と福祉についての考え方）は時代によって変化し，その時代の基準に外れたものは認められないということであろう。

## *2* 集団の機能

　人々はなぜ集団を形成し，そしてそれに所属しようとするのであろうか。それは集団が個人の生存にとって役に立つからである。人

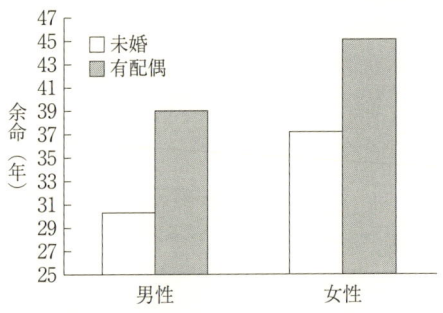

**図1-1 配偶者の有無と40歳時の平均余命（1995年）**
（出典）国立社会保障・人口問題研究所，2005。

間は社会的動物ともいわれている通り，社会や集団の中でしか生存できない。それでは集団はどのような面で役に立つのだろうか。

その第1は，愛情や親密さを求める欲求を満たしてくれることである。特に家族や友人との情緒的関係，サポート関係は大事である。これが欠けると生きていくうえでのウェルビーイング（well being）が損なわれることが明らかになっている。図1-1は配偶者の有無と40歳時の平均余命を示したものである（国立社会保障・人口問題研究所，2005のデータに基づく）。この図から男女とも有配偶者の方が平均余命が長い。それから図1-2は配偶者との別れが死によるものか，離婚によるものかによって余命が異なることを示している。離別の方が余命が短く，特に男性の方にその現象は顕著である。ということは男性の方が離婚による絆の喪失の影響が大きいとも解釈できる。この2つの傾向は，統計データが存在する1950年代から一貫している。配偶者の有無や離婚には経済力や社会的地位が影響している可能性もあるために，因果関係を推測することには慎重にならなければならないが，そのようなものを含めた親密な人間関係の崩壊がウェルビーイングを損なうことは明白である。

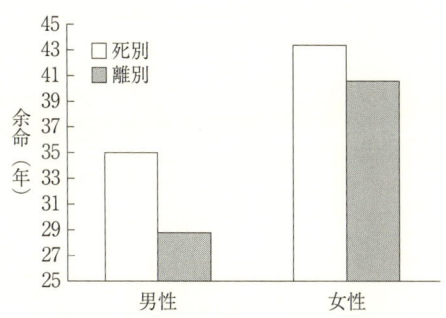

**図 1-2　配偶者との死別・離別と 40 歳時の平均余命（1995 年）**
（出典）国立社会保障・人口問題研究所，2005。

　集団の機能の第 2 は，1 人ではできないことでも集団になれば可能になる課題達成に関するものである。奈良の大仏や大阪城の巨大な石垣，現代の超高層ビルを見れば，集団の力の大きさを実感することができる。不確かなデータであるが，エジプトのピラミッドは 20 万人，奈良の大仏はのべ人数で 290 万人，アラブ首長国連邦にある世界一の超高層（高さ 820 m）ビルであるブルジュ・ドバイは建設ピーク時には 1 万 2000 人が働いたといわれている。

　集団の機能の第 3 は，自分や世界を理解するための枠組みを与えてくれることである（Festinger, 1954）。自己の能力や学力，体力は，集団の中の自分と似たような他者と比較してわかるものである。例えば自然科学のノーベル賞をもらったような研究者と自分の知的能力を比較しても，それは自分を知るうえで参考にならないし，オリンピックに出場した選手と体力について比較しても，それも自分を知るうえで参考にはならない。同レベルの他者が必要なのである。それから世界を知るうえでも，多くの人が同意していることが前提となる。われわれが自由，平等，民主主義が善であると思っているのも，地球が太陽のまわりをまわっていると思っているのも，多く

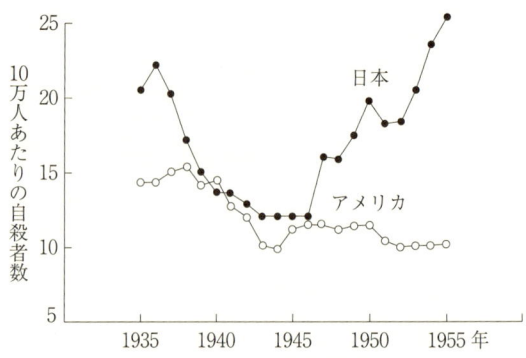

**図 1-3 第 2 次世界大戦前後の日米の 10 万人あたり自殺率**
（注）　日本の 1944～46 年は 1943 年のデータを用いた。
（出典）　厚生労働省, 2000a；Centers for Disease Control, 2010 より作成。

の人がそのことに同意しているからである。多くの人がこのようなことについて深く考えたことはないであろうし，地球が太陽のまわりをまわっていることを直接確認した人もあまりいないであろう。

　集団の機能の第 4 は，アイデンティティ確立に貢献することにある。人は個人としてのアイデンティティと社会的アイデンティティの両方をもっている。パニックや暴動のような群集事態では個人としてのアイデンティティが背後に退き，集団としてのアイデンティティが顕在化する（Reicher & Levine, 1994）。そのようなとき，人々は自分自身を集団と同一視して，集団の価値や規範を自分のそれとして取り込むのである。そのようにすることにより世界を単純なものにし，理解することも容易になる（Tajfel & Turner, 1986）。図 1-3 は第 2 次世界大戦前後の日米の自殺者数を示したものである（厚生労働省, 2010a；Centers for Disease Control, 2010）。1944～1946 年の日本のデータは欠落しているが，図 1-3 では 1943 年のデータをその間のデータとして用いた。この図に示されているように日米ともに戦争中は明らかに自殺率が低下している。デュルケーム

(Durkheim, 1897) は，戦争が自殺の増加を抑制すると述べている。戦争は国民の大多数を国家と同一視させ，国民としてのアイデンティティを顕在化させるものと思われる。そのために多くの人々のアイデンティティが強固に，かつ安定したものになり，それが自殺率の低下につながったものと思われる。その意味で戦争は一時的に人々を幸福にする。

## *3* 集団の発達

歴史上の集団の栄枯盛衰は，似通ったパターンを示しているようにも思える。例えば織田，豊臣，徳川の武家政権による天下統一と崩壊，幕末から太平洋戦争敗戦までの大日本帝国，ロシア革命以降のソ連政府成立と崩壊はすべて，権力闘争以前の揺籃期から内部闘争による粛正と権力の確立，政権の安定と繁栄，行き詰まりと崩壊といったプロセスをたどっているようである。

同様に個人の成長発達も特定の発達的特徴があり，いくつかの段階に区分することが可能である。例えば白井 (1968) は児童期，青年期，成年期，老年期等を挙げている。この中で児童期の発達課題としては，社会生活を営むうえでの基礎的な技能，態度，役割，知識，道徳性の獲得がある。次の青年期では，男女の役割の獲得，両親からの情緒面，そして経済面での自立などを達成しなければならない。そのために動揺や葛藤を経験することになり，青年期は「疾風怒濤」の時代 (Hall, 1904) ともいわれる。成年期では配偶者を選択し，子育てを行い，社会的責任を果たすことが望まれる。最後の老年期では衰退への適応が課題となる (Havighurst, 1952)。

歴史上の集団と個人はまったく異なった存在にもかかわらず，上

述のようにその発達過程はある意味で似通っていることを示している。これは現象の類似性というよりも,研究者（というより人間）が現象をそのような枠組みでとらえる傾向があり,その方が現象を理解するのに都合がよいということであろう。集団の発達に関しても,上記の枠組みと同じようなプロセスを想定したモデルをタックマン(Tuckman, 1965)が構成している。タックマンは,集団の発達には形成,波乱,規律成立,課題遂行,離散の5段階があることを提唱した。

これに関して,関ら(1976)は某タイヤ工場の職長がメンバーである討議集団の発達過程の事例研究を行っている。関らによれば,討議集団は次のように展開していった。第1段階では,メンバーは討議テーマを何にしたらよいかわからず暗中模索の状態であった。第2段階では,発言の多い2人のメンバーの対立と葛藤が生じ,またトレーナーに対する攻撃的な態度が見られた。第3段階では,メンバー間で相互理解の必要性が認識され,少数意見を引き出そうとする試みも見られた。第4段階では,メンバーが互いに自己露呈が必要であるとの認識で一致し,討議が活発に進められた。第5段階では,メンバーはそれまでのプロセスを振り返り,解散した。

また徳井(1998)は信州大学で行われた日本事情ゼミの参加者(留学生,帰国子女,日本人学生)が協働作業を行い,問題を解決していく過程の中で起きた集団変化のプロセスを記述している。徳井は第1期を揺籃期と名づけた。ここでは日本人と留学生がお互いを「外の者」として意識し,未知のものや外の世界に対する好奇心や不安感が見られた。第2期(葛藤期)では感情的葛藤や対立,ストレスや不安が生じた。第3期(模索・独創期)ではメンバーの結束が高まり,さまざまな独創的アイディアが生まれ,さらに安心感や親しさ,創造的な雰囲気が見られた。第4期(地域とのネットワーク

**表 1-2 集団と個人の発達段階**

| 集団発達段階<br>（タックマン） | 各段階の特徴<br>（タックマン） | 関らの区分 | 徳井の区分 | 個人の発達段階 |
| --- | --- | --- | --- | --- |
| 形成<br>（forming） | 成員が互いに知り合いとなる。互いに遠慮がち。集団メンバーとしての意識が芽生える。 | 第1段階 | 揺籃期 | 児童期 |
| 波乱<br>（storming） | 集団の構造化とリーダーシップが成立。その過程で成員間で競争と葛藤が生じる。 | 第2段階 | 葛藤期 | 青年期前期 |
| 規律成立<br>（norming） | 集団目標が明確になり、規範が成立し、凝集性が高まる。 | 第3段階 | 模索・独創期 | 青年期後期 |
| 課題遂行<br>（performing） | 協力して、課題遂行にエネルギーを集中する。 | 第4段階 | 地域とのネットワークの時期 | 成人期 |
| 離散<br>（adjourning） | 目標が達成され、あるいは失敗し、成員は集団から離れる。 | 第5段階 |  | 老年期 |

の時期）ではこのゼミが大学内にとどまらず，大学外の地域の人と関わりながら外へ向かって発展した。例えば，信州紹介のパンフレットづくりや他大学や中学との交流も行われた。

　表1-2はタックマンや徳井，関らの区分と個人の発達段階を並べたものである。このような段階説は常識とも一致し理解しやすいが，すべての集団でこのようなプロセスをたどるわけではない。鎌倉時代は将軍の暗殺があり，また御家人間の争いが絶えず起こっている。このように波乱で終始する集団もあるが，波乱の段階がない集団もありうる。また各段階は連続しており，急に次の段階に飛躍するわけではない。

第1章　集団とは何か

## *4* 集団の構造

図1-4 水分子の構造

図1-4は,水分子の構造を表したものである。水は酸素原子(O)1個と水素原子(H)2個よりなる化合物である。酸素原子は単体では不安定で,電子2個を取り込むことができれば安定する。そのために,最外殻電子を1個もつ水素原子2個と結合すれば安定する。酸素と水素の結合角は図1-4のように角度があり,これがどのような物質に溶けやすいか等の化学的特性となる(西口,1996;現代科学研究会,1975;伊佐ら,1995)。

人間の集団もこのような物理化学的構造(安定状態になろうとする力,各元素の関係,結合パターン)と似たような構造を有しているとも考えられる。そしてその構造は以下の3つの要素によって規定される。第1は複数の個人を結合させ安定した状態をつくり出そうとする力である。これは集団規範が相当するかもしれない。第2は個人の役割や地位である。図1-4は水素が酸素に従属していることを表しているとも感じられる。第3は結合パターン,すなわちネットワークの型である。図1-4の場合は結合角の角度が相当しよう。以下,順に解説する。

**集団規範**

集団規範とは成員が共有している標準的な考え方や行動様式のことであり,明文化されている公式のものとそうではない非公式のものがある。集団規範は,集団成員の行動を方向づけたり,相互作用の型を規定したり,他者の行動を予測する手がかりを与えたりする。

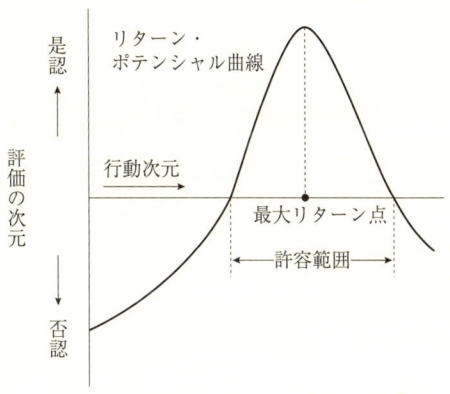

**図1-5 リターン・ポテンシャル・モデル**

行動の方向づけと関連する規範としてソレルスとケリー（Sorrels & Kelley, 1984）は奨励規範と禁令規範の存在を指摘している。前者は「貧しい者に施しをする」「弱者をいたわる」「老人を大切にする」など，社会的に奨励される行動と関連する。後者はモーゼの十戒の言葉の中の「殺すなかれ」「盗むなかれ」などのように，社会的に禁止されるべき行動と関連する。上述の2つの規範は命令的規範であり，規範に従えば評価され，従わなければ直接的・間接的な罰が与えられる。一方，記述的規範もある。これは多くの人が感じたり，考えたりしていることを知らせるものである。例えば人々が一般的に会合にどれくらい遅れて来るのか，授業中に私語をする学生がどのくらいいるのか，などの情報と関連する。これがわかれば行動する際に参考になる。

このような規範を記述するためにジャクソン（Jackson, 1960）はリターン・ポテンシャル・モデルを提唱した。

図1-5は「遅刻の程度」などの行動次元を横軸に，「是認−否認」の評価の次元を縦軸にとり，プロットしたものである。そのように

第1章 集団とは何か　　17

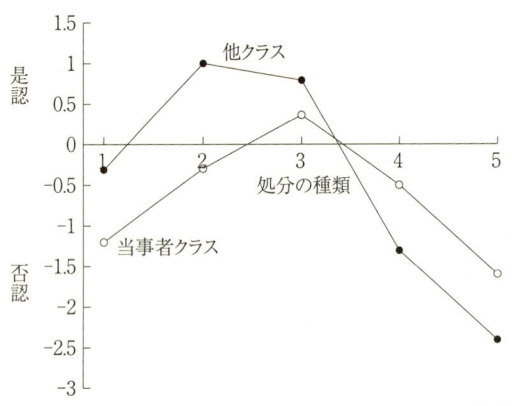

**図 1-6 カンニング当事者クラスと他クラスにおける集団規範**
（出典）佐々木, 1982。

して得られた曲線から集団が理想と見なす行動である最大リターン点や行動の許容範囲，横軸の各測定点から曲線までの高さの絶対値を合計した値である規範強度，是認の総量と否認の総量との差から規範に支持的か否か，評価値の分散から規範の結晶度などがわかる。

佐々木（1982）は 1967 年 3 月 1 日に某女子短大で発生したカンニング事件を追跡調査し，大学当局の処罰がカンニング行為に対する学生たちの規範の変化にどのような効果をもたらしたかについて検討した。カンニングした学生は 10 日間の停学処分となり，大学玄関脇の掲示板に所属と氏名を明示した処分の告知書が貼り出された。調査は，不正行為者の所属する当事者クラスや単に目撃しただけの他クラス等を対象に行われた。図 1-6 は，事件発覚から 1 カ月後の当事者クラスと他クラスの規範を示したものである。横軸は下記の 5 種類の処分を表している。

処分 1：カンニング・ペーパーと答案用紙を取り上げただちに退場を命じ，教務に報告する。

処分2：カンニング・ペーパーを取り上げたうえで一応そのまま受験を続けさせるが，答案を教務に届けるとき，マークしてカンニングの事実を報告する。

処分3：その学生に自発的に受験を放棄するようにそっと促し，カンニングの事実は誰にも知らせない。

処分4：カンニング・ペーパーだけを取り上げて，そのまま受験を続けさせ，教務には報告しない。

処分5：見て見ぬふりをする。教務にも報告しない。

カンニング事件発生前に調査した当事者クラスの結果は，図1-6の他クラスとほぼ同じものであった。図から最大リターン点は当事者クラスの方が右（寛大）側にあり，許容範囲も右にずれていることや規範強度も低いことがわかる。大学当局は制裁によって学生の規範が厳しくなることを意図したが，それは逆の結果をもたらした。この結果は大学当局と学生自治会の対立という当時の社会的風潮があり，学生側は当局による攻撃の象徴としてカンニングに対する処分をとらえたと考えられる（佐々木，1982）。

### 役割・地位

人にはそれぞれ立場があり，それに伴って他者から期待される役割がある。一般的には人はいくつかの固定した役割を果たしているが，1人で善人から悪人，色魔や弱者から温厚な社長まで演じている俳優もいる。哲学者サルトルは，人はシナリオがない即興劇の中で，ある役を演じなければならない，そのような存在であり，自由であるがために大変苦しいものであると考えている（ゴルデル，1995）。このような役割は，人が集団の中で相互作用を続けるうちにしだいに分化してくる。

家族の中にもこのような役割の分化が生じる。ウェークシャイダ

ー=クルーズ（Wegscheider Cruse, 1981）は問題を抱えている家族の中では，きょうだいの中でヒーロー，マスコット，スケープゴート，失われた子の4種類が分化することを明らかにしている。ヒーローの役割はきょうだいの中でも年長の子が果たすことが多く，学業も優れ，身なりもきちんとしていて先生のお気に入りだったりする。また，家族を背負っているという気概がある。しかし自分の努力にもかかわらず家族がだらしなかったりすると，不全感や無力感にとらわれたりする。これと正反対の役割を果たすのがスケープゴートである。たびたび非行などの問題を起こし，成績も悪く，そのために家族の非難を一身に浴びることになる。学校でもけんかをしたり先生に反抗的だったりする。自分が悪いことをして注意を引くことによって，家族の絆を深める役割がある。一方，失われた子は控えめでおとなしく，打ち解けない。孤独でうつうつとしている。目立たないことによって家族の問題を抱え込まないようにしている。それからマスコットはかわいくてユーモアがある年下の子がなることが多い。家族に一時的なやすらぎを与える。このようにして自分を守ろうとしているために，家族との本心からの会話ができずに不全感を抱いている。家族は子どもたちがこのような役割を演じることによってその安寧が保たれているとも考えられる。虐待により子どもが死亡した事件で，他のきょうだいとは差別的な扱いを受けていたことが明らかになったケースもある。役割の分化は問題を抱えた家庭のみならず，普通の家庭でも生じうることを明らかにしている研究（Kier & Buras, 1999）もある。このような役割の分化に伴って地位（集団の中の階層における位置）の分化も生じることが多い。家族の中の地位はおそらくヒーローとマスコットが高く，スケープゴートと失われた子は低いであろう。

　一般的に動物でも地位の階層が存在する。そして地位の高さを誇

示するためにさまざまなディスプレイを行う。例えば羽毛や体毛を立たせて、体の見かけの大きさを増大させることは鳥類やほ乳類に共通して見られる。それから攻撃の道具となる身体部分を顕示すること（鳥類はクチバシを突き出したり、羽を少し体側から離したりする）もある。一方、服従を示す場合には相手を正面から見ることを避け、目を細くする、頭を低く下げる、顔をそむける、攻撃の道具となる身体部分を隠す、動きをなくす、といった行動をする（末永・大場, 1978）。人間の場合はこのような非言語的コミュニケーションだけでなく、言語的コミュニケーションも使用する。例えば他者に指示・命令を与えたり、他者の発言に解説を加えたり、発言をさえぎったり、他者の見解に対してあからさまに支持や不支持を表明したり、最終的に議論をまとめたりする（Stiles et al., 1997）。場合によっては「そんなことは百も承知だ」「それについては昔からずっと考えていた」などと言ったりする。

　ただ、このようなことをして高い地位を得ようとしても努力が実るとは限らない。地位を得るためには、当該集団の目標達成に貢献できる能力をもっていると他成員から認知してもらう必要がある（Berger et al., 1980）。家族であればヒーローのような行動をする者、政治家集団であれば弁が立つ者、会社であればキャリアがある者がそうである。ただし他成員の認知に影響するのは上述のような直接の要因だけでなく、性別、年齢、人種、学歴など目標達成と直接関連しない要因もある。アメリカでは、男性で年長者で白人（アングロサクソン）というのが長年リーダーとなるのに必要な要件であった。そして他成員からこのような期待をもたれた者は、その期待に沿ってよく発言したり、他者に指示したりするようになる。それがまた他成員の期待を高めるという循環（予言の自己成就）が生じる。このような認知は場合によっては間違っているかもしれないが、よ

ほどの出来事がなければ、この循環過程を止めることはできない。日本の政治家でも実力者とよばれた（よばれる）人がいる。この場合、さまざまなスキャンダルにもかかわらず、多数の政治家がその人から離反しないがために、かえって実力者としての期待が顕在化して、ますます政治力を高めたのであろう。それから会社で出世するか否かはかなり偶然が作用するようである。ある大企業のトップに上り詰めた人は「自分がこのような地位にあるのは、新入社員の頃、たまたま直接の上司になった人が出世したからだ。出世するかどうかは20代で決まる」と言っていた。この言葉が謙遜を含んでいたとしても、上述のような循環過程をよく示している言葉であると考えられる。

**集団のネットワーク**

　小集団における人間関係には好き−嫌いといった感情関係の構造と情報伝達の流れを示すコミュニケーション構造がある。前者は例えばモレノ（Moreno, 1934）が開発したソシオメトリック・テストによって測定される。例えば学級集団が調査対象となる場合、「一緒に遊びたい人は誰ですか。5名挙げてください」といった形で回答を求める。このデータを分析することにより、集団成員の結びつきの構造、各成員の地位、集団凝集性などが明らかになる。狩野ら（1990）は構造特性として統合性（全体が1つか、サブグループに分かれているか）、集中性（中心者と周辺者の分化の度合い）、極性（中心人物の数）、階層性（連鎖的な選択関係〔A→B→C→D〕の階層の存在）、稠密性（緊密に結びついている程度）の5つを挙げている。それからソシオメトリック・テストの結果を図示したソシオグラムを集約して理解しやすくするために、グラフ理論を用いたコンデンセーション法を開発している。これにより図1-7の(a)のような実際のソシ

(a) コンデンセーション前　　　(b) コンデンセーション後

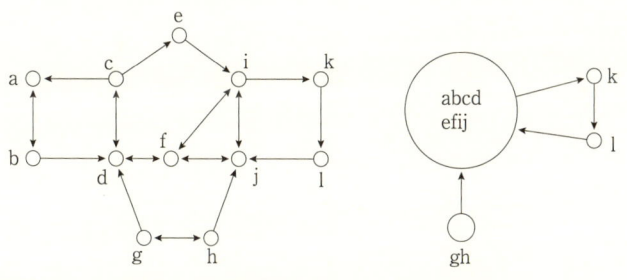

**図1-7　コンデンセーション前後のソシオメトリック構造例**

オメトリック構造が，(b)のような形に単純化される。

　ただ，ソシオメトリック・テストにより他者に対する好悪感情を聞くことが対人関係に負の影響をもたらすことは，以前から指摘されている。また被調査者の心理的負担も大きく，プライバシーに踏み込むことにもなる。このようにソシオメトリック・テストの実施は倫理的問題をはらんでいる。

　そこで，神田・石黒（2004）は図1-8のような対話型ロボットを用いて，日常生活の中で人間関係を読み取る試みを行っている。このロボットは，握手，抱擁，じゃんけん，体操のまね，挨拶，歌を歌う，簡単な話しかけといった70種類の対話行動ができる。それから頭をかく，腕を組む，歩きまわるといった100種類の行動ができる。また300種類の発話と50種類の単語の認識ができた。例えば近くの子どもの名前をよんで「○○君遊ぼうよ」といった発話をする。子どもは各自，ロボットが個人を認識できるタグ（図1-8に示されている）をもっている。子どもがよびかけに反応すると，反応がある限りロボットは握手やじゃんけんといった対話行動を続ける。子どもが反応をやめると，ロボットは「バイバイ」と言って，去る。このようにロボットはみずから人に働きかけ，自律的に人間

第1章　集団とは何か

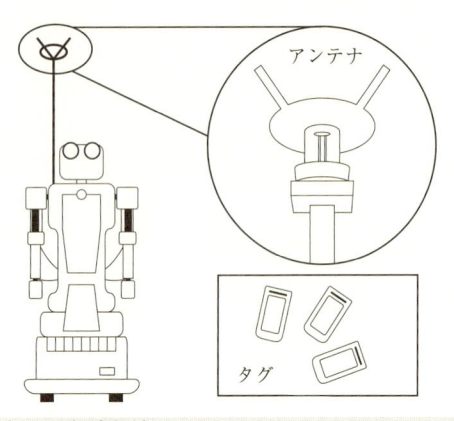

**図 1-8 ロボットと無線タグ**
（出典） 神田・石黒，2004 より作成。

と相互作用を行う。ロボットはセンサーにより近傍の人の ID を取得していて，特定の個人や複数の人が同時にロボットと対話していた時間を計測することができる。この情報から友達関係を推定する。某小学校で 2 週間にわたり実験を行ったところ，友人関係に関する事前調査の結果とかなり一致することがわかった。このことからロボットが周囲の集団行動を引き起こし，集団のメンバーを同定し，メンバー間の友好関係を推定することができることが明らかになった。

　このような感情関係の構造はインフォーマルなコミュニケーション構造と一致する傾向があるが，コミュニケーション構造は集団サイズが大きくなると複雑になる。ただ，その基礎的な型は，図 1-9 の通りである（Shaw, 1964）。

　ホイール型と Y 字型はネットワークの中心がはっきりしているが，サークル型と完全連結型は中心がない。このようなコミュニケーション構造のもとで集団作業を用いた実験を行ったところ，一般

ホイール型　　　サークル型　　　Y字型　　　完全連結型

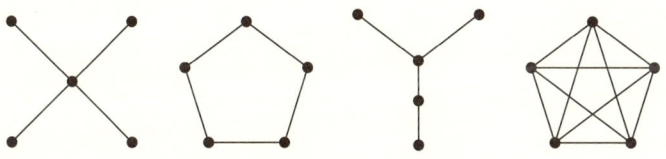

図1-9　コミュニケーション・ネットワークの基本型

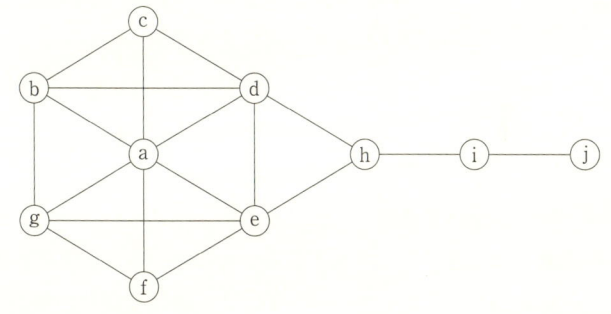

図1-10　コミュニケーション・ネットワークの例

に中心性が高い構造の方がパフォーマンス（解決までの所要時間，誤りの検出量，上達の速さ等）が優れていた（Shaw, 1964, 1978）。ただ複雑な課題（数学の問題を解く，文章の構成，議論等）の場合は中心性が低い方が優れていた。これは「情報の飽和」によるものと解釈された。情報が多くなったり複雑になったりすると，中心に位置するメンバーの処理能力を超えてしまい情報の流れが滞ってしまうのである。このようにネットワークの中心にいる人の存在が重要であるわけだが，この「中心」は次の3種類の次元で定義される。第1は中心性の程度である。これはある人物から直接出ているパスが何本あるかということを意味する。図1-10のようなネットワークの場合，aが最も中心性の程度が高い（Krebs, 2000）。第2は仲介度（betweenness)である。この図ではhが最も高い。hは組織間をつなぐキーマンである。もしhがいなければ、hの左側の集団からの情報は右側の人にはまったく伝わらないし、逆に右側からの情報は左側には伝わらない。第3は近接性(closeness)である。図1-10ではdとeが最も高い。パスの数はaよりも少ないが、すべての他者とのパスの長さの合計が最短である。すなわち、あらゆる情報源に最も早くアクセスできることを意味する。

このようにネットワークの中心にいる人は多くの情報に素早くアクセスできるし、また情報の統制も可能である。そのために地位が高まり、リーダーとして他成員から認知される傾向が強くなる(Leavitt, 1951)。また、満足感や集団に対する思い入れの程度も高くなる(Krackhardt & Porter, 1986；Lovaglia & Houser, 1996)。逆に、中心から遠くに位置する人は他のメンバーとの絆も少ないために、他者が集団を去るとそれにつられて集団から離れる傾向がある。

**コラム1** グループ・ダイナミックスの創始者レヴィンに関する
ドイツ時代の弟子による手記

　クルト・レヴィン（K. Lewin；1890-1947年）は，当時ドイツ領（現在ポーランド領）に生まれたユダヤ人である。ゲシュタルト心理学派の心理学者であり，1933年にアメリカに亡命する以前はベルリンのフリードリッヒ・ウィルヘルム大学の教授であった。亡命後いくつかの大学に職を得た後，MIT（マサチューセッツ工科大学）のグループ・ダイナミックス・センターの所長を務めた。アメリカではリーダーシップ（専制型，民主型，放任型），集団意思決定，アクション・リサーチなどグループ・ダイナミックスの重要な研究分野を立ち上げた。アメリカでの門下生に認知的不協和理論のフェスティンガー（L. Festinger）や競争と共同・葛藤解決の研究で知られているドイッチ（M. Deutsch）などがいる。このコラムは彼の弟子の1人であるマーラーの手記（Mahler, 1966）に基づくものである。

　レヴィンの最初の印象は「少しがっかり」という感じであった。最初，児童心理学の講義に出席したのであるが，教室に入ってきたのは丸顔・紅顔の少年のような風貌の人であった。ドイツの大学の謹厳な教授のイメージからはほど遠いものであった。講義についても，ゲシュタルト心理学の権威であるケーラー（W. Köhler）の講義はすばらしく，それとは対照的にレヴィンの講義はつまらないように思えた。実際，話し方も下手であった。しかし間もなく彼がすばらしい知性のもち主であることがわかった。授業中に黒板に何度も小さな卵のような図を描いた。それを心理学的場，生活空間と称した。そしてその中にまたたくさんの小さな円やプラスやマイナスの記号や矢印を描き，「これが子どもの生活空間であり，報酬や罰を含む心理学的・力学的場である」と説明した。これはいままでの児童心理学とまったく異なったもので，われわれにとってきわめて

新鮮な体験であった。そしてこの図の中に何か新しい重要なものが詰まっていると感じた。

講義中,彼は授業をしているという感じではなかった。彼は話しながら,奇妙で斬新な図や記号を用いて,次々と新しい理論や概念を展開していった。学生はその緊張の中で息をひそめるようにして講義を聴いていた。講義が途中で中断することがよくあった。そのときその瞳は爛々と輝き,沈思黙考し,聴衆のことなど忘れているようであった。そしてその後,新しいアイディアについて話し始めた。われわれは彼の思考を邪魔しないようにした。新しい理論の誕生を目撃することはゾクゾクするような体験であった。これはいまでも忘れられない。

以下,レヴィンが心理学にどのような貢献をしたかについて述べる。

① 理論構成をする際の基本原理と法則の基準を明らかにした。

彼は一般理論を構成・実証するのにたくさんの事例やデータを必要とはせず,1つの具体的事例について,表面に現れた現象(phenotype)とその背後にある隠されたメカニズム(genotype)を両方考慮し,結びつけるような研究をするべきであるとした。これは物理学者ガリレイ(G. Galilei)の考えと軌を一にする。アリストテレス(Aristotle)的・静的な考えであれば,さまざまな現象は互いに相容れない2つの対立する別々のカテゴリー(例えば,良い－悪い,正常－異常,白－黒)から成立していることになる。しかしガリレイ的・動的考えであればそのようなものは,ある1つの領域の端と端に存在するもので,区切りがない連続体上にあるということになる。

それから,ある現象が法則的なものか偶発的なものであるかを決定する基準がアリストテレス的な立場とガリレイ的な立場では異なる。前者では同じ現象が繰り返し生起することが前提である。現代の心理学でも相変わらずそれが重視されている。そうであれば個別事例には法則性がないので,なるべくたくさんの事例を集めて相関

をとったり，平均値をとる必要があることになる。それに対して後者の立場では，単一の事例の中からでも法則を見出すことができる。事実，ガリレイの「落体の法則」は複数の事例から確認できるようなものではない。それは真空中でしか証明できないので，確認できる1つの事例さえもなかったのではなかろうか。レヴィンも心理学は1つの純粋事例を分析すべきであると考えた。そのような事例の特殊性を包含した具体的状況の中で，現象を全体としてとらえることが必要なのである。たくさんの事例の1つの側面を知るより，ある個人の心理学的場全体と個人全体を知ることが大切であろう。

② これまで導入が困難だと思われていた人間行動や感情の分野の研究に実験的手法を導入した。

レヴィンの実験の目的は一般理論を構成するために，仮説が正しいか否かを検証することであり，仮説を生み出すことではなかった。その理論とは，「ある環境である人がどのように行動するか」を説明するものであった。すなわち $B=f(P, E)$ を明らかにすることであった。この式の $B$ (behavior) は行動，$f$ (function) は関数，$P$ (person) は人，$E$ (environment) は環境を意味する。$B=f(P, E)$ は $B=f(LS)$ と書き換えることもできる。$LS$ (life space) は生活空間である。要するに，実験は全体の心理学的場の関数としての行動を記述するために行われるものである。さまざまな領域（欲求，感情，成功や失敗の心理，心的飽和，神経症や発達障害の子どものパーソナリティ構造など）が実験の対象になった。

③ トポロジーやベクトルを用いた数学的モデルを導入した。

レヴィンの関心は量的理論では扱いにくいデリケートな精神現象に対して科学的にアプローチすることにもあった。ただし，言語による表現を用いた理論（曖昧で正確ではない）は避けたがっていた。そこで持ち出したものがトポロジー数学である。トポロジーの空間概念は行動を記述し，説明し，予測するのに好都合であった。そしてさらにベクトルを用いることにより，方向，距離，力，欲求，緊張，誘因などの心理学的・力学的過程を扱うことができるようにな

った。この理論では，ユークリッド空間ではなく心理学的場の空間であるホドロジー空間が用いられた。これには彼も自信がなかったらしく，大学の研究会ではじめて発表するとき「おずおず」といった感じであった。同僚は面食らい，そして大方が懐疑的であった。このときは自分の考えを引っ込めたようであった。しかし後で有名になったことはいうまでもない。

　レヴィンは単に事実をたくさん集めることは混乱しかもたらさず，それでは「具体的状況でどうすれば望ましい結果を得ることができるか」という根本問題に答えられないと考えた。そのためには思弁的理論ではだめで，現場で役立つ実用的理論をつくらなければならないとした。理論なしの事実は，無価値なのである。さらに，そのような実用的理論は1つの分野だけに適用できるものではなく，心理学のあらゆる分野に適応できる一般理論でなくてはならない。それから基礎研究と応用研究の区別はなく，車の両輪として互いに刺激し合い進歩していくべきものであるとも考えた。現実問題を解決しながら基礎的・理論的研究も進めていくという，アクション・リサーチを推奨した。

　いずれにしろ，レヴィンは大変なアイディアマンであった。アイディアが次々と湧き出し，一時も同じところにとどまることはなかった。誰かが彼の考えに基づいた研究を始めたりすると，もうそれ以上，それに拘泥することはなかった。学生が彼に「先生は，私たちがまだ理解していないうちに次々と新しいアイディアを持ち出して，ときには前のアイディアを捨ててしまったりします。私たちはついていけませんし，どのように心理学の勉強をしたらよいのでしょうか」と疑問をぶつけた。それに対して彼はほほえみながら「それこそが，科学の本質だよ。科学は絶えず進歩を続ける。昨日あったものは，明日は存在しないかもしれない。科学は一時も同じところにとどまらない。それが科学だ」と答えた。アメリカのある科学者が「レヴィンは20世紀の中でフロイトに並ぶ創造的アイディアマンである」と言ったが，それに深く同意する。

# 第2章 集団のパフォーマンス

## *1* 集団のパフォーマンスに影響する要因

集団のパフォーマンスに影響する要因として，第1に集団成員の能力やパーソナリティと成員構成，第2に課題，第3に評価がある。以下，順に説明する。

**集団成員の能力やパーソナリティと成員構成**

集団成員の能力やパーソナリティと成員構成についてであるが，一般にメンバーの能力が高ければ集団全体の成果も高くなる。ジョーンズ（Jones, 1974）やウィドマイヤー（Widmeyer, 1990）の研究によれば選手の能力の平均値とスポーツチームの勝率の相関は野球では0.94，バスケットボールでは0.60であった。このことはスポーツにより個人の能力が勝敗に影響する程度が異なることを示唆する。プロ野球の場合，チームの成績が振るわなかったとき，監督が責任をとらされて辞めさせられることが多い。しかしテニス，サッカー，バスケットボールと比べて，野球が最も選手の能力が勝敗に影響することが明らかになっている。その分，野球は監督の影響が少ないともいえる。

成員の能力の高さが重要なことは当然である。ただ，能力が高い同質のメンバーがそろっていれば集団の成果が高くなるとは限らない。某球団のように，他の球団の強打者を集めても，期待されたほどの成績を挙げられなかった例もある。野球の場合は，打順や守備ポジションによって要求される能力は異なる。多様な成員がいることが集団の強みになることも考えられる。

　ただ，人種，民族，年齢，性別に関する多様性については，一貫した結果は見出されていない（Williams & O'Reilly, 1998）。多様（ヘテロ）な分野の専門家から構成されたチームの方が，多様でない（ホモ）集団より生産的という研究結果（Pelz, 1956, 1967）もあるが，逆に年齢や在職期間が違った成員で構成された集団では，生産性が低下したり離職率が高くなることもある（Pelled et al., 1999）。多様な人種や民族で構成された集団の方が白人だけで構成された集団よりパフォーマンスが高くなるという研究（McLeod et al., 1996）もあるが，パーソナリティが似ていて目標を達成することに一丸となっている場合の方がよいという研究（Bond & Shiu, 1997）もある。ヘテロな集団は，成員の能力や特性が多様であるために環境の変化に適応しやすく，革新性や創造性は高くなることは考えられる。一方そのような集団は，集団凝集性が低下し成員間の葛藤が高くなることもある。

　性別に関しても，同性のみの集団より男女混合集団の方が業績がよいという研究がある（Hoffman & Maier, 1961）。その理由として男女が異なる視点をもっていること，同性集団の場合は利己的・競争的になる傾向があるが，異性が含まれた集団は協力的で同調性が高くなることなどが挙げられている。ただ，場合によってはこの協調性が仇になって対人関係に注意が向きすぎて仕事がおろそかになることもある（Shaw, 1981）。

**表 2-1 集団の多様性のタイプとその程度**

| 多様性のタイプ | 多様性の程度 | | |
|---|---|---|---|
| | 小 | 中 | 大 |
| 分離 (separation):<br>集団内の地位, 意見,<br>価値観, 態度の違い<br>［横方向の違い］ | | | |
| 多様な個性 (variety): 集団内の情報,<br>知識, 専門性の違い<br>［オーバーラップの程度］ | | | |
| 不平等 (disparity):<br>集団内の権力, 地位,<br>収入の違い<br>［縦方向の違い］ | | | |

（出典） Harrison & Klein, 2007.

　このような一貫性がない研究結果をレビューしてハリソンとクライン (Harrison & Klein, 2007) は,「多様性」の内容がきちんと分類されていないことを指摘し, 表 2-1 のような 3 つの種類を挙げている。「分離」に関しては, その程度が小さければ成員間の葛藤が小さくなり, 親密で好意的な関係が成立する可能性が大きい。「多様な個性」に関してはその程度が大であれば, 成員の知識や専門性がオーバーラップする程度が小さくなり, 集団に対する個々人の貢献が大切なものになる。すなわち集団にとって必要不可欠な人材が多くなり, 集団の潜在能力が最大限に発揮されることになる。「不平等」に関してはその程度が大でかつ正当性がなければ勢力争いや権力闘争が生じるかもしれない。一方, 成員が不平等を正当なものと認識している場合は, 上位者に対する同調や服従が生じるだろう。

　この枠組みから, 上述の某球団のパフォーマンスに関して, ある

程度理解可能である。すなわち他球団の中心打者ばかりを集めた場合は，成員の技能のオーバーラップが大きくなり，しかも集団内の地位の違いも小さくなるために葛藤が生じやすく，集団パフォーマンスが低下することはありうる。それから同性集団と男女混合集団に関しては後者の方が「多様な個性」の程度に関しては大となりパフォーマンスを高める方向に働くかもしれないが，一方「分離」や「不平等」の程度が高くなる可能性もあるため，それがパフォーマンスを低下させるかもしれない。また「多様な個性」に能力が含まれている場合は，その多様性が高いことが必ずしもパフォーマンスを高めることにはつながらない。課題によっては，低い能力の成員が全体の足を引っ張る可能性もある。課題の性質について考察したスタイナー（Steiner, 1972）は護送船団の移動や集団での山登りのような課題の場合，集団の中で最も劣っている者の能力が集団全体の結果に反映されると述べている。

### 課　題

　そこで次にスタイナーの課題分類について述べることにする。課題を分類する3つの次元がある。第1は課題構造に関するもので，課題が分割可能か，分割不可能か，という次元である。第2はアウトプットの性質で，質が問われる課題か，量が問われる課題かの次元であり，第3は集団成果に対する個人の貢献に関するもので，個人のパフォーマンスが集団成果としてどのような形で結合されるのかということである。まず第1に関して，流れ作業による自動車の製造過程や複数の数学の問題を1つひとつ別々の個人に割り当てることができるような課題は分割可能課題である。一方，1つの数学の問題を解いたり，小説家が1つの作品を著述するような場合は分割不可能課題である。第2に関しては，量が問われる課題では生産

量が要求され（最大化），質が問われる課題では質の高さ，正しい解答（最適化）が要求される。前者はリレー競技や綱引きであり，後者はクイズや問題の最適解を求める課題などが挙げられる。第3に関しては，加算的（additive），補正的（compensatory），分離的（disjunctive），結合的（conjunctive），任意的（discretionary）課題がある。

① 加算的課題

加算的課題は分割可能で最大化の課題である。個人個人のパフォーマンスは合算されて集団としての最大化が目指される。綱引き，スポーツの応援が典型的な課題である。一般に集団全体の生産性は個人を上まわるが，個人の貢献が識別できないために，成員の動機づけが低下し，社会的手抜きが生じることもある。これについて第2節で再び取り上げる。

② 補正的課題

補正的課題は，個人個人の判断や解答が平均化されるようなものである。フィギュアスケートや体操の採点は，この課題の典型例である。例えば現在，フィギュアスケートは最大9人の演技審判が7段階評価を行う。審判のうち2名の評価が無作為に除外され，さらに最高点と最低点が除外され，さらに評価が一定のルールに基づいて点数に変換された後，複数の審判の平均値が個人の選手の得点となる。量に関して判断する場合，複数の人の判断の平均値をとることが優れていることは多くの研究によって確証されている。

③ 分離的課題

分離的課題は，集団で1つの解答を導き出すことが要請される課題である。裁判では1つの判決が下されなければならない。また集団で1つの解答をするクイズ番組があるが，これも分離的課題である。この課題では，最も優れた成員のパフォーマンスが集団のパフォーマンスになる可能性がある。しかしすべてがそうなるとは限ら

ない。ある成員が正解を提示しているにもかかわらず，集団に採用されない場合もある。解答が全成員にとって明確で理解しやすいものであれば受け入れられやすいが，そうでない場合は受け入れられない場合もある。次のマイヤーとソルム（Maier & Solem, 1952）による馬の取引課題は正解がなかなか受け入れられない課題の典型例である。「ある人が馬を60ドルで買って70ドルで売りました。そして80ドルで買い戻して90ドルで売りました。何ドルもうかったでしょう」。正解は20ドルであるが，最も多い解答は10ドルであった。10ドルの理由は次のように説明される。「60ドルのものを70ドルで売ったので，10ドルもうかる。しかし80ドルで買い戻したので，前の10ドルのもうけはなくなる。そして80ドルのものを90ドルで売ったので，結局最終的に10ドルもうかる」。これは間違っているが，多数の意見となる傾向がある。このような問題の場合，20ドルと解答する人がいたとしてもそれが集団の解答として採用されないケースが多く見られた。

一般に，集団の解答が成員の中の最も優れた人の解答よりも勝ることはほとんどないといわれている。しかしまれには成員間の相乗効果が現れ，そのような現象が生起することもある（Forsyth, 2006）。例えば全員が正解を知らずにいたときに，ある成員がそれに気づき，それを受け入れてもらえた場合に生起する。特に集団の中で優秀ではない人が，正解を提案して，しかも最も優秀な人を納得させることができるときに現れやすい。

④ 結合的課題

結合的課題は，集団の成果が成員の中で最も能力が低い成員のパフォーマンスによって決定されるものである。護送船団の移動速度は，船団の中の最も遅い船の速度に合わせざるをえない。集団で登山をする場合，その所要時間は体力が最も劣ったメンバーしだいで

ある。このような課題の場合，能力が低い成員を他の成員が手伝ったり助けたりすることによって，あるいはそのような成員が他者の迷惑を鑑みて自分のパフォーマンスを上げることによって，集団全体の成果が高まることもある。課題が分割可能な場合は，能力が低い成員にやさしい部分を割り当てる方法もある。

⑤ 任意的課題

任意的課題は前述のように，個人の貢献が集団の成果に結合される型が定まっているわけではなく，集団の自由裁量に任されている課題である。この課題では集団が状況に応じてメンバーが果たすべき役割や仕事の範囲を変更する場合がある。

以上いくつかの課題のタイプを取り上げたが，現実には同じ集団が全体のパフォーマンスを上げるために，これらを複数使い分ける場合もある。

## 評　価

第3の要因は評価である。評価は集団成員の動機づけに影響するものであるが，これに関しては，その次元と基準が問題となる。評価の次元としては第1に業績や成果，第2に感情や情動や雰囲気，第3に学習がある (Hackman, 1987)。第1の業績や成果に関しては，個人や集団の生産量や質，正確さ，スピードなどが問われる。第2の感情や情動や雰囲気に関しては，作業や仕事をすることによって集団成員が幸福になれるのか，満足できるのか，他のメンバーと気持ちのいい関係をもつことができるのか，ということが問われる。第3の学習に関しては，仕事を通して知識や技術を身につけることができたか否かに関連する。この三者は一般に相関している。すなわち業績が優れている組織や集団は成員間の関係や雰囲気がよく，また学習する機会も多くなる傾向がある。プロ野球の球団でも成績

が振るわなかった球団では，監督やコーチ，選手間の内紛が報道されることが多い。政治政党でも選挙に大敗した政党では，権力闘争が激しくなり離党者が出ることがある。

　評価の次元として業績や成果に過度に依拠したものが成果主義である。日本企業では1995年頃から成果主義による人事評価が行われるようになったが，2000年頃からその弊害も指摘されるようになり，評価システムのあり方が問われている。成果主義では一般に個人の短期間の業績が問われることが多い。そうすると職場の同僚とも競争状態になり，他者に勝つことが主目的になる。上司や同僚も自分の業績を上げるために部下や仲間の仕事を手助けしたり教えたりする余裕がなくなる。それどころか手助けして仲間の評価が上がれば，自分の競争相手を利することになり，それはすなわち自分の評価を下げてしまうことを意味する。このような負のスパイラルが生じて組織の雰囲気が悪くなり，同時に業績や企業イメージが低下することもある。最近では極端な成果主義を用いる企業は少なくなり，個人ではなく部や課などの職場単位で評価を行うなどの試みがあるようだ。しかしこれにも問題がある。例えば，ある職場集団の成員が有能で動機づけが高くても，その集団が担当する仕事が必ずしも利益を生み出さない領域のものであることもあろう。その場合，集団全体の低評価はそこに所属する個人の低評価となり，動機づけを阻害するであろう。このように，業績や成果だけに依拠した評価は不完全なものである。上述のすべての次元を考慮した評価をいかに構築するかが問われる。

　評価の基準に関しては，絶対評価や相対評価がある（田中，2005）。前者では，ある外的基準がありその基準に達した場合は成功と見なされる。後者は，他者との比較によって評価が行われるものである。偏差値評価システムや通知表の5段階評価システム（2002年以前）

は，相対評価の典型的なものである。

2002年から5段階評価による相対評価の仕組みが変更され，義務教育では絶対評価による通知票が作成されるようになった。このような変更が行われたのは，もし全員が同じように努力し，同じようにレベルを上げたとしても，相対的には差がつかず，評価が変わらないからである。努力による成長が評価に反映されないために，学習意欲が高まらない可能性がある。特に成績下位者の学習意欲の向上が難しいという問題がある（松繁・井川，2007）。

企業でも人事管理は相対評価によって行われていることが多い。通常，企業の上位のポストは限られており，全員が昇進するわけではない。相対的に成績のよい上位から順番に選抜されていく。これが極端な形で推し進められたのが，成果主義の人事システムであった。このシステムが数々の弊害をもたらしたことは上述の通りである。

一方，絶対評価にも短所がある（松繁・井川，2007）。絶対評価においては，ある一定以上の結果を出せば高い評価が得られる。したがって，その水準を上まわった段階で満足し，よりいっそうの向上を目指そうとしなくなる傾向がある。

そこで，この2つの評価システムをうまく組み合わせて，成員の動機づけを維持する方法も考えられる。その例としてオリンピックの出場者選考方法がある。北京オリンピックの競泳の選考では，標準記録としてSとIとIIの3種類が設定された。Sは，2007年8月31日現在の世界ランキングで3位の記録，Iは8位の記録，IIは16位であった。日本選手権決勝でIIを突破し，2位以内に入った選手を自動的に日本代表に選出した。IIのレベルでも男子自由形の50 m（22秒14），100 m（48秒88），200 m（1分47秒79），1500 m（15分3秒62），女子自由形の100 m（54秒61），200 m（1分

58秒26）は当時の日本記録でもこの標準記録に達していなかった。結局，男子自由形50mと女子自由形100mは該当者がいなかった。この場合は，標準記録の突破という絶対評価と2位以内という相対評価の両方が用いられたといえよう。

まとめ

このように集団のパフォーマンスは集団成員の個々の能力だけで決まるものではない。成員構成，課題の性質，評価のあり方によって影響を受ける。この中で特に課題は重要である。成員個人の能力や努力が集団全体の成果に反映される程度や，それが個人の成果として識別され承認される程度は課題の種類によって異なる。そのために課題によっては，（例えば加算的課題の場合は）個人の動機づけが低下することもある。そこで次にこの現象について検討する。

## 2 社会的手抜き

御神輿を10人でかつぐ場合，一所懸命支えているのは2人，ただ肩にあてているのは6人，ぶら下がっているのが2人といわれたりする。長谷川（2004）は，カトフシアリのコロニーを個体識別したうえで行動を追跡した。その結果，コロニー内の他個体に直接貢献する「労働行動」を長期にわたりしない個体が，総ワーカーの1～2割存在することが明らかになった。さらに，「働き者」「怠け者」をそれぞれ取り除いたコロニーで，残された個体の労働パターンがどのように変化するかを調べたが，働き者を失ったコロニーで不足する労働を補ったのは次に働いていた個体であった。これを「二八の法則」といったりする。「親方日の丸」「薩摩守（平 忠度）

を決め込む」「赤信号みんなで渡ればこわくない」といった言葉は集団によるなまけを意味している。これを社会心理学では，社会的手抜き（social loafing）という。本節では上述のような現象について考察する。

**社会的手抜きの実験**

ラタネら（Latané et al., 1979）は，社会的手抜きとは個人が単独で作業を行った場合に比べて集団で作業を行う場合の方が，1人あたりの努力の量（動機づけ）が低下する現象であると考えた。集団全体のアウトプットが個人からのインプットを加算したものよりも少なくなることを最初に明確にしたのは，リンゲルマン（M. Ringelmann）である（Kravitz & Martin, 1986）。そして，集団サイズが大きくなるほど両者間の差が大きくなることも明らかにしている。これをリンゲルマン効果という。リンゲルマン効果は動機づけの低下だけではなく調整の難しさによる生産性低下も含む。例えば綱引きの場合，参加者が引っ張るタイミングがずれることが考えられる。図2-1はリンゲルマン効果を模式図として示したものである。

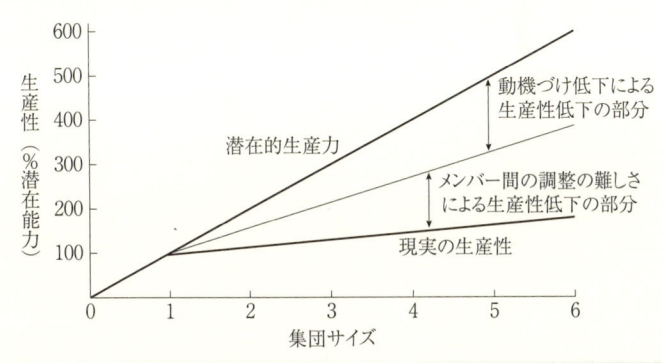

**図2-1 リンゲルマン効果の原因**
（出典）Latané et al., 1979.

第2章 集団のパフォーマンス

この図 2-1 に示されているように,現実には 2 つの要因が集団生産性の低下に関与していることが考えられる。

社会的手抜きの効果のみを取り出すためには調整困難性の効果を切り離す必要がある。そのためにラタネら (Latané et al., 1979) は聴覚フィードバックが発声の大きさに与える効果に関する実験と称して,実験参加者に精一杯の大声を出すように指示した。実験条件は実験参加者が単独で発声する (単独) 条件と他者が自分と一緒に大声を張り上げていると思っている (疑似集団) 条件であった。ただし実際には他者は声を出していない。実験の結果,前者に比べて後者の方が発声音量が小さくなった。社会的手抜きの単独による効果でパフォーマンスが低下することが明らかになった。

しかし一方,アメリカ在住の中国人留学生を実験参加者にしたガブレンヤら (Gabrenya et al., 1985) の実験では,集団条件の方が単独条件よりパフォーマンスが高くなった。これを彼らは社会的努力と表現した。日本や中国は集団主義の文化で欧米は個人主義であるといわれている。ガブレンヤらは,集団主義の文化では社会的手抜きではなく社会的努力が現れるのではないかという考察を行った。わが国でもいくつかの追試が行われた (川名ら, 1982；小窪, 1994；白樫, 1991；Yamaguchi et al., 1985) が,一貫した結果は得られなかった。白樫はガブレンヤらが行った実験の場合,実験参加者の中国人留学生が中国人エリートとしてのアイデンティティを強く意識し,そのことが集団条件でのパフォーマンスの上昇をもたらしたのではないかと考えた。一方西欧の文明になじんだ日本人大学生の場合は,欧米の個人主義的傾向と東アジアの集団主義傾向の中間に位置していると考察した。

このような社会的手抜きの普遍性について明らかにするために,筆者は集団で綱引きをする状況を設定して実験を行った (Kugihara, 1999)。日本で行われた実験はほとんどがラタネらの実験と同じく大声を出す実験であった。大声を出すことは、特に日本人の学生にとっては少々気恥ずかしく抵抗があるのではないかと考えた。そのことが個人条件でのパフォーマンスを低下させ、そのために手抜き効果が検出できなかった可能性がある。それからこの研究では社会的手抜きの性差についても吟味した。これまで手抜きに性差が存在することを示した実験は行われていなかった。ただカラウとウィリアムス（Karau & Williams, 1993）は欧米の女性は男性に比べて社会的手抜きをあまりしないだろうと考察している。というのは欧米の男性は課題達成志向が強く、そのために個人の力がはっきり表面に出ないような状況では動機づけが高まらないことが予測される。一方欧米の女性は対人関係志向が強く、みんなで一緒に行う課題でも男性ほど手抜きをしないことが考えられる。筆者はこのような考察が日本でも適用可能なのか否かを吟味した。

　次のような実験装置と実験手続きを用いた。実験装置は9名の実験参加者各個人の腕力（腕相撲を行うときの）を同時に測定できるものである。実験室の天井には頑丈な鉄骨が組まれていた。また実験室には9つのブースがおかれた。鉄骨から各ブースの机上にロープが垂直に垂れ下がっていた。ロープの下端には吊革状のグリップがついていた。吊革は机上20 cmのところに位置していた。ロープの上端と鉄骨の間には、張力測定用の機器がつけられていた（図2-2）。9人の実験参加者が所定の場所に着席した後、次のような説明がなされた。「この実験は集団作業の実験である。ここでは数人の人がいっせいに力を入れた場合、全体でどれくらいの力が出るのかを調べている。1人ひとりがどれくらいの力を出すかを見るのではなく集団全体のトータルとしての力を測定したい。要するに集団で綱引きをしているような場面を想像してもらえればよい。目の前に吊革

**図 2-2 社会的手抜き実験の実験室内の写真**

のようなものがあるが，これを腕相撲の要領で力一杯引っ張ってもらいたい。つまり肘を机の上につけて利き手で引っ張ってもらいたい。集団全員（9 人）の全体としての力，それ 1 個だけがコンピュータに記録される」。しかし実際は，実験参加者各個人の力が測定されている（ただし，実験後にそのことは伝えられた）。

試行数は全部で 12 回であった。第 1 試行と第 12 試行では各個人の力を測定し（単独試行），その他の試行では集団全体の力を測定する（集団試行）との教示が与えられた。集団試行の場合に各個人のそれぞれの力が個別に測定されていることを実験参加者に悟られないために，単独試行の場合には 1 人ずつ張力を測定した。

実験結果を分析するに際して，すべてのデータを男性は男性，女性は女性の標準得点に変換した。というのは男性（単独試行の平均値は 22.03 kg）と女性（10.55 kg）に力の差があるためである。図 2-3 は実験結果を示したものである。図 2-3 から明らかなように，男性の場合，最初の単独試行に比べて集団の第 1 試行で急激に張力の低

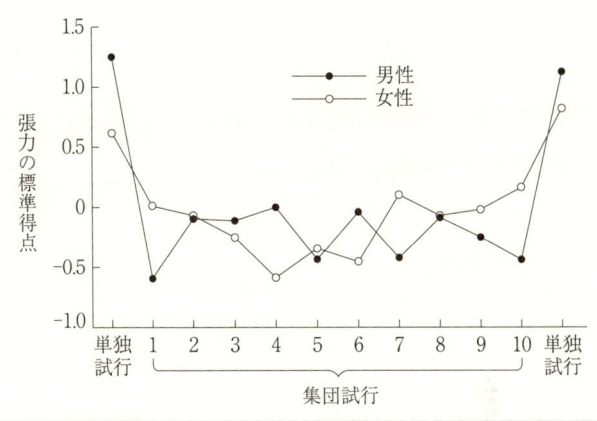

**図 2-3 張力の変動**
（注）縦軸は，12 試行の標準偏差と平均値に基づく標準得点。

下が生じている。また最後の単独試行では急激に張力が上昇している。女性の場合は，単独試行と集団試行の間で男性ほどの差は検出されなかった。この実験結果は次の2点を明らかにした。第1は，日本でも社会的手抜きが存在するということ，第2は，男性は女性に比べて手抜きをしやすいということである。性差の効果をさらに明確にするには，別の課題を用いた実験をする必要があろう。綱引きは腕力が要求される男性向きの課題である。女性向きの課題の場合でも同様な結果が得られるのか否か吟味する必要があろう。

### 社会的手抜きの防止

現代では大多数の人がさまざまな集団や組織に所属して，その中で仕事をしている。集団や組織の効率を低下させる社会的手抜きは，極力少なくする必要がある。そのためには次のような方法が考えられる。

① 個人の貢献がわかるようにする。

成員が集団の中に埋没して責任が分散してしまうことが手抜きの原因と考えられる。上述の実験も個人の力が測定されていることがわかっていた場合,手抜きは起きなかった。

② 課題に対する自我関与を高める。

成員にとって興味がある,挑戦的な課題であれば手抜きが少なくなることが考えられる。綱引きや,叫び声を上げるような課題はいわば成員にとってどうでもよい課題なのかもしれない。ウィリアムスとカラウ（Williams & Karau, 1991）は,課題が重要でかつ他の成員のよいパフォーマンスが期待できない場合には手抜きではなく,それとは逆の社会的補償（social compensation）が生じ,個人あたりのパフォーマンスが高くなることを明らかにしている。

③ 他者に対する信頼感をもつ。

自分が果たすべき仕事をしなくても,集団全員に平等に報酬が与えられればただ乗り（free ride）をする傾向がある。特に他者が全力を尽くしていないと感じたときに,自分だけが一所懸命にするのはばかばかしいと感じるのではないだろうか。一方,能力が低い成員が高い能力を有する他成員と一緒に仕事をする場合,動機づけが高まることを明らかにした研究もある。これをケーラー効果（Köhler effect）とよぶ。この現象は他成員との社会的比較がなされたり,競争したりする場合や,自分の低い能力のために集団が失敗する可能性を危惧するときに生起する。

④ 集団全体のパフォーマンスの変動についての情報が成員個々人に与えられる。

プロ野球のペナント・レースにしても,会社の業績の変動にしても,集団全体のパフォーマンスはリアルタイムで個人に情報がフィードバックされる場合もある。このような情報が集団成員の動機づ

け，ひいてはパフォーマンスに影響することは十分考えられる。

**社会的促進とホーム・アドバンテージ**

① 社会的促進

　上述の社会的手抜きは集団成員の動機づけの低下を示す現象であったが，一方まったく逆の，集団による動機づけの上昇を示す現象もある。これが生起するのは他者が自分の行動を観察している状況や共行動（coaction）状況である。共行動状況とは他者と同じ作業をしているが，他者との相互作用はない状況である。例えば，教室で試験を受ける場合やオリンピックの競泳等である。トリプレット（Triplett, 1898）やオルポート（Allport, 1924）をはじめ数多くの研究者が，この問題について検討を行った。そして単純で，慣れた，よく学習した課題（頭に浮かんだ考えを書く，新聞の母音に線を引く，かけ算をする，など）ではパフォーマンスが上昇し，逆に複雑でまだ十分身についていない課題（難しい数学の問題を解く，初心者がキーボードから字を入力する）ではパフォーマンス，特にその質が低下することが明らかになった。前者を社会的促進，後者を社会的抑制という。そしてこのような現象は，人間だけでなくゴキブリやにわとりのような動物でも観察された。

　この現象に関して，ザイアンス（Zajonc, 1965）は次のように説明した。人をはじめとする生物は一般に他者と一緒にいたり，他者と作業をしていると，覚醒水準（生理的興奮状態）が高まる。そうするといままでよく学習された反応（優勢反応）が表面に出やすくなる。優勢反応がその状況に合っていて正しければ，パフォーマンスの上昇という形になる。しかし合っていなければ，つまりまだよく学習されていない反応の方がその状況に合う正反応である場合，パフォーマンスは低下する。言葉遊びの中に「シャンデリア」と10回言

わせた後で，急に「毒リンゴを食べた女の子は」と質問するようなものがある。人によっては「白雪姫」ではなく「シンデレラ」と答えることもある。これは「シャンデリア」という言葉を繰り返すことによって，それに似たような口調がしだいに反応階層の上層部（優勢反応）に位置するようになり，特に緊張した場面ではそのようなものが表面に出やすくなっているとも考えられる。その反応が正しければ（質問内容と整合していれば）社会的促進となり，整合していなければ社会的抑制となる。

社会的促進に関する第2の説明として，注意逸脱葛藤理論（distraction conflict theory）がある（Sanders & Baron, 1975）。この理論によれば，作業時に他者が存在すれば，作業者は他者と課題の両方に注意を向けなければならず，そのため注意の拡散が生じ，それが覚醒水準を高めて社会的促進が生じると説明する。ザイアンスの理論は他者が存在すること自体が覚醒水準を高めるというものであったが，この理論は他者存在による注意逸脱葛藤が覚醒水準上昇の原因とする。ただし，注意の葛藤により難しい課題でパフォーマンスが低下することは理解しやすいが，容易な課題でパフォーマンスが上昇することは，わかりにくい面がある。これに関してサンダースらは過補償（overcompensation）という概念を提唱している。それによれば，人は注意の逸脱によりパフォーマンスが低下することを意識して，それを克服するために普段以上に努力するというものである。彼らは作業時に大きな音やフラッシュライトなどの刺激を用いて注意を拡散させるような実験を行っている。その結果，注意の拡散時には容易な課題の場合はパフォーマンスが上昇することを確認している。

社会的促進に関する第3の説明として，評価懸念（evaluation apprehension）説がある。社会的促進は他者が評価能力がある場合や

被評価者にとって重要な他者である場合の方が顕在化しやすいことが明らかにされている（Cottrell, 1972；Henchy & Glass, 1968；Sanders, 1984；宮本，1985）。すなわち，ただ単に他者が存在するということよりも，他者から評価される可能性があることが動機づけを高めるおもな原因であるとする考えである。このことは，社会的促進が当人のテリトリー（home field）において顕著に現れることを示唆する。実際に動物でもそのようなことが見出されているが，人間の場合もそのような事例が数多い（日露戦争のときの日本海海戦，楠正成の赤坂城や千早城の戦い，ロシアにおけるナポレオンやヒトラーの挫折，アメリカ軍のベトナムでの敗北）。

② ホーム・アドバンテージ

ホームの有利性（ホーム・アドバンテージ；home advantage）はあらゆるスポーツにおいて見出されている。大リーグのホームでの勝率は約 54％ となっている。これは他のスポーツよりも低い値である。一般に屋内競技の方が屋外競技よりもホーム・アドバンテージの程度が高い（Schwartz & Barsky, 1977）。

シュレンカー（Schlenker et al., 1995）は野球の場合のホーム・アドバンテージの発生原因として次のようなものを挙げている。

- 日常生活を維持できること：ホームでは知らないホテルに宿泊する必要もない。旅行の疲れや時差ボケもなく定時に就寝できる。友達や家族がいて，使い慣れた設備を利用できる。このような要因が肉体的，精神的，栄養的コンディションをよい状態にさせる。
- 観衆の支持：ホームでは声援を送るファンの前でプレーが可能であるが，ビジターの場合は敵意を抱いた観衆の前で試合を行わなければならない。これがホームチームの勝利に対する意気込みを高め，特に攻撃面に関する活動性を高める。

- 競技場に対する慣れ：内野でのボールのバウンドやフェンスにあたったボールの跳ね返り方向をよく理解している。
- 選手と球場の組み合わせ：野球では球場を選手に合わせるとか，球場に合った選手を採用することがしばしばなされる。例えば足の遅いサードの場合，芝の深さを深くして打球の勢いを殺すことがなされる。例えばヤンキー・スタジアムの場合，本塁から右翼フェンスまでの距離が短いので左打ちのパワーヒッターが採用される。
- アンパイアのバイアス：アンパイアは意図的に，あるいは無意識にホームチームのファンの意向に従う。特にクロスプレーではホームチームに有利な判定がなされる可能性がある。以前アンパイアは「巨人の10番目の選手」と言われたこともあった。
- 方略的有利性：ホームチームは後攻となるために最終的に勝利するまでに何点が必要かわかる。それに従って作戦を立てることができる。

このうちのどの要因が重要であるかは明確ではないが，いくつかの要因について検討している研究者もいる（Schwartz & Barsky, 1977）。例えば「日常生活を維持できること」に関しては，大リーグの場合1950年代初期までは移動には列車を使用していた。そのために，1950年代以前の方が航空機を使用するようになった1950年代以降よりもホームでの勝率が高いと考えられるが，そのような傾向は見出されなかった。またシーズン後半の方が疲れがたまってくるためにホームの有利性が高くなることも考えられるが，そのような現象も見出されなかった。

「選手と球場の組み合わせ」「方略的有利性」に関しては，コートの広さや形状が決められていたり，攻撃と防御が明確に分かれていない多くの屋内競技の方がホーム・アドバンテージの程度が高いこ

とから，この2つの要因の効果はあまり高くないと考えられる。

③　チャンピオンシップ・チョーク

心理学的に最も興味を引く要因は，観衆の存在が選手のパフォーマンスに与える効果である。バウマイスターら（Baumeister & Steinhilber, 1984）は1924年から1982年の大リーグのワールドシリーズの成績を分析し，次のような結果を見出している。ワールドシリーズの第1試合や第2試合ではホームチームの勝率は5割を超えている（60.2％）が，自チームの優勝が決定するような第7試合でのホームチームの勝率は39％と低くなっている。また1試合あたりのエラー数の平均値は，第1，第2試合が0.65であったが，第7試合では1.31であった。それに対してビジター・チームのエラー数平均値は第1，2試合が1.04，第7試合が0.81であった。この現象は優勝決定前の窒息状態（チャンピオンシップ・チョーク；championship choke）と名づけられている。

この結果は社会的促進に関するザイアンスの理論に反する現象である。プロの選手は個々のプレーに習熟しているはずである。すなわち個々のプレーは優勢反応となっていることが考えられる。そうであれば支持的な観衆の前ではそのような優勢反応のパフォーマンスは促進され，ゲームに勝利する確率も高くなることが考えられる。しかし，もしチャンピオンシップ・チョークなる現象が存在するとすれば，優勢反応に対しても過剰な覚醒水準の上昇はパフォーマンスを低下させることが示唆される。実際，優勝を前にして選手は自意識過剰となり，ナーバスになり，不安が高まり，注意がプレーに向かず，実力以上のものを出そうとするためにチャンピオンシップ・チョークが起こるように思われる。バウマイスターらはこのような現象はホームの期待に胸を膨らませた観客と，優勝という成功を前にして生起すると考え，王手をかけられたような状態，つまり

負ければ優勝できないといった敗北の恐怖によって生起するものではないことを主張している。チャンピオンという自己再定義が迫られる状態になった場合，その状態は選手には喜ばしい心地よい状態なので注意がそちらの方に向き続け，プレーに向かなくなる。あるいは，通常は無意識に行っているようなプレーの1つひとつを過剰に意識するようになってしまう。このために行動の柔軟性が失われ，エラーが多くなってしまう可能性がある。

それに対してシュレンカーら (Schlenker et al., 1995) はチャンピオンシップ・チョークの存在を否定する結果を見出している。彼らは1982年以降の大リーグのワールドシリーズのデータや同一リーグ内での優勝決定戦（プレーオフ）も加え，くわしい分析を行った。その結果，第7試合でのホームチームの勝率は51%となり，チャンピオンシップ・チョークなる現象は存在しないことを主張している。またバウマイスターらの主張とは逆に，シュレンカーらは王手をかけられたときのような敗北の恐怖の方が自意識過剰の状態を強くまた長くし，パフォーマンスを低下させ，一方，成功の期待はパフォーマンスを促進すると主張している。

そこで筆者はプロ野球の日本シリーズのデータ58年分を分析することを通して，ホーム・アドバンテージやチャンピオンシップ・チョークなる現象が文化を超えて存在するのか否か，また後者が存在するとしたら，それが勝利を前にして発生するのか，あるいは敗北の恐怖を前にして出現するのかについて検討した。

以前，日本人は大舞台に弱いといわれていた。前評判が高かったわりにはオリンピックでは十分実力を発揮しない選手が多いように見受けられた。日本の選手は国旗を背負っているという意識が外国人選手よりも強すぎるために大舞台で緊張してしまい，通常の力を出すことができないともいわれていた。そのために選手はさかんに

「競技を楽しむ」ことを宣言して，プレッシャーから解放されようと努力しているように思われる。しかし成績が振るわなかった選手でさえもこの言葉を口にすると，競技に対する真摯な姿勢が欠けている印象を与えることもある。いずれにせよ，もし日本人が大舞台に弱いのであれば，国内競技においてもアメリカ以上にチャンピオンシップ・チョークが存在することが予測される。

④ 日本とアメリカのプロ野球データの分析

日本のプロ野球は1936年に8球団で始まり，1945年の中断を挟んで現在まで続いている。しかし現在のような2リーグ制となったのは1950年で，この年にはじめて日本シリーズが行われている（宇佐美, 1993）。しかし，この年はまだ一方のホーム球場で最初の2試合が行われ次にもう一方のホームで3試合が行われ，最後にまた最初の球場で2試合が行われるという形になっていない。シリーズが現在のような形になったのは1951年からである。そこで筆者は1951年から2008年までのデータを分析対象とした。ただし，バウマイスターらやシュレンカーらと同様に，一方のチームが4戦全勝したケース（日本シリーズでは1957, 1959, 1960, 1990, 2002, 2005年，ワールドシリーズでは1954, 1963, 1966, 1976, 1989, 1990, 1998, 1999, 2004, 2005, 2007年）は分析対象から除いた。また引き分け試合が含まれるケース（1975, 1986年）とホーム球場が同一のケース（1981年）も分析対象とはしなかった。データは1951年から2008年までの『朝日新聞』から収集した。一方，大リーグのデータはRETROSHEET（アドレスは文献に記載）から採用した。

図2-4は日米のシリーズの第1試合から第7試合までのホームチームの勝率を示したものである。統計的分析の結果，シリーズの試合に関して日米の勝率に差が存在することが明らかになった。日米のホーム勝率はそれぞれ52%と62%で約10%の差が存在する。

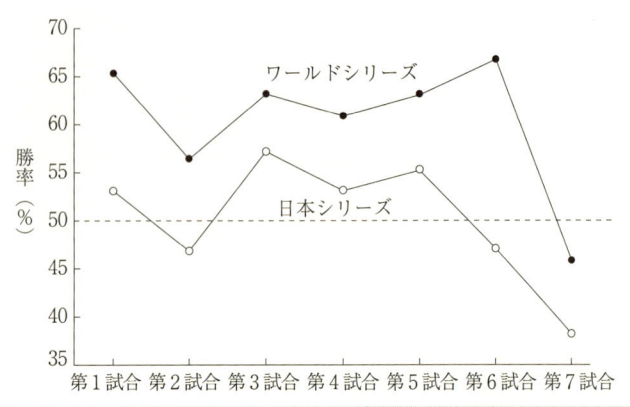

**図2-4 日本シリーズとワールドシリーズのホームチームの勝率——1951～2008年**

一方レギュラーシーズンに関しては日米間に差は見出されなかった。ちなみにレギュラーシーズンの1962～2008年の47年間の平均勝率は日本が53.43%で，アメリカが53.89%で，その差は1%もない。図2-4に示されているようにシリーズの第1試合から第7試合までのすべての試合でアメリカの方がホームチームの勝率が高い。勝利を強く期待する観衆を前にしたシリーズのような重要な試合では，アメリカよりも日本のチームの方が相対的に弱い傾向がうかがえる。ただ折れ線の形は日米で類似していてホーム・アドバンテージに関して共通したメカニズムが働いていることもうかがえる。

　参考のために，サッカーのホーム・アドバンテージについても調べたところ，日本のホーム・アドバンテージの低さは顕著であることがわかった（Pollard, 2006）。

　表2-2から，地域によってホーム・アドバンテージが異なることがわかる。ヨーロッパではバルカン諸国（ボスニア，アルバニア）が高く，北欧諸国（スウェーデン）が低い。それからルクセンブルグやマルタのような小国は最も低い。小国は国土が狭いために，おそ

**表 2-2 国別のサッカーのホーム・アドバンテージ**

| 国 | ホーム勝率（%） | 国 | ホーム勝率（%） |
|---|---|---|---|
| ボスニア | 79 | イングランド | 62 |
| アルバニア | 77 | アメリカ | 62 |
| ボリビア | 74 | オーストラリア | 61 |
| ブルガリア | 70 | アルゼンチン | 58 |
| 中国 | 65 | スウェーデン | 57 |
| スペイン | 64 | 日本 | 56 |
| イタリア | 64 | 韓国 | 56 |
| ブラジル | 64 | ルクセンブルグ | 54 |
| ドイツ | 63 | マルタ | 53 |
| ロシア | 63 | ウルグアイ | 52 |

（注）2004年1月時点での国内リーグの過去6シーズンのデータ。
（出典）Pollard, 2006.

らくホームとアウェイの違いが明確ではないのではなかろうか。それと同じくらい日本と韓国が低いのは東アジアの文化の影響とも考えられるが，中国は低くはない。国土面積，文化，国内リーグのシステムが複合的にホーム・アドバンテージに影響していると考えられる。

次にチャンピオンシップ・チョークはホームチーム優勝を目前にして胸を膨らませた観客の期待と，優勝という成功を前にして生起するというバウマイスターらの考えに従って，日米のプロ野球のシリーズ第7試合の勝敗と，もし試合に勝てば優勝となる場合の第6試合の勝敗を合算した結果と第1試合～第5試合の勝敗を合算した結果との比較分析を行った。その結果，前者の方が勝率が低い傾向があることが見出された。このことは，優勝が決定する可能性があるような試合をホームで行う場合には勝率が低下するというチャンピオンシップ・チョーク現象が，文化を超えて存在することを示唆するものである。

第2章　集団のパフォーマンス

| コラム 2 | グループ・ダイナミックスや社会心理学の研究分野の現状 |

　この分野の日本における主要な学会は日本グループ・ダイナミックス学会と日本社会心理学会である。図は社会心理学会会員数の変遷を示したものである（日本社会心理学会・日本グループ・ダイナミックス学会, 2009）。この図から，日本社会心理学会の会員数は1985年から2005年にかけて急増していることがわかる。現在は1798名（2009年）である。一方，日本グループ・ダイナミックス学会の会員数は1997年に790名だったのが漸減し，2008年では709名となっている。以前は日本グループ・ダイナミックス学会の会員数の方が，日本社会心理学会の会員数を上まわっていた。両学会の指向性や，両学会に所属している会員も多い（日本社会心理学会のみ所属1270名，日本グループ・ダイナミックス学会のみ所属202名，両方所属533名）ことがあるのではっきりとはいえないが，

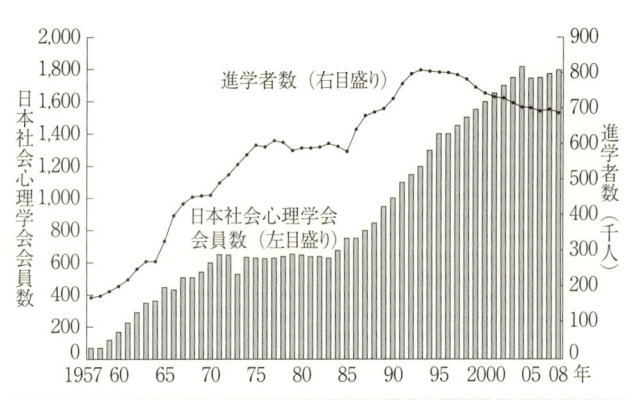

**図　日本社会心理学会会員数と大学進学者数の推移**
（注）　進学者数では大学は短大と4年制を含む。
（出典）　日本社会心理学会・日本グループ・ダイナミックス学会, 2009；文部科学省「学校基本調査」より作成。

集団現象に関する社会心理学研究者の関心の低下を意味しているのかもしれない。ただし日本社会心理学会会員数の増加率も最近は頭打ちになっている。

社会心理学分野の会員数の最近の伸び悩みに関してはアメリカでも同様の傾向があり，アメリカ心理学会の会員数は，1970年で3万839人だったのが2000年で8万3096人となり，この間170%増加している。それに対してパーソナリティと社会心理学（Personality and Social Psychology）の部門の会員数は1972年がピーク（約4800人）で1989年には3000人以下となり，その後増加する兆しはない（House, 2008）。アメリカでは1930年代〜1960年代が社会科学の黄金期だったといわれ，その中心に社会心理学が存在した。特に1940年代〜1960年代にかけて，集団に関するさまざまな現象，例えばリーダーシップ，コミュニケーション，社会的影響，葛藤，規範に関する研究が数多く行われた。しかし1960年から1970年にかけて集団研究は顕著に減少している（McGath et al., 2000）。アメリカでは第2次世界大戦中から戦後にかけて集団（軍隊や社会）に関する問題解決が切実に求められていた。1970年代にはその熱気が薄れてしまったということであろう。ただ社会心理学の関連分野，例えば組織心理学，政治心理学，コミュニティ心理学，教育心理学，犯罪心理学では，これまで社会心理学研究で培われてきた方法や理論が適用されており，その意味では社会心理学的方法が広く深く根を張っているといえるのかもしれない。それから会員数の伸び悩みは社会心理学の新設学会（The Society for Personality and Social Psychology〔SPSP；1974年設立，現在の会員数4500名以上〕，The Society of Experimental Social Psychology〔SESP；1965年設立，会員数800名〕）や関連分野の学会が新しく設立されたということにも原因があるかもしれない。アメリカ心理学会は1970年は29部門だったのが，2005年では53部門に増加している（House, 2008）。

日本でも数多くの心理学関連の学会が設立された。日本心理学諸

学連合に参加している学会数は40もある。その中で社会心理学と関連した学会としては，産業・組織心理学会，日本パーソナリティ心理学会，日本応用心理学会，日本人間性心理学会，日本教育心理学会，日本交通心理学会，日本健康心理学会，日本家族心理学会，日本感情心理学会，などであろう。このようなことから学会の会員数のみで学問領域の勢いを判断するのは的外れであるかもしれない。

また1980年代からは社会的カテゴリー理論や社会的認知に関する研究がさかんに行われるようになり，昔ほどではないにせよ，いまも社会心理学の存在感は薄れていないのではなかろうか。特に最近は経済学に影響を与えており，行動経済学や実験経済学という分野が経済学の領域でも注目されている。心理学者カーネマン（D. Kahneman）は2002年にこの分野でノーベル経済学賞を受賞した。また経済学者で有名な投資家のタレブ（N. N. Taleb）は『ニューズウィーク』（2008年11月号）のインタビューの中で「私は心理学は信じるが経済学は信じない」と述べている（Foroohar, 2008）。このように，アメリカでは社会問題の解決に有用な学問として社会心理学は期待されていると考えられるが，日本では必ずしもそうではないように思える。レヴィンが主張したように，有用性ももちろん大事であるが，ある意味で目先の問題解決にはあまり役に立たない「無用の用」としての存在，存在すること自体に意義があるものとして人々に理解してもらうことも大事ではなかろうか。

# 第3章 集団意思決定

## 1 さまざまな集団意思決定

　集団や組織において，物事を決める場合，集団による意思決定が多く用いられる。場合によっては個人でも容易に結論を出すことができるようなものでも，会議による決定という手続きがとられることがしばしばある。大学組織や学会の各種会議でも長時間の審議と報告が行われているものが多い。会議については，「小田原評定」や「会議は踊る，されど進まず」「総論賛成，各論反対」のような言葉があるように，必ずしもポジティブなイメージはない。実際に会議（特に議論）には膨大な時間が費やされていることも事実である。なぜそうするのか。その理由として，おもに2つが考えられる。その第1は，それぞれのメンバーが主張したことがある程度集団に受け入れられ，コンセンサスが形成されたという満足感を得ることができることである。第2は，個人より集団の方が全体としての記憶容量が大きく，他者との情報交換も可能であり，情報処理量も大きくなるのでよい決定ができる可能性が高いことである（Hinsz et al., 1997）。集団成員は全員が問題の同じ箇所に注目しているとは限らない。そのために情報（記憶）が個別に分有されていることが多

い。議論の過程でそれが全体のものとして統合できれば,よい決定に結びつくであろう。

そのような議論の後には最終決定が行われるが,決定様式としては多数決 (majority win),真実決 (truth win),比例決 (proportionality) がある。このうち多数決は最もよく用いられる様式である (Davis et al., 1975)。一方,数学の問題を集団で解くような場合,多数者を納得させることができれば少数者の真実決が採用される (Laughlin & Ellis, 1986)。比例決は,支持者の数により採用される結果の可能性が左右されるものである。例えばa,b,cの3つの選択肢の支持者がそれぞれ50%,30%,20%であった場合は,aが採用される可能性が5割となり最も高いが,bやcが採用される可能性もあり,必ずaが採用されるとは限らない。現実にはこの3種類の決定法が組み合わされて行われていることが多いと思われる。

現在,大阪大学の総長選挙は2段階での比例決と多数決の組み合わせで行われている。第1段階は各部局（学部,研究科,研究所,センター,博物館）で投票が行われる。投票は教授,准教授,講師,事務職員（管理職）が単記無記名で行う。これで上位7名が選出される（比例決）。第2段階では投票者は教授と上級管理職（部長）のみとなり,一堂に会し（2006年総長選664名),先の7名を対象に選挙会を実施する。その結果過半数獲得者がいれば,その人が総長候補として選出される（多数決）。過半数獲得者がいない場合は得票数が多い者を順に並べて,得票数の合計が3分の1の範囲に入る者を対象に投票を行う（比例決）。例えば1位と2位の合計得票数が全投票数の3分の1にわずかに満たない場合,3位得票者も対象として投票を行う。そして過半数の得票者を得る（多数決）まで繰り返す。

決定手法としては,委任,投票,全員一致,じゃんけん・くじ引き,個人選好平均によるものなどがある。委任は,決定を個人やサ

ブグループ（小委員会）などに一任するものである。投票に関しては一般に過半数や3分の2のルールがあり，その基準を超えた案が採択されることになる。個人の選好平均による場合は例えば複数の案についてメンバーが個人的に順位を決め，その平均値をとり，値が高い案を採択するものである。議論せずに決定できるじゃんけん・くじ引きや委任，個人選好平均は決定に至るまで時間はかからないが，成員全体の満足度や動機づけは上がらない可能性が高い。それに対して全員一致による決定は，成員の問題に対する関与を高め，結果としてよりよい決定に結びつくことも考えられる。一方，時間を要し，場合によっては決定に至らないこともある。ただ，議論に関与できたという効力感が大切なのである。「小田原評定」も成員にとっては意味があるのかもしれない。それから決定の結果が自分の個人的利益にかなっている場合には，たとえ決定手続きに正当性がなくても「正しくてよい決定である」と思い込む傾向がある (Miller et al., 1987)。

## 2 集団意思決定の問題点

集団意思決定には，いくつかの問題点が指摘されている。

**共有情報バイアス――隠れたプロファイル**

集団で意思決定する場合，いくつかの問題点がある。その第1はバイアスである。さまざまな情報や意見を集団意思決定として集約するのは複雑な作業である。ときにはメンバーの認知容量を超えてしまう場合も考えられる。そのようなときに，下記のようなバイアスが現れやすくなる (Kerr et al., 1996)。

① 過去の成功体験がある場合，すでに現実には合わなくなっていることはわかっていながらそれにしがみつく。
② あることに費用や時間やエネルギーを費やした場合，無駄であることが明白な場合でも止められない。
③ 全体的な傾向（例えば長期の景気の変動）を無視して，瞬間瞬間の変動（例えば株価）に基づいて判断する。
④ 人々の行動を解釈するのに状況を無視して性格に帰属する。
⑤ 手近な目立った情報のみに基づいて判断する。
⑥ 最初から好みの選択肢があり，それに合うような情報にのみ注意が向く（確証バイアス）。
⑦ たとえ成員がそれぞれ異なった固有の情報を所持していたとしても，それについては議論されず，共通してもっている限られた情報のみが顕在化し，それについてのみ議論され，全体の情報が十分生かされない（共有情報バイアス）。

このようなバイアスの中で特に集団意思決定時に問題になるのは，共有情報バイアスである。これについては隠れたプロファイル（hidden profile），あるいは潜在（非共有）情報といったテーマのもとで研究が行われている（Stasser & Titus, 1985 ; Stasser & Birchmeier, 2003）。

図3-1のXとYは人物を意味する。この2人の人物のどちらを採用するかを決定するような場面を想定する。$X_1$〜$X_4$は人物Xの長所，$Y_1$〜$Y_3$は人物Yの長所を示す。Xの長所は全部で4個でYの長所は3個であるが3人の共有情報としては，Xについては1個でYについては3個である。長所1個あたりの価値が同一だとすれば当然全体の数が多いXが採用されるはずである。しかし早急に決定を下さなければいけない場合や，問題に正解がなく合意すること自体に意味があるような場合には，非共有情報（$X_2$〜$X_4$）に

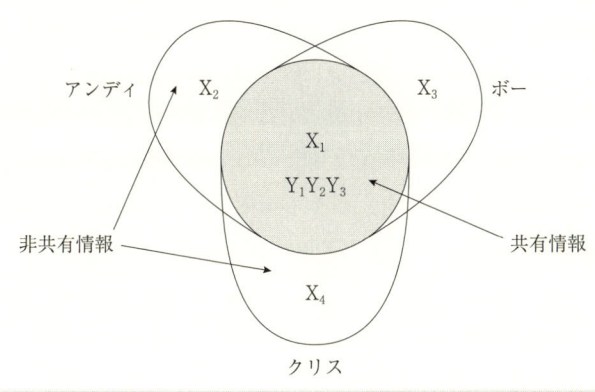

**図 3-1 隠れたプロファイル——3 名の集団成員の共有情報と非共有情報**
(出典) Stasser et al., 2003.

ついては議論されず，Y が選択されてしまう可能性がある。

　その第 1 の理由は，人は最初に心の中で決めたことを変更したがらない傾向があるからである。図 3-1 から，例えばクリスは X については 2 個の情報をもち，Y については 3 個の情報をもっている。クリス個人としては Y についての情報を多くもっているので，議論の前には Y を好んでいる可能性が高い。そのために後で X の長所が複数明らかになったとしても，最初の好みは容易には変えられないのである。第 2 の理由はみんなが知っている情報について語る場合，議論がはずんで気持ちよい場合が多くなるからである。またみんなが知っていることを知っていて，それを深く理解しているという印象を他者に与えることは好ましいことであろう。そのような理由から共有情報ばかりが取り上げられ，すべての情報が十分吟味されず，よい決定に至らないことになる。この共有情報バイアスを防ぐためには，リーダーの役割が重要となる。リーダーが非共有情報を掘り起こし，成員にそちらに目を向けさせ，議論するように仕向けることが大切であろう。

## 集団極化

　集団意思決定の第2の問題点は，結論が極端になる場合が多いことである。従来より「集団は個人よりも慎重である」というのが常識であったが，ワラックら（Wallach et al., 1962）はリスク・テイキング課題であるCDQ（Choice Dilemmas Questionnaire；選択ジレンマ質問紙）を開発し実験を行い，常識に反する結果を得た。CDQは魅力的であるが成功確率が低い選択肢と，魅力はあまりないが安全である選択肢が用意されている12の場面をイメージさせ，どの程度の成功確率があれば魅力的で危険な選択肢を選ぶのかを問うものである。例えば次のような場面（橋口，2003）をイメージさせる。

　「重い心臓病患者が，成功すれば完治するけれども，失敗すれば死ぬかもしれない危険な手術を受けるかどうか決めなければならない。手術しなければ，今までの生活態度を改め厳しく節制しなければならない。」

　上記のような物語の主人公の忠告者になったときのことを参加者に想定させ，どのくらいの成功確率であれば主人公に手術を勧めるか，その最低確率について回答を求める。回答は $\frac{1}{10}$, $\frac{3}{10}$, $\frac{5}{10}$, $\frac{7}{10}$, $\frac{9}{10}$, $\frac{10}{10}$, の6種類の確率の中から選択することである。

　実験の結果，個人よりも集団の方が極端（リスキー）な決定をすることが一貫して見出された（Pruitt, 1971；Lamm & Myers, 1978）。ただし，別の研究では集団討議の後，慎重な方向へ変化することも見出されている。例えば，人種差別的偏見をもっている人が集まって集団決定した場合にはますます偏見が強くなるのに対して，あまり偏見をもたない人が集まって決定した場合には個人の平均よりもかえって偏見が弱い方向に意見が変化（シフト）した（Myers &

Bishop, 1971)。このことから、慎重な人たちが集団決定すれば、より慎重な方向にシフトするが、逆に危険をいとわない人たちが集団決定すれば、ますます危険な方向に行くことが考えられる。このように集団成員の平均値より極端な方向に意見がシフトすることを集団極化（group polarization）とよび、わが国でもいくつかの研究が行われている（例えば、橋口、1974；上野・横川、1982）。

このような集団極化が生じる原因としては、第1に社会的比較理論がある。これは他者と比較して（集団規範と一致する方向での）極端な立場を表明することが他のメンバーの印象をよくし、注意を引き、集団の中での自分の存在感を高めることにつながるという側面に着目する理論である。どっちつかずのはっきりしない意見よりも、極端ではっきりした意見の方がメンバーには魅力的に思えるのである。第2は説得議論（persuasive arguments）理論である。これは、集団規範や価値に合致するような議論が自然と多くなり、そのために集団成員がそれに説得されてしまうとする理論である（Burnstein & Vinokur, 1973）。実際にはこの2つのメカニズムは同時に働いているものと思われる。それからこのような集団極化は場合によっては集団成員の運命を危うくするが、逆に現状を打破し事態を進展させ、新たな展開を生む原動力になることも考えられる。

### 集団的浅慮

集団決定の第3の問題は、決定が極端になるだけでなく、愚かな結論を導き出してしまう可能性があることである。これを集団的浅慮（groupthink）とよぶ。

集団的浅慮は要するに集団問題解決場面で成員が集団維持（集団の一体感や心地よい雰囲気の維持）にエネルギーを注ぎすぎるあまり、パフォーマンスに十分な注意が向かなくなるために解決の質が低下

する現象である。次節では集団的浅慮についてくわしく解説する。


## *3* 集団的浅慮

　ジャニス（Janis, 1982）は1961年にケネディ政権下で起きたピッグス湾事件などを詳細に分析して、この過程について明らかにしている。ピッグス湾事件とはキューバの共産主義政権を打倒するために、発足間もないケネディ政権（ケネディ大統領、ロバート・ケネディ、ラスク、シュレジンジャー、フルブライト、マクナマラなど意欲に満ちた若い優秀なスタッフからなる委員会）が行った軍事作戦である。CIAによって訓練されたキューバ人亡命者1500名の兵士は1961年4月17日にピッグス湾に上陸した。しかし、アメリカのあからさまな介入を世界に印象づけることを嫌ったケネディは空軍の支援を控えた。そのために制空権が確保されず、物資や弾薬の補給を行うことができなかった。上陸軍は弾薬不足に陥り、たちまちカストロ軍に制圧されてしまった。

　ジャニスは集団的浅慮は健康な集団を襲う病気のようなものだと考えた。その症状として次の8種類を挙げている。

**集団的浅慮の症状**
　① 集団成員相互の同調圧力

　コンセンサスに達するために成員が意見を戦わせることは大事なことであるが、集団的浅慮が起きるような状況では同調圧力により異議を唱えることが難しくなる。ケネディの委員会では、集団のよい雰囲気を壊す可能性があるような相互批判がタブーとなってしまっていた。

② 自己検閲

集団による同調圧力によって異議を唱えることが封じられる前に,自分からそのような意見を述べることを差し控える。

③ 逸脱意見から集団を防衛する人物(マインドガード;mind-guards)の発生

逸脱意見あるいはその所有者に集団成員が接触することによって,集団の安寧が破壊される可能性がある。そのためにマインドガードは,「そのようなことを言うと結局君の将来のためにならない」などの脅しをかけて,異議を唱えるような人物に対して口を開かないように圧力をかける。

④ 表面上の意見の一致

協議しているときは,1つの作戦(キューバ侵攻作戦)に全員が表面上同意していたように見受けられた。しかし本当は,多くのメンバーが内心ではその作戦に反対していたことが後の時点で明らかになった。しかしそのことは議論の中でほとんど表面に現れず,そのために多くのメンバーは「他の人はこの作戦に賛成している」と思い込んでいた。

⑤ 無謬性の幻想 (illusion of invulnerability)

メンバーは「自分たちは選ばれた優秀な人間で失敗することはない,われわれが一致団結すれば障害は容易に乗り越えられる」と思い込んでしまう。

⑥ 道徳性の幻想 (illusion of morality)

メンバーは「自分たちは究極的な理想を実現するために行動するのであり,そのためには少々の犠牲や非倫理的行為も許される」と考える。ケネディの委員会のメンバーは,キューバの共産主義を打倒し自由と民主主義の体制を打ち立てるためには,予告なしの攻撃をすることもやむをえないと考えた。

⑦　外集団に対するゆがんだ認識

　外集団に対して不正確で否定的な認識をもつ傾向がある。カストロは，たちの悪い共産主義者であり，しかも弱いリーダーで軍隊も完全には掌握しておらず国民の信頼もないような人物であると，ケネディの委員会のメンバーは思い込んでいた。このように相手を見下したために，少数の兵力で簡単に政権を転覆させることができると考えた。

⑧　解決方略の拙さ

　上述のような症状が積み重なれば必然的に決定の質が低下する。ケネディの委員会では本当は他にもいくつもの選択肢が存在したにもかかわらず，極端な2つのオプション（キューバに侵攻することと，キューバを見捨ててしまうこと）しか考えなかった。それから侵攻作戦の細部についてばかり議論して，全体像を見失っていた。さらに不利な情報には目をつむり，都合がよい情報ばかりに目を向けていた。

　このような症状のうち，①〜④までは集団機能概念の集団維持に関わるものであり，⑤〜⑦は課題遂行（パフォーマンス）の容易さの幻想を集団成員に抱かせるものである。さらに⑧はパフォーマンスの低下に関するものと解釈される。

### 集団的浅慮の原因

　上記のような症状は，重大な決定を限られた時間のうちに速やかに行わなければならないような，ストレスが高い状況で発生しやすいことが考えられる。しかしそのような状況ですべて集団的浅慮が発生することはない。下記のような条件がそろった場合にその危険性が高くなる。

① 集団凝集性の高さ

ケネディの委員会のメンバーは，自他ともにその優秀さを認めている人々ばかりであった。そしてそのような委員会のメンバーの一員になったことに誇りをもち，互いに親密であり，集団の志気も高かった。そのような中で意見が対立し議論を戦わすことは，集団のよい雰囲気を壊すことになりかねない。そのために，メンバーは本気で議論することを差し控えてしまった。

② 孤　　立

軍事作戦は秘密の保持が大切であるために，外部に公表されることはない。議会さえもこのような作戦計画の存在を知らされていなかった。このような状態になれば外部からのチェックや情報提供が行われず，決定が独りよがりのものになってしまう。

③ リーダーシップ

大統領は会議を完全にリードしていた。議題の選択も議論の方式も大統領の意のままであった。自由な議論は大統領がそれを促したときにのみなされた。そのような議論の中でも，大統領の意に沿わないような意見に対してはすぐ圧力がかけられた。それから大統領は最初から自分の意見を公表していた。さらに議論の前に各人の意見を述べさせていた。このようなことが同調行動を促したと考えられる。

④ 問題解決のためのストレス

国家の運命を左右するような重大な決定を短時間のうちにしなければならないような場合，それを担う立場の人は非常なストレスを感じる。そのストレスから早く逃れるために十分熟慮することなく決定してしまう。そしてそれを合理化するために自分たちが決定したことのよい面や，些事にばかり目を向け真に重要な本質的な点を見過ごしてしまう。

**太平洋戦争開戦時の集団的浅慮**

　政府首脳の決定が国家に甚大な被害をもたらした事例は，わが国にもある。そのようなものとしてすぐ頭に浮かぶのは，太平洋戦争開戦の決定である。当時，経済力ならびに軍事力において日米間には圧倒的な差があった。1941年の石油生産量は，アメリカは日本の527倍，鉄鋼や石炭などの主要物資生産高は76.7倍（木坂，1982），海軍力（船舶保有トン数）は2倍であった。以下，この決定が上述の集団的浅慮の症状や原因にどの程度合致するのか検討する。

　［1］　症　　状

　さまざまな意見があり，研究者によって見方が食い違っているところが多々あるが，おおむね次のようなことが指摘されている（木坂，1982；児島，1965；大江，1985；田原，2000；五百旗頭，2001）。

　①　集団成員相互の同調圧力

　閣議や最高首脳会議（大本営政府連絡会議）などで開戦に異を唱えることは，かなり自由に行われていたようである。事実，1941（昭和16）年11月5日に行われた開戦の決意を固める御前会議の直前（11月1日～2日）に開かれた大本営政府連絡会議では東郷茂徳外相，賀屋興宣蔵相は開戦に激しく反対した（五百旗頭，2001）。それから11月29日の開戦直前の宮中での重臣会議でも，非戦の主張が少なからずあった。ただ当時日本が大陸に所有していた権益を無にすると思われるアメリカのハル国務長官の要求，いわゆるハルノートを受け入れることができなかったこと（新聞をはじめとする世論がアメリカの要求を受け入れることを許さず，もし受け入れた場合，国内が争乱状態になることも予想された，あるいは重臣たちはそのように思い込んでいたことが木戸幸一元内大臣の証言にある；『日本経済新聞』2010年8月18日朝刊），戦争終結に関しても，星野直樹元内閣書記官長は「今から考えれば早く戦争を止めるべきであったが，当時は敗戦や戦争

終結を口にすることは犯罪とされていたので，誰もなかなか言い出せなかった」と証言している（『日本経済新聞』2010年8月18日朝刊）。五百旗頭（2001）は，わが国では圧倒的な社会的気運がある方向に動こうとするときそれに協賛せぬものは非国民となると述べている。根拠のある独自の思考よりもみんなの「空気」（山本，1983）に和すること，気配りが重要な徳目とされている。

② 自己検閲

先ほど述べたように，非戦の主張はあったが，当時日本が大陸に所有していた権益を無にすると思われるアメリカのハル国務長官の要求（ハルノート）を受け入れることができなかったこと，それからすでに日米開戦を想定しての準備も行っていたことなどもあり，自分の身命を賭し戦争を阻止するために行動した最高指導者はいなかった。

③ マインドガードの発生

政府首脳集団は一枚岩ではなく，マインドガードの役割を果たすような人物の存在は確認できない。

④ 表面上の意見の一致

上述のように強い反対意見もあり，意見の一致はなかった。

⑤ 無謬性の幻想

杉山元参謀総長は開戦直前の会議で「連合国兵士のうち白人本国兵は30％にすぎず，あとは戦闘能力の低い現地兵である。日本の方が陸海とも編制，装備，素質に優れている。それに連合国の兵力は広大な地域に分散し，共同作戦が困難であるばかりでなく，インド，オーストラリアからの増援も困難である。奇襲攻撃で先制し集中攻撃によって連合国を各個撃破する」と言っている。それから永野修身軍令部総長も「米の艦隊の6割しか太平洋にいない。英の大艦隊が来る可能性もない。ハワイ奇襲作戦が成功すれば2年間は十

分戦える」と言っている。

⑥　道徳性の幻想

政府首脳らは，八紘一宇，大東亜共栄圏のスローガンを掲げた。近衛文麿内閣の基本国策要綱には「皇国の国是は八紘を一宇とする肇国(ちょうこく)（国のはじめ）の大精神に基づき，世界平和の確立を招来することを以て根本とし先ず皇国を核心とし日満支の強固なる結合を根幹とする大東亜の新秩序を建設するにあり」とある。八紘一宇は日本書紀にある言葉で，全世界を統一して一軒の家とするという意味である。要するに日本が全面協力してアジア民族を白色帝国主義から独立させ，東アジアに白人の力が及ばない日本を中心とした共栄圏をつくることを意図した。そのために日本の南進は侵略ではなく新秩序の建設と考えた。

⑦　外集団に対するゆがんだ認識

陸軍のある高官は「アメリカは多民族の寄せ集めで，愛国心はない。兵隊もダンスはうまいが，鉄砲は下手。それに対して皇軍には比類無き志気がある」と言っていた。

⑧　問題解決方略の拙さ

軍は長期戦の見通しがなかったことを，島田繁太郎元海相は次のように証言している（『日本経済新聞』2010年8月18日朝刊）。開戦2年の間は勝利する確信があるが，米英の本土を攻略する力はない。相手が動員体制を整えて反抗してくるだろう3年目以降については予見できなかった。そのために相手の事情も考えず，身勝手な楽観的な見通しを考えた。例えば，ⓐ南方の資源を確保すれば自給自足しながら戦える，ⓑインド洋を制圧すればイギリスは資源不足になる。そのうちドイツが英本土上陸をやるだろうから，そうなればイギリスは脱落し，仲間を失ったアメリカも戦意を喪失する，ⓒそのときに中立国を通して工作すれば有利に戦争を終結できる，このよ

うに思い込んだ。それから日本の先制攻撃がアメリカ世論を激高させ志気を高めることも，あまり計算していなかった。また日本政府と駐米大使館との連絡は，アメリカの暗号解読により全部筒抜けであった。

上述の内容は，ジャニスが指摘する集団的浅慮の症状と一致する面としない面がある。

［2］原　　因

次にジャニスに従って，その発生原因についても検討する。

① 集団凝集性の高さ

集団凝集性は必ずしも高くなかったと思われる。陸軍は開戦を決意してから戦備を進めるのが望ましいと主張したのに対して，海軍は決意は最後にすべきと考えていた。この背景には思想の相違がある。海軍の場合，行動は機動性に富む艦船を単位にしている。攻撃も退却も容易である。敵前に展開していても電話1本で呼び返せる。決意は最後の瞬間に行えばよい。それに対して陸軍はそのような機動性はなく，行動はその結果に対する覚悟をもっていなければなしえない。それから戦略構想にも，作戦計画にも違いがあった。このように陸軍と海軍は思想も判断も食い違っていた（児島，1965）。

② 孤　　立

日本の最高指導者たちが孤立しているともいえなかった。ピッグス湾事件と違って，日本の議会，宮廷，それから陸海軍の指導者たち，それから新聞などマスコミも，この問題について長期間議論をしていた。そしてあからさまに「聖戦遂行」を叫んでいた。この点に関してはアメリカの方が秘密主義であった。アメリカは開戦を決意していたにもかかわらず，大統領も国務長官も一切このことを口にしなかった。

③　リーダーシップ

当時,日本には強力なリーダーシップを発揮する人物はいなかった。ヒトラーやスターリンのような独裁者に相当する人物はおらず,またチャーチルやルーズベルトのようなカリスマ性をもったリーダーも日本にはいなかった。海軍は対米戦を望んでいなかったが,意志の強いリーダーを海軍はもっていなかった。

④　問題解決のストレス

1941(昭和16)年,日本の参謀本部は早急な決定を迫られていた。日本の南部仏印進駐協定発表に対して米英蘭は経済封鎖(ABCD包囲陣)で応じた。石油をはじめゴム,錫,銅,その他の重要物資のストックは数カ月分しかなかった。大本営陸軍部戦争指導班『機密戦争日誌』には「一日の待機は一滴の油を消費す,一日の待機は一滴の血を多からしむ」とある(児島,1965)。

[3]　集団的浅慮であったのか？

集団的浅慮を「集団問題解決場面で成員が集団維持にエネルギーを注ぎすぎるあまり,パフォーマンスに十分な注意が向かなくなるために決定の質が低下する現象」であるとすれば,太平洋戦争開戦時の日本の最高首脳は集団的浅慮状態に陥っていたのであろうか。表3-1に示しているように,課題認知に関する症状はたしかに現れている。それからその原因としての問題解決のためのストレスも存在した。しかし集団維持に関する症状が現れたというような証拠はない。それから集団的浅慮の原因と考えられる,集団凝集性の高さ,首脳集団の孤立,強力なリーダーシップの存在もなかった。

上述のことから,集団による問題解決の質の低下に関して次の3つの可能性が考えられる。第1は集団成員が集団維持のために過剰なエネルギーを費やすということがなくても,ストレス状況下では自己集団のパフォーマンスに関する幻想が高まる。第2は上述のケ

表3-1 ピッグス湾事件(米)と太平洋戦争開戦時(日)における集団的浅慮の比較

| 症状と原因 | | 分類 | ピッグス湾事件 | 太平洋戦争開戦時 |
|---|---|---|---|---|
| 症状 | 集団維持に関する | ①集団成員の同調圧力 | あり | 不明確 |
| | | ②自己検閲 | あり | 不明確 |
| | | ③マインドガードの発生 | あり | なし |
| | | ④表面上の意見の一致 | あり | なし |
| | 課題認知に関する | ⑤無謬性の幻想 | あり | あり |
| | | ⑥道徳性の幻想 | あり | あり |
| | | ⑦外集団に対するゆがんだ認識 | あり | あり |
| | 解決方法に関する | ⑧解決方法の拙さ | あり | あり |
| 原因 | | ①集団凝集性の高さ | 強い | 弱い |
| | | ②孤立 | あり | なし |
| | | ③リーダーシップ | 強い | 弱い |
| | | ④問題解決のストレス | あり | あり |

ースでは日本の最高首脳は自己集団の維持に努力をしたのではなく，その背後にある日本という母集団の維持に過剰なエネルギーを費やしてしまったとも考えられる。それは先述したように，もしアメリカの要求に屈すれば国内が争乱状態になることを首脳たちが懸念していたことから推測される。第3は日本は本来アメリカと比べて集団維持に力を入れる傾向が強く，開戦時の首脳集団も表面上は意見を戦わせながらも結局は選ばれたエリートの仲良し集団で，その維持に汲々としていたのではないかということである。堺屋（2002）や養老（2001）は日本の社会的団体はすぐに共同体化すると述べている。会社も官庁も大学も軍隊も最初は機能体としてつくられる。機能体とは明確な目的のためにつくられた集団である。しかし日本では本来仕事をするためにある団体がその団体を構成するメンバーの福祉のために存在する共同体になってしまう。要するに課題遂行をするための集団が，容易に集団維持のための集団になってしまう。

このように，太平洋戦争開戦時の意思決定はジャニスのモデルとは必ずしも合致していない。アメリカの研究者も，ジャニスのモデルについて次のような4つの問題点を挙げている（Fischhoff & Beyth-Marom, 1976；Longley & Pruitt, 1980；McCauley, 1989；Whyte, 1989）。①事例研究的方法を仮説の検証として用いている。すなわち恣意的に事例を選び，複雑な歴史的出来事を単純化して無理やり心理モデルにあてはめている。②プロセスと結果の完全かつ不自然な一致（事後説明だから可能）。③取り上げたエピソードを集団的浅慮の事例かそうでない事例かにはっきり白か黒かに分けている。本当は白の事例の中に黒の事例がけっこうあるにもかかわらず，そちらの違いは無視して，白と黒の間の違いを誇張している。④モデルの一部は誤っている可能性が高い（集団的浅慮の原因や症状として集団凝集性の高さや同調圧力が挙げられているが，これに関しては明確でない）。特に集団凝集性に関しては多くの実験的研究は否定的な結果を見出している（Flowers, 1977；Fodor & Smith, 1982）。さらにテトロックら（Tetlock et al., 1992）はいくつかの集団的浅慮の事例（トルーマン大統領と朝鮮戦争，ジョンソン大統領とベトナム戦争，キンメル提督と真珠湾攻撃，ニクソン大統領とウォーターゲート事件，カーター大統領とイラン大使館人質事件）と集団的浅慮ではない事例（ケネディ大統領とキューバのミサイル危機，マーシャルによる戦後の復興・西側救済のための計画であるマーシャルプラン）を分析し，やはり集団凝集性は集団的浅慮の原因とはいえないことを明らかにしている。

**集団的浅慮を防ぐ方法**
　ジャニスは，集団的浅慮を防ぐためには，集団成員が反対意見を躊躇することなく述べることができるような雰囲気をリーダーがつくり上げる必要があると述べている。そのためにリーダーはメン

バー全員の発言が終了するまで自分の意見を表明しないとか、なるべくたくさんの選択肢を用意し、さらにある選択肢をとった場合のよい面や悪い面について徹底的に議論するとか、批判的意見を歓迎するとか、リーダーなしの会合開催を促すとか、集団メンバーのうちの誰かに反対意見ばかりを言う天の邪鬼の役割をさせるといったことが考えられる。そのほかにも集団をいくつかの下位集団に分けて、そこで議論された内容を全体会議にもち寄るようにするとか、外部の専門家に相談するといった方法も有効である。さらに最終決定の際には、上述のようなバイアスがかかることをメンバーは意識しておく必要がある。

　ただこのような方法を使用した場合、メンバーの意見が一致せず、いつまでも最終結論に至らないといった負の側面も考えられる。大学組織などで何時間にもわたって行われる会議はまさに集団的浅慮と対局にあるようにも思われる。ただこれは、迅速な意思決定が迫られている切羽詰まった状況にないためであるとも考えられる。集団的浅慮を防ぎながら、しかも効率的に集団問題解決を行うことは容易なことではない。

# 第4章 リーダーシップ
## ——軍隊のリーダーシップを中心として

　一般にリーダーシップは集団にとって必要不可欠で，リーダーによって集団の運命が左右されると思われている。プロ野球やサッカーのようなプロスポーツでも，チームの成績が振るわなければ監督の責任が問われる。逆に成績がよければヒーローとして遇される。企業でも国家でも事情は同じである。しかし実際は，集団のパフォーマンスは他のさまざまな要因によって影響されている。リーダーシップが過大評価されることをリーダーシップ・ロマンスとよぶ (Shamir, 1992)。ノルマンジー上陸作戦を指揮したアメリカ陸軍のブラッドレー (O. N. Bradley) 将軍は次のように言っている (U. S. Army, 1990)。

　「特に戦闘時には，兵士は，上官のプロとしての能力に全幅の信頼を寄せている。兵士は下士官を小隊の中で最優秀の兵士であり，任務を遂行する方法を熟知していると思っている。また軍曹に対しては任務を完遂する方法を教える能力をもっていることを期待している。将校に対してはそれ以上の期待を抱いている。」

　軍隊のように緊張を強いられる集団の場合は，特にリーダーシップ・ロマンスの程度が大きくなることが考えられる。また，一般的

に軍隊のリーダーシップに関連した教本で強調されているのは「心構え」や「エトス」（組織や集団の気風や精神）である。これは旧日本軍においてもアメリカ軍でも同じである。例えばアメリカ陸軍のマニュアルではリーダーとして望ましい人物として，強くて高潔な人物（思いやり，決断力，自己鍛錬，イニシアチブ，柔軟性，一貫性，勇気，能力，公平無私，倫理感，道徳心，責任感，国家や軍に対する忠誠，など）を挙げている。また陸上自衛隊のマニュアルでは職能，責任感，実行力，誠実および謙虚，総合的判断力，思考および表現力，信念および協調性，想像力，企画力および組織力が必須であるとしている。一般的に軍隊のリーダーシップに関連した教本では，上記のようなリーダーやリーダー特性に関するロマンスやエトスを強調する抽象的な記述が多い。ここではそのような教本を参考にしながら，リーダーシップ行動について述べる。

## *1*  リーダーシップの定義

リーダーシップは「一種の社会的影響過程であり，それは他者の協力や支持を得ることによって集団の共通目標を達成するものである」（Chemers, 2000）と定義される。リーダーシップに関する研究は内外で数多く行われている（例えば，三隅，1984；佐藤，1987；白樫，1985；淵上，2002；Fiedler, 1965；Bales, 1950；Halpin & Winer, 1952；Cartwright & Zander, 1960；White & Lippitt, 1960；Vroom & Yetton, 1973；House, 1977）。そのような諸研究は企業や学校，官庁を対象としたものが多かったが，ここでは最も強力で明確なリーダーシップが要請される軍隊を取り上げる。おもに参考にしたのはアメリカ陸軍リーダーシップ・マニュアル *FM 22-100*（U. S. Army, 1990）と

*FM 6-22*（U. S. Army, 2006）と陸上自衛隊の野外令（陸上自衛隊幕僚監部, 1968）である。野外令は作戦における部隊の組織・機能，指揮の一般要領，各種行動に関する原則および基本的手続きについて記述したものである。

野外令では，リーダーシップ（統御）の定義を「部下及び関係者に共通目的達成のため共同させるような感化を与えるものである」としている。またアメリカ陸軍マニュアルでは，「他者に影響を与える過程であり，それは任務を成し遂げ，組織を向上させるために目標，方向，動機づけを他者に与えることによって達成されるものである」となっている。以下，この目標，方向づけ，動機づけについて，社会心理学研究と関連させながら簡単に述べる。

## 目標の明確化

教本で取り上げられている目標には，個々の活動に直接関連したものと広く組織全体を視野に入れ，しかも将来を見据えた長期的観点を取り入れた間接的なもの（ビジョン）が含まれている。軍隊のリーダーにはこの両方が必要であるとしている。この考えは業務処理型（transactional）リーダーシップと変革型（transformational）リーダーシップ（Bass & Avolio, 1990）と一致する。前者ではリーダーと部下の間で物質的報酬や，あるいはそれに代わる何らかの報酬の交換が行われるような関係が存在する。部下が高いパフォーマンスを示せばリーダーは多くの報酬を与え，部下が失敗したりすれば何らかの罰を与える。いわば外発的動機づけを与えるものと解釈できる。それに対して変革型のリーダーシップは内発的動機づけを高めるもので，単に報酬を得，罰を避けるために行動するのではなく，将来を見通した，さらに高次の組織目標を達成するように働きかけるものである。リーダーはそのために，部下にリーダー自身の

能力の高さと「この人について行けば安心だ」と思わせるような信頼感を与えるように振る舞うとか,部下に知的好奇心を触発する材料を与えたり,前例にとらわれず自由に発想するように励ますなどのリーダーシップ行動を行う。この変革型リーダーシップはカリスマ・リーダーシップ（House, 1977；松原ら, 1994）と重なる。

**方向づけと動機づけ**

教本では,方向づけは集団の目標やそれに至る手法を部下に示すことであり,動機づけは,部下の意欲を高め,バラバラの個人をまとめ上げることであるとしている。それは例えば部下の言葉に耳を傾けるとか,部下と苦難や悲しみをともにすることによって得られる。

この方向づけと動機づけは,構造づくり（率先垂範）と配慮のリーダーシップ2次元モデル（Stogdill & Coons, 1957）やPMリーダーシップ理論（三隅, 1984）などのリーダー行動理論と関連していると思われる。三隅はリーダーシップを図4-1のような独立した2次元としてとらえ,その組み合わせによって優れたリーダーシップであるか否かが決まると考えた。

P（performance）機能は,集団目標の達成や課題解決に関する機能である。例えば会議などで問題を検討したり,企業で生産目標を

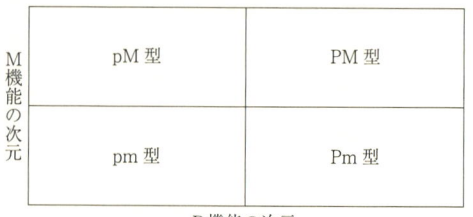

| M機能の次元 | pM型 | PM型 |
|---|---|---|
| | pm型 | Pm型 |

P機能の次元

**図4-1　PMリーダーシップ理論による4類型**

目指して作業者が仕事をする過程，学校で教師が生徒に学習をさせる過程などがある。一方 M（maintenance）機能は，集団の維持を目的とする機能である。人間関係に緊張が生じたり，互いに敵意が生まれると集団は崩壊の危機をはらむ。そのようなとき，緊張や敵意を解消し人間関係の回復を図ろうとするのが M 機能である。気詰まりな雰囲気の中で誰かが冗談を言って笑いを誘い，集団が和やかになることもある（三隅, 1984）。

数々の実験室実験や学校，企業，官庁，病院などを対象とした調査研究の結果，図 4-1 の中で最も効果的なリーダーシップ・タイプは P 機能も M 機能も強い PM 型（図 4-1 の第 1 象限）であり，逆に最も非効果的なタイプは両機能が弱い pm 型（第 3 象限）であることが一貫して見出されている。その中間に位置するのが，P 機能のみ強い Pm 型（第 4 象限）と M 機能のみ強い pM（第 2 象限）型である。軍隊のリーダーシップの定義にも，この両機能の重要性が述べられているのである。

野外令の中にも「指揮官は個人の人格を尊重して公平に部下を取り扱い，率先垂範と指導により部下が進んで職務を遂行するように感化を与えることが必要である。また指揮官は部下の信頼と尊敬を一身にあつめて部隊団結の核心となり上下一体となって任務の達成に努めることが重要である」との記述がある。部下の公平な取り扱いという M 的行動と率先垂範という P 的行動，それから信頼と尊敬というカリスマとしてのリーダーシップの存在の重要性がこの文章の中でも表現されている。

**コラム3** PMリーダーシップ理論に基づく暴力学校における
暴力低減のアクション・リサーチ

　関(1993)は荒れた中学校の改善のためのアクション・リサーチを行った。対象となった中学校は生徒の喫煙による火災の危険性が高く，教室の窓ガラスは半数以上が割れており，修理してもすぐ割られて修理の予算もなくなり，冬季には窓枠にビニールを張って北風をしのいでいる状態であった。また授業時間中に自転車を廊下で乗りまわしたり，注意した教師が生徒による暴力で骨折したり，入院したりすることも数度あった。この中学校にD校長が着任し，関がアドバイザーとして学校改善に関与することになった。また職員会議で十分な議論を行い，PTA，町教育委員会，町行政当局等への協力要請も行った。

　第1に行われたのは，生徒の服装違反が改まらないことの対策として，従来の学生服やセーラー服から，男女ともブレザーに変更したことである。これは生徒にも好評で変更後に服装違反は見られなくなった。第2に行われたのは，改善の期間中は教員の人事異動を行わないように教育委員会に要請し，了解を得たことであった。第3に，学力づくり研究部，人間づくり研究部，体力づくり研究部をつくり，全教員がいずれかの研究部（各研究部は10名前後で構成）に所属したことであった。

　学力づくり研究部では，従来の一斉画一授業に加えてグループ学習を導入した。またPMリーダーシップ理論の観点から教師のリーダーシップを見直し，教師の生徒に対する具体的な行動のあり方を再検討することにした。グループ学習では全員が発言できるようにし，班長には自覚をもたせ，リーダーシップを発揮するように指導した。学習過程としては第1に学習目標を確認し，第2に個人で考え，第3にグループ学習をして，第4に発表と討議を行い，第5に学習内容をまとめて自己評価をするようなことを行った。これは

集団意思決定の手順と類似のものである。

人間づくり研究部では，生徒会活動におけるリーダーの育成のために生徒会役員のリーダー研修会を行ったり，専門委員会や集会活動（全校集会，学年集会，放送集会）の活性化，生徒会新聞の発行などを行った。それから朝の会，帰りの会の活動では司会を2～3名の生徒が輪番制で行い，全員が体験した。それから学級独自の時間も設け，ある学級の場合，月（読書），火（先生の面白い話），水（生徒出題のクイズ），木（音楽鑑賞），金（生徒出題の小テスト），土（教師出題の小テスト）を行った。また学級会についても，活動を活性化するために級長，班長などからなる企画委員会をつくったり，バズセッションを導入し，班ごとの話し合いに重点をおき，生徒が自分たちで学級の問題を解決するように仕向けた。

体力づくり研究部では，部活動に所属していない生徒が入るクラブをつくり，週1回全員が参加するようにした。各クラブとも，班リーダーを中心にして教師の助言を受けながら年間計画を立て実行に移した。これには，小集団活動や集団討議の後に自己決定をさせるという集団決定法も導入した。

上述のような活動を行った結果，活動開始前の1986年度では問題行動が78件であったのが，1988年度では9件に減少した。模擬試験の成績は200点満点で平均67.7点であったのが98.6点となり，郡内1位となった。部活動の郡での優勝も4から9に増加した。

関は職員会議には出席しなかったが，研究会にはアドバイザーとして積極的に参加し，資料や情報を提供した。初年度には好意的でない教員もいた。そのため学校組織に害を与えることはないという心証が得られる努力（例えばリーダーシップ測定を断念したり，時期を待つなど）をした。

## *2* リーダーシップの4要因

 アメリカ陸軍の資料（Army leadership）とマニュアルによれば，リーダーシップはリーダー，部下，状況，コミュニケーションの4要因で構成されるとしている。

**リーダー**
 リーダーは自分がどのような人間であるか，何を知っているのか，何ができるのかを正確に把握する必要があるとしている。つまり，部下をコントロールするためには，まず自分の強さ，弱さ，能力，限界を知らなければならない。そのためには，上司や，場合によっては部下の評価を参考にすることが必要である。PMリーダーシップ理論に基づくリーダーシップ測定も部下評価により行われ，リーダーシップ訓練も他者評価と自己評価のズレに着目して行う。

 またリーダーの人格に関して，軍の価値（忠誠，責務，敬意，自己犠牲，名誉，誠実，勇気）と共感性，戦士のエトスを基本的なものとして挙げている。軍人勅諭（1882年に天皇から軍人に与えられた）では，忠節，礼儀，武勇，信義，質素を謳っている。これは儒教の五徳である仁，義，礼，知，信と重なる。またドイツの軍人であり，戦略家であるフォン・クラウゼヴィッツも『戦争論』の中で，武徳，勇敢，忍耐力，自制心などを挙げている（von Clausewitz, 1832）。この面では洋の東西を問わず，また時代を超えて共通していることがわかる。さらにこれを実現するためには，戦士のエトスが必要とされる。アメリカ陸軍の場合は次のようなものである。

 「私は戦士であり，チームの一員である。私はアメリカ国民に

仕え，陸軍の価値を実現する。

私は常に任務を第一に考える。

私は敗北をけっして受け入れない。

私はけっして断念しない。

私はけっしてたおれた戦友を見捨てない。

私はよく訓練され，心身ともに頑健である。

私は常に装備の手入れをし，自分自身を磨いている。

私は専門家であり，プロフェッショナルである。

私はいつでも配置につき，白兵戦でもアメリカの敵を撃破する用意ができている。

私は自由とアメリカの生活様式の守護者である。」

旧日本軍でも海軍兵学校の五省というものがあった。

「至誠にもとるなかりしか
言行に恥づるなかりしか
気力にかくるなかりしか
努力に憾みなかりしか
不精に亘るなかりしか」

　上記のエトスや特性は訓練して獲得できることが教本では強調されている。ただ，社会心理学のリーダーシップ特性に関する研究では，リーダーシップと特性の間には一貫した関連が見出されないとする研究が多かった（例えば Mann, 1959；Bass, 1990）。しかし最近の研究によればリーダーのパーソナリティとリーダーシップ効果は明確に関連しており (Kenny & Zaccaro, 1983；Judge et al., 2002；Chan & Drasgow, 2001)，しかもその遺伝的割合は3割を占めること

が双生児研究（Arvey et al., 2006）で明らかになっている。この3割を多いと見なすか少ないと見なすかは微妙であるが，いずれにしてもリーダーシップの7割は訓練可能な部分であるともいえる。

### 部　下

教本では，部下の能力，動機づけ，仕事に対する関与の程度を正確に把握して，仕事に励む者は賞賛し，従わない者や規律を遵守しない者には厳しく対処しなければならないとしている。このように部下に対しては，その正確な把握と信賞必罰の原理が大切であるとしている。野外令でも「指揮官は戦闘間の業績良好な者に対しては速やかにこれを認めて表彰等を行うとともに，逆境にある者に対してはこれを激励することを忘れてはならない」との記述がある。結局，配慮と課題遂行のリーダーシップ2要因の重要性がここでも強調されている。

### 状　況

アメリカ陸軍のマニュアルでは，最適のリーダーシップ行動をするためには，METT-T（任務〔mission〕，敵〔enemy；その性別，年齢，人種等，強さと弱さ，行動傾向等〕，味方の兵力〔troops；兵員数，士気，休憩，訓練経験〕，天候や地形〔terrain〕，時間〔time〕）を総合的に考慮して行わなければならないとしている。またある状況では部下を監視し命令しなければならないが，別の状況では部下を励ましたり，訴えに耳を傾けたりしなければならない。状況によりリーダーシップ・スタイルを変えなければならないとしている。

社会心理学の研究の中でも，状況に適合したリーダーシップ行動の重要性を明らかにしたものがある。フィードラー（Fiedler, 1965, 1967）はリーダーシップのタイプをLPCという尺度で測定した。

LPCは，仕事仲間として最も苦手と感じる「特定の人物」に対する好悪の程度の評定を求めるものである。高LPC型は，その特定の人物を相対的に高く評価するタイプの者であり，低LPCは低く評価するタイプである。フィードラーは，前者は関係動機型であり後者は課題動機型であると解釈している。さらに，そのようなリーダーシップ・タイプと組み合わせるべき状況として，リーダーと部下の関係，課題の構造度（目標やそれを達成する方法の明確さ，解答の正しさの客観性など），リーダーの地位力の3つを考えた。そしてそれらがすべてがよい状況，すなわちリーダーが集団をコントロールしやすい状況「高コントロール条件」とすべてが悪い「低コントロール条件」では課題動機（低LPC）型リーダーシップが有効であり，そのどちらでもない「中コントロール条件」では関係動機（高LPC）型リーダーシップが有効であることを明らかにしている。

　これは集団が非常によい状況にあり，リーダーが介入しなくてもうまくいくような場合や，逆に集団が非常に悪い状況にあり存亡の危機にあるようなときには課題動機型がよいとするものである。よい状況ではリーダーが下手に部下に配慮する必要はなく，配慮すればかえって集団の効率が低下する可能性がある。悪い状況では，部下に配慮するよりも，リーダーは課題達成に全力を尽くすことが大事であろう。アメリカ陸軍マニュアル（U. S. Army, 2006）でも事態が緊急を要しているときや部下が課題に不慣れなとき，あるいは動機づけが低いときは指示命令的リーダーシップがよく，長期的効果を狙う場合は配慮的リーダーシップが望ましいとしている。ハーシーとブランチャード（Hersey & Blanchard, 1982）も部下のレベル（経験や自信，動機づけのレベル）により適切なリーダーシップが異なるというモデルを提唱している。それによればレベルが最低のときは課題動機型がよく，レベルが上がるに従い課題動機と関係動機の

両方を兼ね備えている型，次は関係動機型となり，レベルが最高の場合は権限を部下に委譲する，いわば明確なリーダーシップが存在しない型が適切であるとする。

**コミュニケーション**

　アメリカ陸軍マニュアルでは，コミュニケーションについて，圧力，公的な命令，取引，通知，個人的要請，理性的説得，関係構築，激励，参加などの影響方略が挙げられている。圧力には直接的なものと間接的なものがある。前者は仕事のデッドラインを設定してそれを過ぎた場合には何らかの罰を予期させるようなものであり，後者は頻繁に仕事の進み具合をチェックしたりするものである。ただし，これらの行動がリーダー自身の利益や上司に取り入るために行っていると部下から解釈されてしまえば，反発を引き起こし士気を低下させることになりかねない。公的な命令は上層部からの指令を伝えるものである。取引は，要求に従えばリーダーがそれに便宜を図ることを期待させるものである。一方，通知は「耳寄りな情報がある」といった形で報酬を期待させるものである。取引は報酬をリーダーがコントロールできるが，通知はできない。個人的要請は，「俺とおまえの仲ではないか」といった形で個人的信頼関係に訴えるものである。理性的説得は，証拠を示しながら論理的な議論と説明を行うものである。集団形成の初期段階やリーダーの専門性が要求されるような場合は，この方法は効果的である。関係構築はリーダーと部下の相互信頼関係の構築や感情の交流を通して，長期的影響力の維持をねらうものである。激励と参加は関係構築の手段である。特に士気を維持するためには，リーダー・部下間の感情の絆と相互の尊敬が大切である。ただ場合によっては，部下の犠牲も覚悟して命令しなければならない。部下のウェルビーイングと過酷な命

令とのバランスをとることは難しい。

　以上の内容は，フレンチとレイヴン（French & Raven, 1959）の社会的勢力のモデルとかなり一致している。フレンチらは社会的勢力を報酬勢力（リーダーが報酬を与える能力を有することによる影響力），強制勢力（罰を与える能力を有することによる影響力），正当勢力（ルールや価値や規範に則って正当な権利のうえに発揮される影響力），専門勢力（知識や技能といった専門的能力を有することによる影響力），準拠勢力（リーダーに同一視することによって生じる影響力）に分類した。上記の取引，通知は報酬勢力と同種であり，圧力は強制勢力，公的な命令は正当勢力，理性的説得は専門勢力，個人的要請，関係構築は準拠勢力といえよう。

## *3* リーダーシップの原理

　「敵を知り己を知らば百戦危うからず」という孫子の言葉はよく知られているが，アメリカ陸軍や陸上自衛隊のリーダーシップに関するマニュアルの記述は，基本的にはこの言葉を敷衍したものと考えることができる。そして部下を含めた己を知り，さらに向上させることが特に強調されている。アメリカ陸軍マニュアルでは下記の11のリーダーシップの原理が挙げられている。

　① 自分自身を知り，自己啓発を続ける
　自己の客観的分析，弱点の克服と長所の強化。
　② 戦略や戦術に精通する
　座学だけでなく日常の業務を通して学習する。
　③ 進んで責任を引き受け，また自分の行為の結果に責任をとる
　問題や課題を見出したら，上司の指示を待つことなく進んで実行

する。批判は甘んじて受け，行動を改めることをはばかってはいけない。他者に責任を転嫁するようなことはしてはならない。

④ 時宜に適った決定をする

決定が遅れたり躊躇(ちゅうちょ)したりすることは信頼の喪失と混乱につながる。適切な時期に行われる「良い決定」は，時宜を逸した「最良の決定」よりも優れている。

この点に関して，陸上自衛隊の野外令でも「報告・通報の要領は時宜に適することが必要である。時宜を失した報告・通報はその内容がいかに優れていても価値のないものである」との記述がある。

⑤ 身をもって範を示す

部下はリーダーの背中を見ている。もしリーダーが勇気，能力，正直，誠実さを部下に求めているなら，リーダー自身がそれを示さなければならない。リーダーは部下と危険や苦難をともにしなければならない。口先だけの言葉より行動が部下に影響する。またリーダーが部下に示す勇気には肉体的勇気と精神的勇気の2種類があるとしている。前者は肉体的苦痛や死の恐怖に直面したときの勇気であり，後者は正しいと思うことを実行する勇気である。そして後者の方を重視している。この点に関しては軍人勅諭にも「武勇には大勇あり小勇ありて同（じ）からず，血気にはやり粗暴の振（る）舞（い）などせんは武勇とは謂い難し」というくだりがある。

戦闘時にはリーダーも若い兵士と同様に恐怖を感じるが，そのことを隠す必要はない。部下に自分も恐怖を感じていることを伝えてもかまわない。ただし自分自身を律し，部下のモデルとならなければならない。リーダーが自分をコントロールできなくなったり，優柔不断になったりすると部下も自信を失う。信頼の喪失は士気を低下させ，それがパフォーマンスを阻害し，ますますストレスを高める。

**表 4-1　戦争神経症の指標**

緊張（痛み，震え，落ち着きのなさ）
突然の音や動きに対する驚愕
冷や汗（口の渇き，青ざめ，焦点が合わない目）
心拍上昇（めまい，浮遊感）
呼吸困難
胃のむかつき，吐き気
下痢，頻尿
疲労，無感情
ぼんやり，心ここにあらずの感じ
不安（張りつめた感じ，最悪の事態の予想）
いらつき（罵る，不平不満を言う）
注意を向けたり細部を思い出したりすることができなくなる
考えたり話したりすることができなくなる
睡眠障害，悪夢で起きる
嘆き（死体やけが人を見て号泣する）
怒り（他者や同僚に対する）
信頼の喪失（自分や部隊に対する）

⑥　部下を知り，その精神的・身体的健康に気を配る

　個人的な事柄から悩みまで忌憚なく話せるような状況をつくることが必要である。それにより信頼関係や絆を築くことができれば，戦闘時のストレスや混乱の中でも兵士の心や部隊の崩壊を食い止めることができる。戦闘時のリーダーシップは恐怖のマネジメントが主眼となる。ストレスに対する耐性は個人差があり戦争神経症に陥る者もいる。それは戦闘の最中だけでなく前後にも生じる。戦争神経症の指標として表4-1のようなものがある。

　これを防ぐためには日頃戦闘時の状況を見据えた訓練が必要となる。それにより自分や同僚やリーダーに対する自信を深めさせる。また，状況をよく説明し，敵の能力や任務の困難性を誇張して考えないようにさせる。それから，睡眠や休憩のきちんとした計画をつ

くることが重要である。また長時間の戦闘や戦闘の待機は兵士の心身の機能と倫理感を低下させる。それが場合によっては戦争犯罪に結びつく。兵士を前線から下がらせ,休憩を与えることが大事である。また戦争神経症は普通に生じることなので,部下にもそのことを伝える。

⑦ 部下に率直に情報を伝える

部下は行動の理由を知っているときに最善を尽くす。率直に情報を伝えることにより部下はリーダーの意図を汲み取り,実行する。それにより自発的行動やチームワークが促進され,士気が高くなる。部下はリーダーの指示の論理性を見極め,不当で理不尽なものに疑問を感じる。場合によっては命令するとき,理由を説明する方がよいこともある。

⑧ 部下に責任感を植えつける

部下はリーダーが与えた課題を達成したとき誇りを感じる。仕事を委任することは部下に対する信頼感を伝えることになる。リーダーは先生であり部下の成長に責任がある。さまざまなことに挑戦する機会を与えることにより,責任感をもたせることが自発性を育む。

⑨ 課題を自家薬籠中のものにする

部下はリーダーがいつ何をしたいのか,基準は何かということについて知る必要がある。過剰な監視や指示は怒りや敵意を生み出すが,逆にそれが足りなければ欲求不満を引き起こす。リーダーが設定した基準まで部下の達成が届けば受け入れ,越えれば報酬を与え,下まわれば行動を修正させる。

⑩ チームをまとめる

戦闘はチーム活動である。リーダーは部下たちにチーム・スピリットを植えつけ,動機づける必要がある。部下はリーダーの能力に対する信頼を必要としている。また,自分たちがチームのメンバー

として任務をうまく遂行できるかについての自信を必要としている。そのためには日頃の訓練が必要である。部下がリーダーや同僚を高い技能をもったプロとして信頼し尊敬し，またその貢献を認めることにより1つのチームとなる。

⑪ 部下集団の能力に従って課題を遂行する

部下は，理に適っていて挑戦的な課題を達成できれば満足するが，逆にやさしすぎたり，非現実的で達成不可能なものであったりすればフラストレーションを感じる。任務を達成するために必要な厳選された訓練プログラムを実施する必要がある。部下集団の能力によっては革新的な訓練方法が必要な場合がある。

上記のうちの①〜④はリーダー自身の行動に関連している。⑤〜⑪は他者に対する働きかけについて述べたものである。そのうち⑤〜⑨は部下が対象であり，⑩〜⑪は集団全体を意識したものである。この中で④は意思決定，⑤と⑦はコミュニケーション，⑥と⑩はリーダーシップの配慮行動であり，⑨と⑪は課題遂行行動，⑧はリーダーの部下に対する権限委譲の問題に言及している。このように軍隊のリーダーシップ原理の大半は，先述したような社会心理学の理論と一致している。

# 第 II 部

## Part 2
## Collectivity and Crowd

# 集合と群集

*Group Dynamics*

# 第5章 集合・群集の行動

## *1* 集合行動,群集行動

**歴史上に見る集合行動,群集行動**

　第Ⅰ部で述べてきたような集団研究は,10人以下の小集団を対象としたものが多かった。これから取り上げる研究はサイズがそれよりも大きく,非日常的な現象であるパニックや暴動,テロリズム,スケープゴート現象を含む集合行動に関するものである。

　上記のような集合行動が発生する極限状況は「疾風に勁草を知る」という言葉が表すように,人間の最も本質的と思われる部分,すなわち愛や勇気,臆病や利己心等が顕在化する状況とも考えられる。その例としてポトマック川の英雄の美談がある。1982年1月13日,ワシントン・ナショナル空港でフロリダ航空機が氷結したポトマック川にかかる橋に激突した後,バラバラになって氷の下に沈むという事故があった。そのとき,乗客の中の1人の男性がヘリコプターから投下された浮き輪を数度にわたって女性に譲り,それに捕まらせ,救助を手伝った後に自分は力つきて死亡したということである（中尾,1984）。

　また,1912年4月14日に起きたイギリス豪華客船タイタニック

号沈没事故の場合でも，船の甲板の上では次のような数々の感動的なシーンが繰り広げられたということである（Ballard, 1987；訳書より）。

「夫が妻や子供に別れを告げ，待っているボートに乗せてやった。女たちは夫のそばを離れるのをいやがり，何人かはボートに乗ることを拒否した。メイシー百貨店のオーナーの妻は一度ボートに乗りかけたが気持ちを変えて夫に言った。『長い間いっしょにやってきたんですもの，あなたが行くところに私も行きます。』二人はデッキチェアに座り静かに海を見つめながらその時を待った。」

「命令に忠実な船員の一人はボートに乗る人を厳しく規制し，定員に満たなくても男は乗せなかった。アスター大佐がボートに若い妻を乗せ，一緒に行ってもいいかと尋ねると，船員は『いいえ，女性客が優先ですから男性はこのボートに乗ることはできません。』と言った。大佐は不満を述べることもなく，2/3 ほどしか乗っていないボートが降ろされるのをじっと見守った。そして紳士らしく最期を待つために立ち去って行った。」

しかし一方では下記のようなエピソードもある。

「タイタニック号が沈んだ後，船員のジョーンズはもう一度引き返して海に浮かんでいる人を助けようと提案した。ところが，船を離れる前は夫を乗せてくれと頼んだ女性の大半がその提案に反対した。定員に満たないボートの多くがそうだったように，このボートも溺れそうになっている人々を助けるために引き返そうとはしなかった。」

集合行動は，上記のような事件や事故に付随して発生するだけではなく，場合によっては人々の意志により引き起こされ，それが古い制度や価値の破壊と新しい社会の創造の契機となり，歴史を変えることもある。フランス革命（バスチーユ牢獄への群集の襲撃），ロシア革命（血の日曜日事件），アメリカの独立（ボストン茶会事件）などほとんどの革命は群集行動が契機となっている。

　もちろん歴史を変えるような集合行動ばかりではない。例えばイタリアやドイツでは，13～14世紀にかけて何万もの人が数日間踊り続ける出来事があったそうである（木間瀬，1974；阿部，1988；Norman, 1956）。日本では，江戸時代に「おかげまいり」という伊勢神宮への集団参詣運動が発生した。数百万人規模のものが，60年周期に3回起こった。奉公人や子どもなどが主人や親に無断で参詣した。そのために「抜け参り」ともよばれた。幕藩は規制を敷いたが，効果はなかった。流行時にはおおむね本州，四国，九州の全域に広がったそうである。「ええじゃないか」も幕末期に起きた東海道沿いや近畿を中心に，江戸や四国にまで広がった出来事である。天から御札が降ってくるという話が広まるとともに，民衆が仮装して「ええじゃないか」等を連呼しながら集団で町々を巡って踊り続けたということである（藤谷，1968）。

　このような集合行動は興味深いものであるが，先述したようにアメリカやわが国の社会心理学の概論書のほとんどが集合行動を取り上げていないか，取り上げている場合でも最後のほうに少しだけページが割かれている程度である。

**集合，群集とは**

　さて集合行動に関する研究内容について述べる前に「集合」と「集団」，「集合」と「群集」の違いを明確にしておく。まず前者に

関しては，すでに第1章で述べたように集団実体性が高いものが集団であり，低いものが集合である。後者に関しては，集合は群集を含むものであり，群集は人々が一定の局限された空間に存在し，共通の焦点（例えば火事，交通事故，泥棒）がある場合のみを指す。ゆえに交差点に偶然に集まっている人々は集合ではあるが，共通の興味や関心はないので群集とはいえない。群集行動以外の集合行動としては流行や流言，社会運動のように人々が遠く離れていて互いに影響し合う場合も含む。

　次に集合や群集の形態についてであるが，これに関してはこれまでいくつかの提案がなされている（Blumer, 1946；Brown, 1954；Marx, 1980等）。例えばブラウン（Brown, 1954）は群集を受動的・静的群集と能動的・活動的群集に分類している。前者は街角の群集や聴衆等であり，後者は暴動やパニックが含まれる。筆者はこのような分類を参考にしながら，さまざまな情動（喜，怒，哀，楽，欲，恐れ）とそれが向けられる対象による分類（図5-1）を試みた。集合行動は①敵意（怒），②興味・娯楽・利益（喜，楽，欲），③恐怖・不安（恐れ）などの情動が背景にあると考えられる。そしてさらにコミュニケーションの一形態である流言がこのような集合行動を触発したり促進したりすることが多いと考える。以下，抗議行動（デモ），社会運動，暴動，リンチ，街角群集，野次馬，聴衆，観衆，祝祭群集，流行，行列，集団ヒステリー，流言について簡単に述べる。テロリズム，スケープゴート，パニックについては，章を改めてそれぞれについてくわしく述べる。

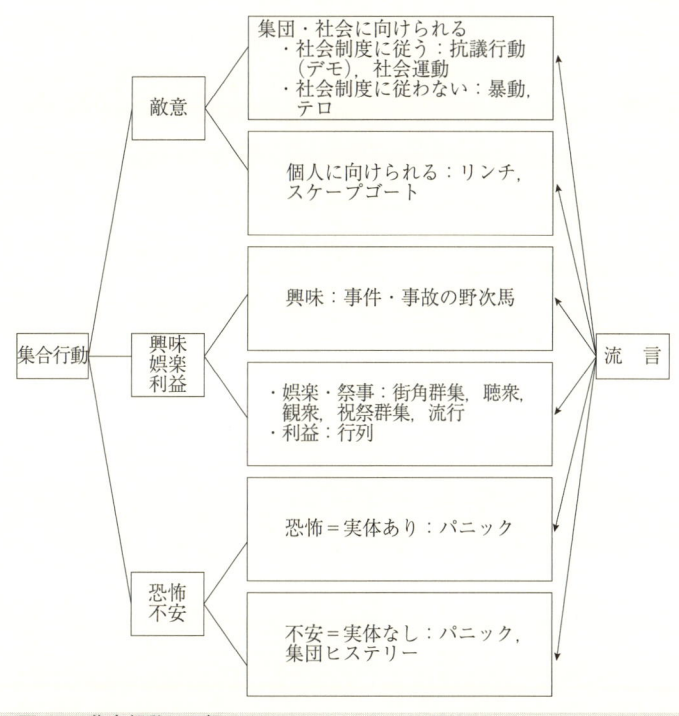

```
集合行動 ─┬─ 敵意 ─┬─ 集団・社会に向けられる
         │       │   ・社会制度に従う：抗議行動
         │       │     （デモ），社会運動
         │       │   ・社会制度に従わない：暴動，
         │       │     テロ
         │       │
         │       └─ 個人に向けられる：リンチ，
         │          スケープゴート
         │
         ├─ 興味 ─┬─ 興味：事件・事故の野次馬
         │  娯楽  │
         │  利益  │  ・娯楽・祭事：街角群集，聴衆，
         │       └   観衆，祝祭群集，流行
         │          ・利益：行列
         │
         └─ 恐怖 ─┬─ 恐怖＝実体あり：パニック
            不安  │
                 └─ 不安＝実体なし：パニック，
                    集団ヒステリー
```
（各項目は右側の「流言」につながる）

**図 5-1　集合行動の分類**

## 2　敵意に基づく集合行動

**抗議行動（デモ）**

　抗議行動（デモ）は人々が集団で行進したり集会を開いたりして，自分たちの主義主張を広く世間に訴えようとするものである。場合によっては，バリケードをつくったり座り込みをしたりすることもある。規模はさまざまで，アメリカの場合は 100 人以下のものがほとんどで，1000 人を超えるものはまれであり，10 万人を超えるよ

第 5 章　集合・群集の行動　　103

うなものは10年のうちに1〜2回しか発生しない (Miller, 2000)。人々が自発的に集まってデモをすることもあるが、主導者が参加を募ることもある。中国のように政府がデモを組織したり奨励したりすることもある。非暴力が一般的であるが、しだいにエスカレートしたり、意見を異にするデモ集団同士が対立したりして、暴力事件や暴動に発展することもある。日本では、デモは公安条例により自治体に事前申請をしなければならない。公園などで集会を開く場合はその許可もとる必要がある。

ミラー (Miller, 2000) はデモのような群集の共通点を挙げている。
① 動き：群れる、列をつくる、行進する、早足で歩く、走る
② 位置決め：座る、立つ、ジャンプする、おじぎする、ひざまずく
③ 操作：物を投げたり動かしたりする
④ ジェスチャー：中指を立てる、ガッツポーズをする
⑤ 音声や言語表現：歌う、祈る、暗唱する、ブーイングをする、口笛をふく、叫ぶ
⑥ 形状：ある特殊な形になる、かたまりになる、リング状や円形になる、座り込む

主催者は一般的に参加者数を過大に発表し、警察発表と大きく食い違うことがある。警察は航空写真による密度や開催場所の広さから参加者数を割り出すことが多い。例えば次のような例がある。沖縄戦で日本軍が住民に「集団自決」を強制したとの記述が教科書検定で削除された問題で、沖縄県宜野湾市で抗議集会があった(『朝日新聞』2007年10月12日朝刊)。このときの主催者発表は11万人で警察発表は4万人ということであった。毎年行われるメーデーでも、だいたい主催者発表は警察発表の3倍くらいである。祭り (例えば青森ねぶた) でも同じ傾向がある。ただし、旅行会社は主催者の発

表はほとんど参考にしないとのことである（asahi.com, 2008）。

## 社会運動

　社会運動は社会制度や構造を変化させようとする，ある程度組織化されたものである。例えば1960年代のウーマンリブや1970年代から現在に至るフェミニズム，1950年代～1960年代の黒人差別撤廃のための公民権運動などはその典型的なものである。

　社会運動の動機には「相対的剝奪（はくだつ）」があるといわれている。相対的剝奪理論（Olson et al., 1986）によれば，人が抱く不満は，その人のおかれる境遇の絶対的な劣悪さによるのではなく，主観的な期待水準と現実的な達成水準との差によって生じるとされる。内集団と比較して外集団の方が経済的，政治的，社会的に恵まれた環境にある場合，相対的剝奪の状態となる。それが暴動や革命のような集合行動につながることもある。テロリストの行動も「豊かで，恵まれた状態にある欧米と，貧しく，しかも不当に虐げられている自分たちイスラム教徒」といった図式（相対的剝奪感）が背後にある。そして運動を主導するのは，所属する集団の中では比較的恵まれた立場にある者であるといわれている。真に劣悪な状態におかれている者は，そのようなことを考えたりすることもないのである。アメリカで発生した9.11の同時多発テロ事件の首謀者といわれている，ウサマ・ビン・ラディンもサウジアラビアの資産家の出身である。

　一般に社会運動は他の集合行動と異なり，ある程度長期間継続してなされることが多い。その間，新しいメンバーが加入したり，目標が明確になったり，組織構造がしだいに確立したりする（Snow & Oliver, 1995）。社会運動は2種類に分類できる。第1は社会体制の中で，すなわち法の範囲の中で行われるものである。公民権運動では，キング牧師によるデモ行進など平和的な方法が用いられた。

また，ガンジーによる「非暴力・不服従」によるインド独立運動もこの範疇（はんちゅう）に入る。一方，革命運動などのように社会制度を根底から変革することを意図して暴力に訴えるようなものもある。1960年〜1970年代に全国の大学に広がった学生運動も，その範疇に入るであろう。

### 暴　動

　暴動は対立する群集間の闘争という色彩が強い。その中には例えば政治暴動や人種暴動がある。

　1992年4月29日，ロサンゼルスで発生した暴動は死者55人，負傷者2383人，逮捕者1万3000人以上を数えた。これには黒人と白人，あるいは黒人と東洋系（特に韓国人，朝鮮人）の対立が根底にある。日常における潜在的な敵意や不満が，白人警官の黒人ドライバーに対する暴行と陪審員による警官に対する無罪評決等のきっかけとなる事件を通して，活性化したと考えられる。

　また1990年10月3日に大阪市西成区釜ヶ崎で発生した暴動は，警官が暴力団から賄賂を受け取っていた事実が明るみに出たことをきっかけとして発生している。この場合は人種対立ではなく，当局や権威といった組織に対する人々の潜在的な不満が爆発したものである。このように，暴動や犯罪の発生にはそのときの個人や群集の情動状態が関わっている。そして人種対立や経済状況のような社会的環境だけでなく，物理的環境もそれに影響する。

　暴動に影響する物理的環境としては気温，騒音，暗闇，危機などが考えられる。気温と暴力犯罪（殺人や強姦）に関する研究結果によれば，一般の犯罪発生率は気温と関連がなかったのに対して暴力犯罪発生率は気温と比例することがわかっている。図5-2はアンダーソンとアンダーソン（Anderson & Anderson, 1984）による1980年

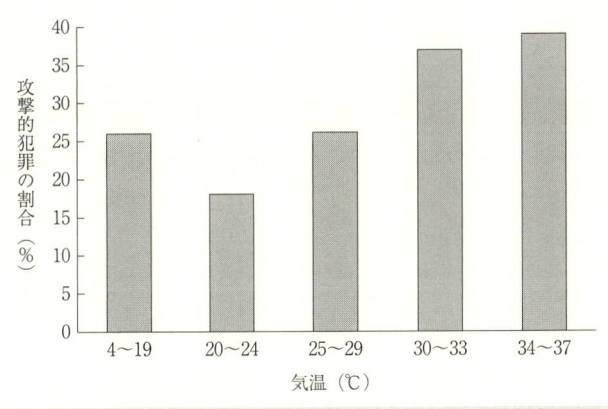

**図 5-2 気温と攻撃的犯罪(殺人や強姦)の犯罪全体における割合**
(出典) Anderson & Anderson, 1984.

10月〜1982年9月のアメリカのヒューストンの攻撃的犯罪に関するデータである。暴動に関しても同様の傾向が見出された。

騒音に対しては,人の順応性は比較的高いが,80 dB以上の長時間の騒音は頭痛,心臓病,アレルギー,胃腸の病気,精神病などの原因となる。空港近くの小学校の児童を調査した結果によれば,血圧が高くなり,注意力が持続しない傾向があることも明らかにされている。また暗闇は攻撃行動を促進する。暗闇で白人の実験参加者に黒人の対象者を見せるような実験を行ったところ,人種的偏見が顕在化した (Schaller et al., 2003)。さらに暗闇は匿名性も高めるために,それが暴動や反社会的な行動につながることもある。

### リ ン チ

リンチは攻撃の対象者,すなわち被害者が少数の場合を意味し,テロリズム(第11章参照)は被害者が不特定多数の場合を指す。

わが国の大学で1960年代から始まった新左翼の党派間の内ゲバ(ドイツ語で暴力)には,リンチが含まれている。内ゲバは1961年

頃から主として全学連の主導権争いをめぐり，集団で旗竿，角材等を使用して殴り合う形で始まった。それがしだいにエスカレートし，武器も鉄パイプや斧等となり，攻撃対象をあらかじめ選定して自宅や路上で襲うなどするようになった。特に革マル派は，中核派と革労協との間で内ゲバを繰り返し，それぞれの書記長までも殺害した。これまでに，「内ゲバ」の被害者は死者だけでも100人を超えている。負傷者は4600人以上ということである。1970年代の前半に多くの死傷者が出ている（いいだら，2001；立花，1983）。アメリカでは，19世紀〜20世紀にかけて白人による黒人に対するリンチがあった。その犠牲者は3000人前後といわれている（Soule, 1992; Dray, 2002）。

　リンチの原因として次の2つが考えられる（Mullen, 1986）。その第1は，自分たちの地位が少数者の人口増によって脅かされていると多数者が思い込むことである（Olzak, 1990）。第2は攻撃する側に没個性化（deindividuation）が生じることである（Diener, 1980; Mullen, 1983）。没個性化とは，個人が個人としての自己を喪失している主観的状態である。例えば大きな群集の成員の1人になった場合，匿名性が高くなり，責任の分散が生じることがある。その状態になれば他者や社会からの評価が気にならなくなり，罪や恥の意識も低下する。そのために衝動的，非合理的，情動的，反社会的反応をするというものである（Zimbardo, 1969）。

**スケープゴート**

　スケープゴートについては，第10章を参照。

## 3 興味・娯楽・利益に基づく集合行動

**街角群集・野次馬**

人々が通りすがりにたまたま同じ場所に居合わせ，そこで共通の経験（例えば事件・事故や大道芸の目撃）をすることがある。このように街角群集や野次馬には共通の焦点が存在する（Canetti, 1962）。また境界も存在する。出入りは境界の内側では難しく，外側に行くほど容易である。さらに内側にいる人ほどその事態に自我関与していて，残留時間も長くなる。この境界には一定の構造がある場合が多く，人々が興味をもつ対象を中心として弓形や円形の形をとる。

**聴衆・観衆**

聴衆・観衆の群集は街角群集や野次馬と異なり，劇や映画の鑑賞，スポーツの観戦のためなどに意図的にある特定の場所に集まってくるものである。鑑賞や観戦の間，みんなに合わせて拍手したり，野

図5-3 興奮したスタジアムにおける観客のウエーブ
(出典) © Vironevaeh.

次をとばしたり，ウエーブをしたりする（図5-3）。ウエーブは正式にはメキシカン・ウエーブとよばれ，1986年に開催されたワールドカップで最初に現れたといわれている。ある特定の場所の観客（縦列）が腕を上げながらサッと立ち上がり，隣接する列の人たちが立ち上がった後，座るという行動を繰り返す。これを遠くから観察すれば波が伝播しているように見える。波は一般に時計まわりに伝播することが多く，秒速12mで列の幅は6〜12m（15席）ということである（Farkas et al., 2002）。このように観衆はまとまった行動をすることにより，その場の雰囲気をより楽しいものにしようと企図することもある。

**祝祭群集**

この形態は基本的にはデモと同じであるが，動機が異なる。この場合は祭りや慶事のために集合し，行進を行ったりする。博多のどんたくや祇園山笠，京都の祇園祭りや葵祭り，徳島の阿波踊り，青森のねぶた祭りなどには毎年何万もの人が参加する。

戦前は戦勝や皇太子の誕生を祝して提灯行列が行われたりしていた。そのような中で天皇の行幸（ぎょうこう）は最大のイベントであり，ささいな失敗でもあれば関係者の責任は重大であった。『朝日新聞』1985年1月4日朝刊の記事によれば，次のような事件があったそうである。1934（昭和9）年11月16日，天皇陛下が桐生市内を視察された。その日，天皇の車を先導した警部は，人の多さと緊張により，左折すべき交差点を間違えて直進してしまった。そのためにスケジュールが狂ってしまった。首相，内相，知事らは陛下におわびし，関係者の処分に発展した。その警部は2日後，のどを日本刀で突き自害しようとしたが果たせなかった。戦後は「世捨て人」のような生活を送ったということである。失敗すれば命をもってあがなわな

ければならない，失敗が許されない祭りがあったのである。

このような祝祭群集の中で群集雪崩が発生して，多数の死傷者が出た事故もある。例えば 2001 年の 7 月 21 日の花火大会時に発生した明石市の将棋倒し事故（死者 11 人，負傷者 247 人）では次のような証言がある（『日本経済新聞』2001 年 7 月 22 日朝刊）。

「駅の方から急に押される感じがして後ろ向きにひっくり返った。前も後ろも人に挟まれ体の下にも上にも人がいて，体が宙に浮いているようで身動きができず息をするのも精一杯だった。動いてくださいと泣き叫ぶ女子中学生の声が聞こえた。しかし一帯が人であふれ返っていて，しばらくは下敷きになった人を助け出せない状態だった。」

吉村（2007）は，事故現場の歩道橋の手すりの曲がり具合から 1 $m^2$ あたり 12 人の群集密度となっていたと推定した。一般に群集密度が 8～10 人/$m^2$ に近づけば，人は身動きできなくなり，人の圧力の衝撃波が伝播して将棋倒しが発生しやすくなる。体は持ち上げられ，服が破れ，熱と圧力（場合によっては大型力士の体重以上の圧力 450 kg がかかる場合がある）が体力を急激に消耗させる。この事故では幅 6 m，長さ 100 m の歩道橋に，5000 人以上の人がいたと見積もられている。これは 1 $m^2$ あたり 8 人以上である。体力的に劣った子どもや老人が呼吸困難になるのは不思議ではない。

吉村は群集事故発生当時の状況を再現するため，群集が一方向から押された場合の群集密度と壁面にかかる群集圧力の関係を調べる群集詰め込み実験を行った。実験は図 5-4 のようなコの字型の部屋（幅 133 cm）に 28 名の実験参加者（男子大学生）を入れ，ピストンの役割を果たす圧縮壁で閉じ込め，その壁を人力によりゆっくり押し

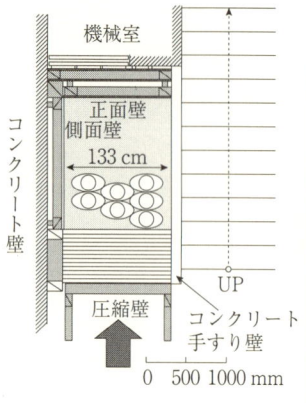

(a) 模式図　　　　　　　(b) 28人を詰め込んだ状態で下から圧縮壁を押し込んでいる様子（真上から撮影）

**図 5-4　群集詰め込み実験**
（出典）吉村，2007 より。

て，加圧するものであった。参加者は外圧に無理に抵抗したり，限界まで苦しさを我慢しないように教示された。5 cm ずつ圧縮壁を押し込んで，そのたびに壁面にかかる圧力を測定した。実験により再現した最高密度は 14 人/$m^2$ であった。実験の結果，密度が 10 人/$m^2$ を超えると，圧力が指数的に高くなることがわかった。14 人/$m^2$ における正面壁にかかる圧力は約 300 kgf/m であった。参加者に苦痛の程度や呼吸のしやすさを尋ねたところ，13 人/$m^2$ では 79％ が「息苦しい」，14 人/$m^2$ では 85％ が「非常に苦痛」，32％ が「呼吸困難」と回答した。この回答は 10 秒間の圧力に対するものであるため，これが長時間続いた場合の苦痛はかなり激しいものになることが想像される。

　わが国で 10 人以上の死者を出した祝祭時の群集雪崩事故は戦後だけでも 4 件あり，人が多く集まる祭りは常にこのような面をもち

合わせているといえる。関係者は「後の祭り」にならないように，事前に十分準備をしておく必要がある。

## 流　行

　流行とは，一般に突然現れ，ある一定期間しか持続しない意見や行動や，ライフスタイルや，ファッションの変化を指す。それらのほとんどが，新奇であり，生活するうえで本質的でない（どうでもよい）が参加者にとっては主観的に重要である。さらに寿命が短く，拡散速度が大きいという特徴がある。中には全世界に広がるようなものもある。例えばフラフープ，だっこちゃん，ルービックキューブ，ミサンガ，それから多くの人の前で素っ裸で走り抜けるストリーキングなどがある。服装や髪型に関してもその時代の特徴がある。

　このような流行現象には，人々がもつ「和合性」と「独自性」という相反する2つの欲求が反映されている (Simmel, 1994)。和合性は，他者と同じ行動をとることによって集団との一体感を確保しようとする傾向である。一方，独自性は他者と異なる存在としての自分を確認しようとする志向性である。このような流行には，一般に「潜在期」「拡大期」「頂上期」「衰退期」がある (Lofland, 1981)。メヤーソンとカッツ (Meyersohn & Katz, 1957) は，「流行は生まれるものではなく発見されるものである」と述べている。すなわち，流行は潜在しているのである。例えば女性の名前に多く見られる「子」は平安時代から皇族や公家の女性名に用いられていたそうであるが，それが明治時代になって庶民の間に普及したということである。このように拡大期にはもともと小さな集団で用いられていたものが，それ以外の集団に採用されて一気に普及する。しかし，しばらくすれば新奇性や独自性が失われしだいに廃れていくという経過をたどる。これらの過程で，潜在期は革新者の存在が重要であり，

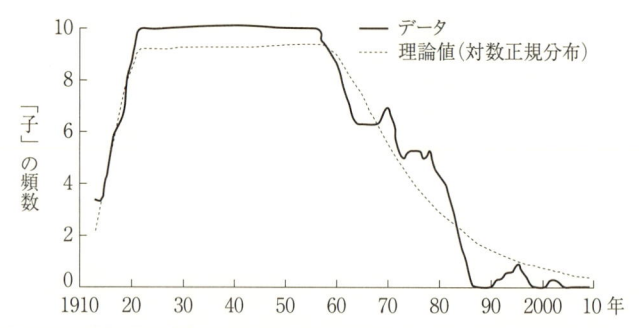

**図5-5 各年に誕生した女の子の名前トップ10に「子」の字が含まれている数**
（注）データは3年間の移動平均を示している。

拡大期では初期採用者や前期追随者，頂上期は後期追随者と遅滞者が流行に参入する（Rogers, 1962）。

図5-5の実線は，1912～2009年のその年に誕生した女の子の名前のランキング・トップ10の中に，「子」という字が含まれている数を示したものである。これは明治安田生命の個人保険・個人年金保険の保有契約の約1050万件を調査した結果である。図5-5に示されているように1920年頃～1955年頃の約35年間はトップ10全部の名前に「子」が含まれている。ところが1980年頃には5割くらいとなり，1990年頃からほとんどゼロとなっている。1920年頃から約35年間は「子」が圧倒的に多かったのであるが，その後の35年で「子」はトップ10からほとんど消滅してしまった。筆者はこの図5-5の実線に感染症などの流行現象の変動プロセスのモデルとして使用される対数正規分布（例えば，丹後, 1998）をあてはめたところ，あまり結果は良くなかった。そこで1922～1956年のデータを削除してモデルをあてはめたところ，図5-5の破線に示しているように良い結果が得られた。これは「子」を流行現象として考えた場合，この35年間は特殊な時期であったことを示しているとい

えるであろう。その後,「子」に代わるようなものは現れていない。

### 行　列

　新幹線のみどりの窓口,銀行の ATM,電車の乗降口などでは日常的に行列ができる。行列はだいたい図 5-6 のような直線状のものが多いが,図 5-7 のように柵やロープによりジグザグ状のものもある。また,並ばずに番号札を配布する方法もある。並んでいるときのイライラは次の状況では軽減される。①何か気を紛らわせるもの(例えばテレビや大道芸)がある (Katz et al., 1991),②サービスする側がおしゃべりしたりせず,一所懸命仕事をしている様子がわかる,③待ち時間がわかる (Larson, 1987),④複数の列ではなく,単一の列をつくることによって早い者から順にサービスを受ける原則を明確に維持する (Larson, 1987)。

　それから,並んでいる人の心理状態に関する研究によれば,窓口や入場口に近い人ほど自分よりも前に並んでいる人の数を多く見積

**図 5-6　直線状の行列**
(出典)　© nubobo.

**図 5-7 ジグザグ状の行列**
（出典） Ⓒ 4160 340120.

もることが明らかになっている（Mann & Taylor, 1969）。またゾーとソマン（Zhou & Soman, 2003）は，人は自分よりも後ろに並んでいる人の数が多くなるほど気分が良くなり，列から離れようとしなくなることを明らかにしている。下方比較の心理が働いているのである。

マン（Mann, 1969）は，行列を1つの社会的システムであるとしている。このことを明らかにするために，行列に他者が割り込んだときの人々の反応を観察するような研究が行われた（例えば，Milgram et al., 1986；Schmitt et al., 1992）。その結果，割り込みの正当性が認められる場合ほど，人々の反発が少なくなることも見出された。例えば客ではなくスタッフであったり，並んでいる人の知り合いであったりする場合である。それから割り込みに抗議する頻度は当人が列の最後にいる場合より，後ろに並んでいる人がいる場合の方が多かった。割り込みに抗議するのはけっこう勇気が必要であり，だいたい70％のケースで人々は黙認してしまっていた。しかし自

分の後ろに並んでいる人がいる場合，社会的責務が顕在化するのであろう。

行列に関する研究は，第7章の第3節で再び取り上げる。

## *4* 恐怖・不安に基づく集合行動

**パニック**

　パニック（危機事態の行動）については，第8章と第9章を参照。

**集団ヒステリー**

　2008年10月22日の共同通信は，下記のような事件を伝えている。

　「沖縄県の宜野湾市立真志喜中学校で，民間の霊能者として知られるユタの女性を招いておはらいを行った際，女子生徒5人が体調不良を訴え病院へ運ばれていたことが22日，分かった。同校によると，数年前から吹奏楽部で『練習中に気分が悪くなる』『霊が見える』などと話す生徒がおり，一部の保護者からの提案でおはらいをした。部活終了後の21日午後7時すぎ，音楽室や廊下に生徒約60人と7，8人の父母，顧問の教諭が集まり，ユタが酒と塩をささげておはらいを開始。20-30分ほどして，女子生徒約20人が『気分が悪い』『息苦しい』と訴え，うち5人が過呼吸状態になったため病院に搬送された。全員，その日のうちに回復し帰宅したという。比嘉正夫校長は『学校として認めたのではないが，父母の要望ということで黙認した。思春期に多い集団心理が影響したとも考えられる。今後は教育委員会と相談する』と話している。」（共同通信配信）

集団ヒステリーはこのように複数の集団成員が突然, 奇妙なことを考えたり, 感じたり, 行動したりする現象である。生理的原因ではなく心因性のものに由来する (Pennebaker, 1982；Phoon, 1982)。女性に多く見られ, 友達関係を通して広がることが多い。

　シックハウス症候群の 75% は, 心因性のものであることが専門家により指摘されている (Rothman & Weintraub, 1995)。一般に集団の中の 1 人が体調不良を訴え, それにつられて他者も同じような症状を訴えることが多い。そしてその症状は, しだいに深刻なものになっていく。

　また第 1 節で述べた「おかげまいり」や「ええじゃないか」も集団ヒステリーの一種であり, また多数者による宇宙人や宗教的な奇跡の目撃も集団ヒステリーである可能性が高い。

## 5　流　　言

**流言とは**

　筆者が高校生であった 1970 年頃, 郷里の村で「夜に若い女性が寝ていると, その足の裏をくすぐって逃げる者がいる」との噂が流れた。そうすると何人かの娘が自分も経験したと申し出た。早速, 村では対応策をとったが (自警団のようなものがつくられたように筆者は記憶している), 結局捕まえることはできなかった。この出来事は事実ではなかった可能性もある。人々が不安な状態になったときや人々の興味 (この場合は性的なもの) を引く事件が発生したときは流言が発生しやすいことが考えられる。このように昔は狭い村で流言が流布することもあったが, 現代ではインターネットを通して一瞬のうちに広範囲に流布することもある (Bordia & DiFonzo, 2004)。

流言は「情報源が明確でなく，無差別に人から人へ伝えられる社会的広がりをもったコミュニケーション」である。そのために一般的には信用できない情報であると思われている。また流言に関わる人は「放送局，ゴシップ好き，おしゃべり」といわれることもあり，好ましいイメージはない。しかし場合によってはマスコミや当局から出される公式の発表より，流言の方が正確な情報を伝えることもある（木下，1977）。

　流言と類似した言葉として噂，デマ，ゴシップがある（川上，1997；Rosnow & Fine, 1976）。これらの言葉には明確な区別はない。しかし一般的には，流言は戦争や災害や経済恐慌などのような異常時に発生し，日頃の人間関係の垣根を超えて伝えられる社会的情報であると考えられている。デマはもともと扇動政治家（デマゴギー）の意味があり，悪意やねつ造，中傷といったニュアンスがある。ゆえに当事者にとって好ましくない噂は，デマということになる（木下，1977）。ゴシップは身近な人々の間で流れる，ある特定の人に関する噂である。

　流言の例として下記のようなものがある。

① 商品に関する流言

　次のようなものがある。「マクドナルド・ハンバーガーで使用されているハンバーグの肉はミミズ」「ケンタッキー・フライドチキンで使われている鶏は4本足」「味の素の原料は輸入されたインド人女性の髪の毛」「コーラの工場のタンクの原液の中に人が転落して溶けてしまった。それが知られないままその原液を使ったコーラが何万本も出荷された」「武富士のコマーシャルに出演しているダンサーは借金のカタに無理に引っ張り出された女性」。

② 戦時中の流言

　広島への原爆投下後に広まった，使用された爆弾に関する流言と

して，ガソリン空中散布説，マグネシウム粉末空中散布説，多数の子焼夷弾から構成された強力な新型爆弾説があった。第2次世界大戦中，アメリカでは日本の真珠湾攻撃による被害は深刻で，太平洋艦隊と航空機のほとんどが破壊され，そのために西海岸が無防備な状態になっているという流言が流れた。

③ 残虐行為に関する流言

次のようなものがある。「ドイツ軍はイギリス軍捕虜の舌を抜いている」「ロシア軍はドイツ軍捕虜の足を切断している」「黒人が白人女性を強姦し殺した」「白人が黒人女性と赤ん坊を橋の上から投げ下ろした」。

④ 災害時の流言

アメリカでダム決壊の流言により多くの住民が避難した。関東大震災直後の朝鮮人来襲の流言により多数の朝鮮人がリンチされ殺害された。

## 流言が発生する原因

では，流言はどのようなときに発生するのであろうか。第1は，戦争や災害や経済恐慌のような異常事態において，人々が財産や生命の危機に瀕しているにもかかわらず，マスコミや当局からの公式情報が途絶えている場合である。第2は，対象に対して人々が関心をもっているにもかかわらず，情報が少ない場合である。オルポートとポストマン（Allport & Postman, 1947）は流言が流布する量 ($R$) をその人にとっての情報の重要性 ($i$) と曖昧さ ($a$) の積に比例すると考えた。先の見通しが立たなくて不安な状態に陥ったとき，人々はその状況を解釈するための情報（流言）を生み出すのである。シブタニ（Shibutani, 1966）はニュースに対する欲求が公式チャネルから得られる情報を上まわるとき，あるいは全体主義国家のよう

に検閲などによってメディア情報の信憑性が低下しているとき，人々は自分たちのもっている知的資源を総動員し問題解決を目指す共同作業を行うと考えた。

流言を共同作業だとすれば，そこには役割も発生する。シブタニは，①伝達者（集団に情報を伝える人），②解釈者（ニュースを過去の出来事と比較して評価したり位置づけをしたり，将来について予測したりする人），③懐疑者（情報の信憑性を疑い，証拠を要求し，注意を促す人），④主唱者（ある特定の解釈を行い，計画や行動を提唱する人），⑤監査役（あまり発言しない観衆。この役割は重要で，議論はこのような人たちの前で行われる），⑥意思決定者（何をすべきか決定する人）という6つの役割を設定した。これらの役割は，必ずしもパーソナリティとは関係がない。途中で役割が変わる場合も珍しくない。

それでは流言を生み出す動機はどのようなものであろうか。第1は先述した曖昧さを低減し真実を追求しようとする試みである。第2は意図的攻撃である。これは相手に敵意を抱いている場合，その人や集団を流言により，おとしめることで自分の利益を得ようとすることである。第3は投射である。これは自分の中にある邪悪で恥ずかしい部分を他者（流言の対象者）のせいにすることである。人種偏見に関する流言は投射に由来することも考えられる。第4はカタルシスである。社会的地位が高い人や権力者の失敗や不幸や不運は，マスコミの格好の対象になる。第5は願望である。自分が好ましいと思っている人と自分を同一視することもその1つである。美男美女の芸能人の結婚に関する流言は人々の願望が背景にある。

**流言内容の変容と流言の拡散**

このようにさまざまな動機により流言が発生し，伝達されるのであるが，伝達過程の中でその内容がしだいに変容することもある。

オルポートとポストマンは大勢の聴衆の中から6〜7人を選び，聴衆を前にした伝言実験を行った。その結果，情報内容の簡約化，誇張化，同化が生起した。簡約化とは情報の細部が脱落し，短く単純な内容のものに変化することである。これは伝達初期に現れ，5〜6ステップまでで情報の70%が失われた。誇張化は，偏見や興味によって特定の部分が誇張して伝えられることである。実験では人種，新奇で奇妙なもの，動き（走る，飛ぶ，打つ，投げる），よく目にするシンボル（十字架），人気がある芸能人などが誇張化の対象となった。同化は，全体の文脈や慣習や偏見に合うような形に内容が変形されることである。ただ現実には実験のように一方向に情報が伝達されることはなく，複雑なフィードバック・ループがある。そのために伝達途中で新たな情報が付加され，かえって内容がくわしく豊かになり，正確さも増すような場合があることも確認されている。

　流言は上記のような変容を伴いながら社会に広がっていく。この拡延消長過程に関するモデルの1つが，下記のように表現されるロジスティック・モデル（例えば，Dodd, 1956）である。

$$\frac{dp}{dt} = kp(1-p)$$

この微分方程式の $k$ は定数で $t$ は時間である。$p$ は例えば流言を知っている人の割合であり，$1-p$ は知らない人の割合を示している。つまりこの式は流言を知っている人と知らない人が遭遇して，相互作用をすることを意味している。$p$ がゼロのとき，すなわち全員が流言を知らないとき，$p(1-p)$ の値もゼロとなり，この関数の接線の傾きはゼロ（水平）となる。逆に $1-p$ がゼロのとき，すなわち全員が流言の内容を知っているときも $p(1-p)$ の値がゼロとなり，接線の傾きはゼロとなる。全員が知っているときは流言がそれ以上広がることはないのである。$p$ が0.5のときは，半数が流言

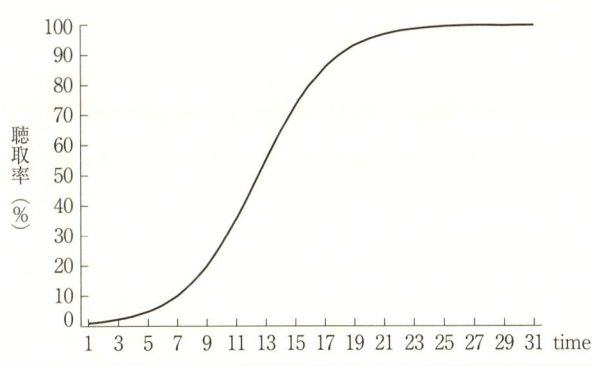

**図 5-8 時間経過に伴う流言の聴取率**

を知っていて，半数は知らない状態であるが，このときは $p(1-p)$ の値は 0.25 となり接線は右上がりとなる。この関数を示したものが図 5-8 である。この図 5-8 に示されているように最初，流言はゆっくりと，途中で急激に広がり，最後は頭打ちになる。

ただし，すべての流言が図 5-8 の曲線で示されているようになめらかに広がるのではなく，爆発的に拡散する転換点があることを主張する研究者（Gladwell, 2000）もいる。流言の場合はたくさんの人とつながりがあり，情報を流すいわば「放送局」の役割を果たす人がいる。エイズ等の病気についても不特定多数の人と性交渉をもつ少数の人が多数者に感染させることがある。このような人たちに情報や病原菌が伝わったり，伝染した後に多くの人に急激に拡散することも考えられる。

このような流言は，社会の中に広がった人々のネットワークを通して拡散することも考えられる。ミルグラム（Milgram, 1967）は手紙を受け取った人がまた別の人に手紙を出すという，不幸の手紙のような手法（chain letter technique）を使って世間の広さを明らかにしようとした。さらに世間を「多数の人間がつながっているネット

ワーク」と見なし，1人の人から他の人までの距離をステップという単位で表現した。1ステップ関係は自分がよく知っている直接の知人（親きょうだいや親族，友達，近隣の人など）である（三隅・木下, 1992）。1ステップのサイズは人によって異なるが，日本人の場合，平均129.9人であることが明らかにされている（吉田, 2006）。もしこれが正しければ，4ステップで到達しうる人の数は129.9人の4乗（2億8000万以上）になり，日本の人口を上まわる。実際には互いの知人に重複があるため，このような単純な計算通りにはならない。しかし「世間が狭い」ことは容易に推定できる。

　ミルグラムは，あらかじめ設定された目標人物と，2000 km以上も遠く離れた，目標人物とはまったく面識がない人物（手紙の発信者）を，間に何人の知人を連鎖的につなぐことによって結合できるかを検証した。発信者には目標人物の名前とその個人的属性についての簡単な情報は与えるが，目標人物を個人的に知っているのでない限り，発信者が直接連絡することは許されていない。発信者は目標人物に少しでも近づくと思う人を自分の直接の知人の中から1人選んで，その知人に手紙を送る。それを受け取った知人は，また同じ手続きを繰り返す。そうすることによって最終的に目標人物に手紙が到達すれば，実験終了ということになる。実験の結果，平均仲介者数は5.2人となった。すなわちアメリカ社会の世間の広さはその程度であることが明らかになった。三隅・木下（1992）は，これと類似の手法を用いて実験を行っている。その結果，わが国の世間は平均7.2ステップであることがわかった。これらの研究が示唆するように，世間は思ったより狭く「悪事千里を走る」ことは不思議ではないのである。

# 第6章 集合行動の理論

　集合行動の理論として，人間の情動や無意識を重視するル・ボンの理論（Le Bon, 1960）から認知的側面や合理的・合目的的意思決定といった側面を強調するゲーム論的理論（Brown, 1965），小集団研究において見出された同調現象や社会規範の機能に着目するグループ・ダイナミックス・アプローチ（Turner & Killian, 1972）等さまざまな理論が提案されている。その他，集合がおかれている社会的・物理的構造に着目する社会学的理論（Smelser, 1962）があるが，以下ではいくつかの理論について簡単に触れることにする。

## *1* ル・ボンの古典的理論

　ル・ボンは，文明は少数の知的な貴族階級によってつくられたものと考えた。そしてそれを破壊するのが群集であるとした。そしてそこには「精神的同質性の法則」が働くとした。それはごく普通の良識をもった人でも（老若男女，善人，悪人，愚者，智者の誰であろうと），いったん群集に入り込んでしまえば，群集の「集合精神」と一体となり，独立した個人としての人格を失い，衝動的，短絡的，攻撃的，破壊的，盲目的，非合理的，反社会的な行動をするという

ものである。さらに群集によって、人が潜在的に所有していた「民族の血や本能」があらわになる。そのような状況では外界の刺激に対する理性的な情報選択機能が失われ、被暗示性が高まり、他者の行動や情動が急激に群集成員間に伝播するとした。これを「感情感染」という。群集はいわば一種の催眠状態・病的状態に陥るともいえる。これはある特定の宗教やイデオロギーに対する狂信状態と似ている。ヒトラーのファシズムやオウム真理教のようなものと似ているといえる。

　ヒトラーは大衆の感情や情動に訴えることが巧みであったといわれている。自著『わが闘争』(Hitler, 1938) の中で、大衆は愚かで理解力も劣っているので、わかりやすい内容のものを繰り返し宣伝すべきであると述べている。例えば下記の内容についてそれを実行している。

　　「世界に冠たるドイツ、
　　　ユダヤ人はドイツの経済や社会に巣くう悪魔、
　　　世界を支配すべき優秀なアーリア民族」

　このようなスローガンは当時のドイツでは正しいものと見なされていた。わが国でも戦争中は「欲しがりません勝つまでは」「鬼畜米英」「贅沢は敵だ」「大東亜共栄圏」などのスローガンが叫ばれていた。現代では「人権尊重」「男女平等」「環境保護」「個性重視」などが正義だろうか。

　それからナチス・ドイツでは絶対的行動原理があり、ヒトラーの命令は絶対的なものであった。ユダヤ人大量殺戮の責任者アイヒマンは、戦後イスラエルにおける裁判の前の尋問に対して「もし総統が父を殺せと言ったならそれに従ったでしょう」と言っている。ミ

ルグラム (Milgram, 1963) のアイヒマン実験は, 人が権威からの命令にいかに弱いかを見事に証明している。このような権威に対する服従と熱狂 (ヒトラーがひとたび演説をすれば嵐のような拍手と総統万歳の声がわき上がる) はマイノリティ (ユダヤ人など) に対する非寛容と表裏一体となっている。非寛容が極端になれば相手に人格を認めなくなる。ビルマ (現ミャンマー) で捕虜になった体験を報告している会田 (1973) は, イギリス人女性兵士が日本人捕虜の前では平気で裸になったり, 自分の下着を差し出し, 洗濯することを要求したということであった。一方, 相手がイギリス人男性兵であれば, 何かにつけて, たいそう恥ずかしがっていたそうである。

　群集行動に関するル・ボンの古典的理論はこのように本能, 民族の血, 感情感染, 原始的衝動のような情動状態に関する概念が中心となっている。没個性化理論 (deindividuation theory) も, 人々が群集の中に埋没したときにそのような状態に陥ることを強調している (Festinger et al., 1952；Zimbardo, 1969)。没個性化状態になれば, 自己意識や社会から評価されるという懸念も低下してしまう。その結果, 社会規範の抑制が効かなくなり, 攻撃的で反社会的な行動をする傾向が強くなる。ジンバルドー (Zimbardo, 1969) は没個性化状態に陥らせる要因として, 匿名性, 責任の分散, 騒音や疲労によるイライラなどを挙げている。特に匿名性は重要な要因であり, 匿名状態では犯罪的な行為を行ったとしても罪に問われることはない。インターネットの2ちゃんねるなどでは過激で攻撃的で, ときにはモラルに反する言葉が並んでいるが, それは匿名性が保障されているからである。

　2ちゃんねるは便所の落書きのようなものであるといわれる。その便所の落書きについて, 実際に研究したものがある (Green, 2003)。それによれば, 便所の落書きは社会的に認められていない

態度や感情（例えば性的体験，排泄物，民族的敵意，逸脱した政治的見解など）を表現しているものが多い。グリーンは男子便所，女子便所と，それと比較する意味で図書館の読書用のブースの落書きを調査した。男子便所で多かったテーマは侮辱などの攻撃的なもの，政治，税金，人種差別などであり，女子便所で多かったのが，強姦，宗教，個人的アドバイス，恋愛，哲学，容姿であった。それから性や同性愛に関する記述も多かった。その他，ユーモア，酒や薬物，勉学，性差別，試験，スポーツの話題もあった。それから男子便所の方が絵（例えば性行為やナチスのカギ十字を描いたもの）が多く見られた。女子便所では笑顔の絵やハート・マークが描かれていたこともあった。便所は匿名性により没個性化しやすいところであり，そのために落書きは男女のステレオタイプが顕在化し誇張されるものと考えられた。

　以上をまとめると，ル・ボンの古典的理論やジンバルドーの没個性化理論の特徴は第1に，人間の衝動や情動といった非理性的側面を強調している点であり，第2はどのような人であろうと，群集に巻き込まれた場合，群集の色に染まってしまい「朱に交われば赤くなる」ということを述べている点である。それに対して理性的・認知的側面から群集行動を説明するゲーム理論や，もともと「朱に染まっている人（例えば反社会的傾向がある人）」が群集に参加するという輻輳（収斂）理論がある。


## 2　ゲーム理論，社会的ジレンマ理論

　自由化や規制緩和や小さな政府の追求といった新自由主義の諸施策には，個人の利益の追求が社会全体の利益につながるとしたアダ

ム・スミスの「神の見えざる手」の概念がその背景にある。しかし一方、個人的利益を追求することが集団全体の利益を損なうような状況を招来することもある。これが社会的ジレンマである。人々は往々にして目先の利益を追求しすぎるあまり、長期的な観点や社会や集団全体を考慮することなく行動することがある。それにより、結局は個人的利益も損なわれてしまう。

　さまざまな社会的問題（環境問題、軍拡競争、年金保険料未納、パニックなど）が社会的ジレンマの観点から解釈できる。例えば環境問題とは個人個人の利便性（贅沢）の追求が資源の浪費や環境汚染を引き起こし、それにより人々が苦しんでいる状態を指す。軍拡競争は、対立する国家同士が互いに自国の軍事的優位を確保するために膨大な国家予算をつぎ込み、そのために教育や福祉や社会基盤の整備など国民を豊かにするための施策に予算をまわせないような状態をもたらす。旧ソ連はアメリカとの軍拡競争に敗れて崩壊した面もある。年金保険料未納はフリーライド（ただ乗り）の問題と関連する。払わずに年金あるいは生活保護などの国からの給付が受け取ることができるのであれば、その方が個人にとっては得である。しかし多数の人がそのように行動すれば、年金システムは崩壊してしまう。崩壊すれば払っている人はますます損をする。そのような予期がただ乗りに拍車をかけ、悪循環をもたらす。パニックは恐怖に駆られた多数の人々が出口に向かって突進する。そのために群集の中で混乱が発生し、押しつぶされたり、踏み倒されたりする人が犠牲になるというものである。例えば火災が発生した場合でも、人々が争わずに整然と脱出すれば多数の人が脱出できるが、自分の順が来るのを待ちきれずに割り込んだり他者を押しのけようとする人が出現すると、集団の秩序が崩壊し混乱状態になり、場合によっては誰1人脱出できないこともありうる。このように、多数の人の利己的

**表6-1 囚人のジレンマ・ゲームの利得行列**

|  |  | 相手 | |
|---|---|---|---|
|  |  | 協力 | 競争 |
| 自分 | 協力 | +3 / +3 | +5 / −5 |
|  | 競争 | −5 / +5 | −3 / −3 |

な利益の追求が集団の秩序を破壊し、そのために集団成員全員がその犠牲になるのがパニックの基本的構造である。

このような構造のプロトタイプが、囚人のジレンマ・ゲーム（PDG）の中にある。囚人のジレンマ・ゲームは表6-1のような表に基づいて利得の配分を行うゲームである。

得点は、両方とも協力すれば、それぞれが+3点。自分（相手）が協力したのに相手（自分）が競争を選択した場合、自分（相手）が−5点で相手（自分）が+5点。両方とも競争を選択した場合、それぞれが−3点となる。このような状況では、相手の出方如何にかかわらず競争的手段をとる方が有利である。しかし両者とも競争的手段を選択すれば−3点というあまり望ましくない共貧状態に陥る。最初は両者とも協力していても、いったん相手から裏切られると容易に共貧状態になる。この状態になれば、ここから抜け出すことは容易ではない。このように、囚人のジレンマ・ゲームは個人の利益と集団全体の利益が矛盾する構造になっている。

このようなジレンマ状況で協力的行動を促進する要因の第1は、表6-1のような利得行列を変えて協力による利得を大きくし、競争による利得を小さくすることである。第2は、コミュニケーションを導入することである。コミュニケーションをすることにより集団

全体の利益を大きくすることが個人の利益につながることが理解しやすくなり，また相手の協力の意思を確認することが可能となる。第3は，協力する他者の数である。協力者が多いことが期待できれば，協力的行動が行いやすくなる。第4は，集団サイズである。一般に集団サイズが小さい方が協力行動が出やすいが，7～8人以上のサイズになればサイズの効果はあまり見られなくなる。集団サイズは匿名性や責任とも関連している。サイズが大きくなれば匿名性は増大し個人あたりの責任は低下する。これが協力行動を減少させる。第5は，個人特性である。他者に対する信頼性が高い人は，より協力的行動をとりやすい。第6は，集団アイデンティティである。集団に対する同一視が高いほど，競争的な行動は少なくなる。それからしっぺ返し（最初協力から始めて，その後は他者の行動をそのまま繰り返す）は協力を維持するのに効果的な戦略であることが明らかにされている。この戦略は因果応報的であり，相手の出方もわかりやすい。

　社会的ジレンマの研究は社会問題と密接に関わっている。政府や組織は，人々の個人的利益追求の自由と社会秩序保持の両方を同時に考慮しなければならない。利己的個人に罰を与える場合は人々がその正当性を受け入れていなければ，人々の協力的行動を引き出すことは難しい。このようにゲーム理論は群集行動を利益追求過程の中で生じる，個人と集団全体の対立・矛盾・齟齬としてとらえる。


## 3　輻輳理論

　暴動やリンチなどに参加する人はもともとそのような行動をする傾向がある人で，参加することにより自分の欲望を発散させること

ができるとも考えられる。従来,そのような人は知的レベルが低く,衝動的,暴力的だと考えられてきた。例えば,サッカーのフーリガンは若い男性が多く,オウム真理教の信者も若者が多かった。ただし,若者がすべてこのような集団に参加するわけではない。ファン・ゾメルンら(van Zomeren et al., 2008)は社会運動に身を投じる者の特徴として,不正義の知覚,自己効力感,社会的アイデンティティの3つを挙げている。例えば「現政権が権力を私物化している」とか「腐敗していて多数の人々が虐げられている」とかいった思いを抱くことが不正義の知覚である。実際に虐げられていることではなく,理想と現実との落差が集合行動の動機となる。この落差を「相対的剥奪」という。ゆえに絶対的な貧しさが社会運動の動機になるのではなく,この相対的剥奪の程度が動機となる。自己効力感は「自分が世界を変えることができる」という思いを抱くことである。自信をもち,達成指向や支配欲が強い人で,他者との葛藤や闘争を厭わない人は一般にこの傾向が強い。社会的アイデンティティは集団と自分を同一視している程度のことである。ゆえに自分の所属集団である内集団(自集団)が外集団(他集団)より不利な状況にあれば,不満が高まるのである。場合によっては,集団間格差の方が個人間格差より怒りを触発する。幕末の頃の勤皇の志士や坂本龍馬のような人たちは,上記3つの思いを強くもっていたものと考えられる。

## 4 創発規範理論

社会心理学,特に小集団研究で見出された理論を群集行動に適用しようという試みもある。ターナーとキリアン(Turner & Killian,

1972)は感情感染を，小集団研究で見出された同調行動と同じメカニズムが群集事態でも機能しているものとしてとらえた。同調行動に関する実験としてはアッシュ（Asch, 1951）とシェリフ（Sherif, 1935）の実験が有名である。

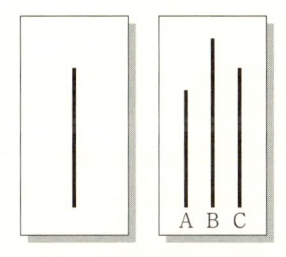

**図6-1 アッシュの実験で使用されたカード**

アッシュの実験では8人のサクラと1人の実験参加者が参加した。図6-1の左側のカードが標準刺激で，右側が比較刺激である。実験参加者は標準刺激と同じ長さの比較刺激（A, B, Cのいずれか）を選ぶように教示された。

サクラ8人は，実験者に前もってわざと間違った解答を一致して行うように言われていた。事情を知らない実験参加者は，サクラが次々と間違った解答をするのを目のあたりにした後で解答を迫られたのである。18試行のうち12試行でサクラの一致した誤った解答がなされた。実験の結果は，同調しなかったのが4分の1で，6試行以上同調したのが3分の1であり，平均同調率は32％となった。ただし，正しい判断をするサクラが1人でもいると同調率は5.5％に低下した。他者の一致した判断や行動に，人はいかに影響されてしまうかをこの実験は見事に証明している。

またシェリフは別の材料を用いて同調行動の存在を明らかにしている。シェリフの実験では，実験参加者は暗室で4～5m先のスクリーン上に投影されているかすかな光点を見るように教示された。そしてそれがどの程度動いたかを判断するように要請された。光点は物理的には静止しているが，人はそれを動いているように感じてしまうのである（光点の自動運動現象）。実験の結果，1人で判断し

た場合には，その値はバラバラであるが，複数の人が一緒に判断して，声に出して報告すれば，しだいに判断値が一致していくことが明らかになった。さらに，その後再び，1人で判断してもその値は維持された。このように集団になれば人の行動はだんだん似てくる。つまり集団の標準的行動が形成されるのである。これが集団成員の行動に影響を与えるようになり，それに成員が従うよう，有形・無形の集団圧力がかかることになる。これを集団規範という。

　ところで，災害や経済恐慌などの異常事態では通常のやり方では事態に対処できないことがありうる。すなわち，平常時の社会規範に従っていたのでは生存できなくなる可能性もある。そこで異常時特有の規範が発生し，それに従って人々は行動することになる。この規範を創発規範（emergent norm）とよぶ。ターナーとキリアンは群集成員が同じような行動をして，同じような情動を示すのは「感情感染」によるものではなく，日常の規範や道徳律と異なる創発規範が発生したためであると考えた。良識ある人が群集事態で暴徒と化すのは，社会規範から外れた行動をしているからではなく，そのときの創発規範に従って行動しているためである。また戦時において時に残忍な殺戮を行う兵士の行為も，見方によってはそのときの規範に従った行為であろう。戦後，連合国による軍事裁判で逮捕・投獄された日本軍BC級戦犯のうち約1000名が戦争犯罪や人道に対する罪で処刑された。これについては現在もさまざまな議論がある（半藤ら，2010）。平時と戦時では人々が従う規範が異なるために，平時において（戦後），戦時の行為の評価をするのはこの意味では難しい面がある。

## 5 価値付加理論

創発規範理論は社会心理学的な小集団研究によって見出された現象を群集行動に適用したものであるが,もっと広く社会制度や構造も考慮した社会学的理論もある。スメルサー(Smelser, 1962)は価値付加モデルを提唱した。

価値付加は経済学の分野で使用されている概念から借用したものである。例えば鉄鉱石がさまざまな加工処理段階を経て,完成品の自動車になっていく転換過程がある。これは採鉱,精錬,鋳造,組立,塗装,小売業者への委託,販売というように1つずつ価値を付加していく。その場合,ある段階に来る前に必ずその前の段階を通過し完成させる必要がある。例えば鉄鉱石に直接塗装しても自動車にはならない。また,価値付加過程が進行するにつれて,どのような最終製品になるかについての可能性はしだいに絞られてくる。

価値付加モデルでは,集合行動は以下のような各段階を経て生起するとされる。

### 構造的誘発性

群集行動(例えばパニックや暴動)は,それを発生させる社会的構造,あるいは物理的構造があるか否かに関連する。例えば金融パニック(銀行や信用組合などの金融機関に対する取り付け騒ぎなど)は資本主義制度のもとでしか起こりえない。つまり,個人が財産を自由に所有できてまた自由に資産を処分できる社会に特有の現象である。その意味で封建制度の社会や,共産主義,社会主義社会では金融パニックの構造的誘発性はない。ただし,現在の資本主義では金融パニックを引き起こす構造的誘発性を緩和するシステムが用意されて

いる。銀行が倒産して人々が預金を失ってしまうことがないように，税金がつぎ込まれる。またつぎ込まれると人々は思っている。これまでに公的資金という税金がつぎ込まれた額は膨大であり，当時の大手銀行6グループ（みずほフィナンシャルグループ，UFJ ホールディングス，三井住友フィナンシャルグループ，りそなホールディングス，三井トラスト・ホールディングス，新生銀行）だけでも8兆円超の資金が注入されている（『日本経済新聞』2005年5月11日朝刊）。

　構造的誘発性は社会的構造だけにあるのではなく，隘路状況のような物理的な構造にもある。例えば，広い部屋にたくさんの人が集まっているとき，火事などの事故が発生した場合，人々が狭い出口に殺到して将棋倒しが発生することがある。そのような状況で出口が完全に開かれている場合や完全に閉じられている場合は，パニックは発生しない。何とか他者を蹴落とせば自分だけが助かるような状況構造になっているときに発生する。

　ただ，このような構造的誘発性が存在するところですべてパニックが発生するかといえば，そうではない。資本主義社会でいつも金融パニックが発生しそうな状態であるわけではないし，公的資金が注入されているわけでもない。また映画館のように，狭い出口が少数しかないような隘路構造となっていたとしても，そこでいつもパニックが発生しているわけではない。つまりパニックを自動車のような最終製品，構造的誘発性を鉄鉱石とすれば，鉄鉱石がいつも自動車になるとは限らず他のものにもなりうる。パニックという製品になるためには，次の加工過程が必要になる。

**構造的緊張**

　社会の中のさまざまな要因が緊張や恐怖や不安を引き起こす。それは，例えば銀行の自分の預金がなくなってしまうのではないかと

いった不安や，出口がふさがって出られなくなるのではないかといった恐怖である。人々が抱く漠然とした不安や社会的緊張（例えば戦争が始まるのではないか，国家が破産するのではないかといったもの）も，パニックのきっかけになる。財務省の発表によれば，日本の債務は 2010 年度末には 973 兆 1625 億円となり，国民 1 人あたりでも 714 万円になっている（時事通信 2010 年 11 月 10 日）。また，税収は 41 兆円で国債は 44 兆円ということである。すなわち財源の半分が借金ということになっている。このような現状から，日本の国家破綻に関するさまざまな書籍が刊行されている。本のタイトルは『2005 年あなたの預金と借金がゼロになる！──国家破綻最終章』（藤原，2004），『「国家破産」以後の世界』（藤井，2004），『ユニクロ型デフレと国家破産』（浜，2010）など，おどろおどろしいものである。このようなときに何かのきっかけがあれば，予言が自己成就する可能性も高くなる。

　このような漠然とした社会的緊張がささいな出来事をきっかけとして，パニックにつながった事件もあった。1938 年当時，アメリカ国民の大多数が，ヨーロッパではナチス・ドイツ，アジアでは日本がアメリカを戦争に引き込むのではないかと懸念していた。そのようなとき（1938 年 10 月 30 日），オーソン・ウェルズの『宇宙戦争』が CBS ラジオで放送された。番組の内容は，火星人が円盤に乗ってアメリカのニュージャージー州に来襲してきて，軍の抵抗をものともせず侵略を続けているというものであった。それが実況放送のように行われた。番組を途中で聞き始めた人などはそれを真に受け，そのために多くの人がパニックになったのである。この事件は全世界に知れ渡り，日本でも 1938（昭和 13）年 12 月 18 日号の『サンデー毎日』は次のような記事を掲載している。

「絶大の富を擁し,絶好の孤立地位に恵まれ,穏当にいけば地球上どこからも外的来襲の恐れもない米国が,なまじ根底の薄弱なイデオロギーに拘泥して遠隔の某々国を悪党呼ばわりして恨みを招いた天罰とでも言おうか,自業自得の疑心暗鬼が,ラジオの電波に乗って10月30日夜こつ然として現れ,米国の民心へどっと襲いかかったのが今回の怪放送事件だったとも言える。自分たちも来らんとする世界大戦の巻き添えを食うであろうという米国人の危惧は……北米ラジオ王国を極度の恐怖に陥れたのである。」

この騒動についてキャントリル (Cantril, 1940) はくわしい調査を行っており,その分析結果はこの記事と軌を一にしている。

ただし,このような条件がそろってもまだパニックにはならない。ここで価値付加過程が停止すれば,ただ敵意の表明,あきらめで終わるかもしれない。最終製品になるには,さらなる付加過程が必要である。

**一般化された信念の成長と普及**

さらに特定の群集行動(暴動やパニック)に近づくためには,人々が共通にもつ信念が必要となる。その信念とは,例えば「銀行がつぶれそうだ」「国が破綻しそうだ」といったものである。そして,それは,流言を通して成長する場合もある。流言によって,これまで抱いていた漠然とした不安の意味づけが行われる。

関東大震災時 (1923年9月1日) には朝鮮人に関するさまざまな流言(放火,強盗,強姦,井戸その他の飲料水に劇薬撒布)が現れた。吉村 (1977) は,関東大震災のときの在日朝鮮人に関する流言とそれに対する民衆の反応について次のように述べている。

「殺伐とした内容を帯びた流言は人々を恐れさせ，その恐怖が一層の流言の拡大を促した。さらに朝鮮人土木関係者2300名が現場のダイナマイトを携帯して来襲してくるという流言まで現れた。このような朝鮮人に関する風説について，後に横浜地方裁判所検事局で徹底した追跡調査がおこなわれた。調査の結果それらの風説は全く根拠のないもので，朝鮮人による放火，強盗，殺人，投毒の事実は皆無で，土木関係労働者の集団的行動もなかった。実在しないことが，なぜこのような具体性の濃い流言になってひろまったのだろうか。その原因は複雑だが，一般庶民が決して幻影におびえただけでもなかった。庶民の中からそのような不穏な流言が湧いたのも無理からぬ理由があった。が，それは日本人そのものの中に潜んでいたのだ。日本人と朝鮮人は，同じ東洋民族として顔も体つきも酷似している。一般市民は，その憶測にたちまち同調した。そして，強盗団の行為はすべて朝鮮人によるものと解され，流言としてふくれあがった。」

このように不安が，流言によって明確なイメージとなって立ち現れてくるのである。

### きっかけ要因

きっかけ要因とは，特定の出来事，劇的な事件を指す。第1次世界大戦は，オーストリアの皇太子がセルビア人民族主義者に暗殺されたことがきっかけとなっている。また1992年に発生したロサンゼルス暴動のきっかけは，白人警官の黒人に対する暴行の様子がテレビで放送されたにもかかわらず，陪審員による評決の結果が無罪であったことによる。これが黒人の怒りに火をつけたのである。大阪市西成区では過去20回以上暴動が発生している。そのきっかけ

はさまざまであるが,多いのが警官の住民に対する取り扱いである。このような事件をきっかけとして一般化された信念が鮮明になり,恐怖や憎悪が正当化され,具体的な実体が与えられる。

### 行為に向かっての参加者の動員

上記のような状態にあるとき,扇動者やリーダー的な人物が出現し,人々の行動を鼓舞するようになれば多数の群集が参加することになる。古代ローマでは,アントニーはシーザーを殺したブルータスを讃えるふりをして群集を扇動し,その力により,ブルータスを追放することに成功したとされている。また前線で敵と対峙しているとき,司令部への連絡のために連絡係の1人の兵士が,後方に走り去ったことが引き金になり,他の兵士がこれに加わったことで軍隊が総崩れとなることもあったそうである。

### 社会的統制の作動

社会的統制は,パニックや暴動のような最終製品の完成を阻止したり,完成してしまった物の強度を低減させるものである。ここでは警察やリーダー的人物やマスコミの役割が重要となる。

以上,集合行動の理論のいくつかを取り上げた。次章以降では集合行動・群集行動の実証的研究,特に危機事態の避難行動について触れてみたい。

# 第7章 群集行動の実証的研究
―― アーカイブ分析, 野外実験

## *1* 群集行動の研究方法

　群集行動といっても, さまざまな種類がある。また, それらの物理的・社会的規定因の強さや時間的・空間的広がりも異なる。例えばある地域を広範囲に巻き込み, そして何年も続く社会運動（社会的規定因が強い）もあれば, ある一定の限られた空間の中で, しかも数時間あるいは数分で決着がつくようなパニック（物理的規定因が強い）もある。

　筆者は群集行動の時間的・空間的広がりとふさわしい研究方法の種類が, ある程度対応すると考えた。図7-1の右端のように, 物理的規定因だけで人間行動の大部分が予測できるような状況の場合, 既存の物理理論をそのまま適用できるかもしれない。例えば狭い通路を通って多数の人がいっせいに脱出するような状況を考えた場合, 人々の行動は「狭い通路と多数の粒子（人間）と一方向の流れ」という少数の物理的要因によってほとんど決定されると思われる。ベルヌーイの定理のような流体力学理論で説明と予測がある程度可能である（吉村, 1994）。

　このような状況に心理的・社会的要因が働く場合もありうる。多

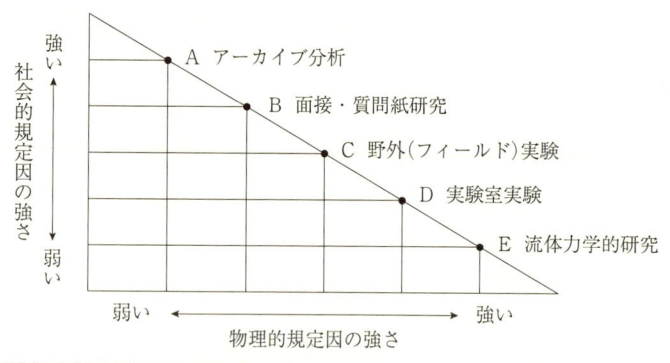

図中ラベル:
- 縦軸: 社会的規定因の強さ（強い↔弱い）
- 横軸: 物理的規定因の強さ（弱い↔強い）
- A アーカイブ分析
- B 面接・質問紙研究
- C 野外（フィールド）実験
- D 実験室実験
- E 流体力学的研究

**図7-1　群集行動の社会的・物理的規定因の強さと研究方法の関連**

数の人が移動するとき，恐怖に動機づけられている場合とそうでない場合，リーダーシップがある場合とない場合，同じ方向に多数者がいっせいに向かっているのを見る場合とそのようなことがない場合等では，人々の行動が異なるであろう。このような状況における行動を研究するには，心理学の実験室実験が方法の1つとして十分存在価値があるように思われる。また実験室実験のような人工的な状況ではなく，日常の自然な状況での行動の因果関係を明らかにする野外（フィールド）実験も考えられる。さらに時間的・空間的広がりが拡大し，より心理的・社会的要因が介在するようになるような状況では，面接や質問紙を使った実態調査やさらにマスコミ分析のようなアーカイブ分析がよりふさわしいものとなるものと思われる。

　もちろん，面接や質問紙を使った研究やアーカイブ分析などを，時間的・空間的広がりが狭い状況に適用することは可能であろう。しかし流体力学的研究や心理学的な実験室実験を社会的・心理的要因が強く影響しているような状況に適用する場合は，常にその生態学的妥当性（研究で見出された理論や知見が現実の群集行動にどの程度適

用可能か)が問われることになる。

本章ではアーカイブ分析と野外実験を取り上げ，面接・質問紙研究や実験室実験や流体力学的研究についてはパニック研究の方法として第9章で取り上げることにする。


## *2* アーカイブ分析

**アーカイブ分析とは**

社会には日々さまざまな記録が蓄積されている。例えば政府や公共機関が所有する統計データ（人口動態統計，各種経済データ，殺人や犯罪数，投票率）がある。総務省統計局発行の『日本統計年鑑』は，わが国の最も包括的な総合統計書で基本的な中央官庁統計を体系的に収録している。最新版はインターネットで見ることができる。アメリカの場合，アメリカ統計指標（American Statistical Index）では400以上の政府機関の公式刊行物（消費者物価指数や教育，雇用統計など）がリストアップされている。研究者はたやすくセンサス・データ（アメリカ国勢調査局によって収集される人口統計学的データ）や経済統計，投票記録，その他の調査結果にインターネットでアクセスできる。写真をはじめとするビジュアル・データも最近では多くなっている。それから新聞やニュース・メディアも重要なアーカイブ記録となる。そこから犯罪や株式市場の変動やスポーツチームの記録などを得ることができる。

このような統計データや新聞記事を使用した研究も数多く行われている。例えばリヒテンシュタインら（Lichtenstein et al., 1978）や釘原（Kugihara, 2002）は各種死因（病気や事故）による死亡率に関して統計データと主観的評価のズレについて検討し，ネガティブな

事象に対する認知の歪みについて明らかにしている。またスポーツ（野球）データの分析を通して集団における動機づけとパフォーマンスの関係について検討したもの（Baumeister & Steinhilber 1984；釘原，2005）や，野球の死球に関するデータから気温上昇が攻撃性を促進することを明らかにした研究もある（Reifman et al., 1991）。アーカイブ・データは自然が行った実験結果を記録したものと考えることもできる。世界的指導者の暗殺や自然災害，大事故や株式市場の大きな変動は人々の行動に影響する。

　研究者にとってアーカイブ・データを使用することは，研究遂行上，好都合な点が数々ある。アーカイブ・データは一般にデータ数が多い。それからデータ収集の段階を省略することができる。またアーカイブ情報は一般に公表済みで，しかも個人を特定していないものが多いので，倫理的問題はあまりない。それに，これからインターネットの発達により，ますますアーカイブ・データは利用しやすくなるであろう。

　しかしアーカイブ・データを利用することの問題や限界も認識しておく必要がある。第1の問題は，記録のある部分のみがデータに収録され，別の部分は意図的に収録されない資料記載の偏りの問題である。第2は，記録が紛失したり，欠落したりする資料保存の偏りの問題である。往々にして研究者はこのことに気づかない。

　統計資料以外のアーカイブ・データを処理するのには内容分析が行われる。その対象として視聴覚メディア（ビデオ，フィルム），印刷物（新聞，雑誌，本），写真や絵，個人的文書（自伝，手紙，日記）がある。内容分析は単調な，しかも労力を必要とする仕事の場合が多い。

### アーカイブ分析の研究例——飛び降り自殺企図者をはやす野次馬群集に関する新聞記事の分析

　マン（Mann, 1981）は，ビルや橋，塔，断崖からいまにも飛び降りようとしている人を見上げている野次馬群集の行動について検討した。1964年6月8日の『ニューヨーク・タイムズ』に次のような記事がある。昨日の朝，プエルトリコ出身の日雇い労務者風の男がビルの10階の狭いひさしのところから飛び降りようとして，そこに1時間ほどしがみつくという事件があった。ブロードウェイから500人くらいの群集が集まり英語やスペイン語で口々に「早く飛び降りろ！」と叫んだりした。そのうちに警官が彼をひさしから引きずり降ろした。野次馬群集は非常に攻撃的であり，時には大声でわいせつな言葉を叫んだり，救助隊員に石やものを投げたりした。

　自殺企図者に対する野次馬群集のこのような行動についての説明理論の1つとして，没個性化（deindividuation）理論がある。没個性化を生み出すものとして，匿名性，責任の分散，群集のサイズ，新奇で曖昧な状況，騒音による覚醒，疲労等の要因がある。

　マンは没個性化理論の観点から自殺企図者をはやすような野次馬群集が発生する条件と，逆に自殺企図者を心配しながら見守っているような静かな群集が発生する条件を明らかにすることを試みた。そのために『ニューヨーク・タイムズ』の自殺行為に関する1964〜1979年にわたる記事をすべて調べた。その中で飛び降り自殺に関する記事は166件（117件が自殺既遂，49件は未遂）あった。そのうち，自殺行動を目撃した人々がいたことが記載されていたものが15件あった。そのうちの4件において，自殺企図者は群集から早く飛び降りるようにはやし立てられた。これらの結果から自殺企図者をそそのかす群集の発生は非常にまれであることがわかる。そのために他の新聞（例えば『シカゴ・トリビューン』等）の記事などから，

自殺行動を目撃した人がいたことが記載されていた6件が加えられた。この21件が分析の対象となった。それぞれの事件が発生した場所（例，エンパイア・ステート・ビル），自殺者の位置（例，10階のひさし），日時，事件の時間の長さ，野次馬群集の規模，事件発生の最中とその後の野次馬の行動がリストされた。

　分析の結果，群集のサイズが大きいほど（300人以上），自殺企図者をそそのかす野次馬群集が発生する割合が多かった。また夜間（18時以降）に発生することが多く，暗闇の効果が確認された。その他，自殺企図者と群集の距離が遠すぎても近すぎても反社会的野次馬が発生する割合は少なくなった。それからその他の要因として，気温と都市が取り上げられている。自殺企図者をそそのかした事件10件のうち8件は6月から9月の暖かい時期に発生した。暑さが群集のこのような行為を促進しているといえる。また都市が匿名性を高め，それが野次馬群集の発生を促進することも考えられた。

## *3* 野外（フィールド）実験

　野外実験は実験室実験のような人工的な状況ではなく，日常の自然な状況での行動の因果関係を明らかにする。そのために野外状況でいくつかの変数を統制したり操作したりする。野外実験は集合行動を対象とした領域で数多く行われている（例えば，Kroon et al., 1991；釘原，2003, 2004；Milgram et al., 1986）。

　野外実験の長所は，実験室実験やその他の方法で得られた結果を異なった状況や集団に一般化できることである。すなわち生態学的妥当性が高いことである。実験室実験の参加者の多くは大学生（多くは新入生）のボランティアであるが，このような人々が一般人を

代表しているとはいえないため，実験結果を一般化できるのか疑問である。一方，野外実験では世間一般の人が参加者となることが多い。

また，実験室実験の参加者は実験に参加することを知っている。そして実験操作が現実に起きたことではないことも知っている。そのために，参加者の反応は実験操作に対する正直な反応ではなく，実験者が参加者に期待しているものに対する反応かもしれない。つまり，参加者は研究者の仮説通りの行動をする可能性がある。一方，野外実験では，実験操作が参加者に意識されることなく行われることが多い。実験に参加していることさえも知らない場合もある。そのために，反応は参加者本来の自然なものである可能性が高い。

一方，野外実験の短所の1つとして倫理的問題がある。アメリカ心理学会発行の『サイコロジストのための倫理綱領および行動規範』(American Psychological Association, 1992) によれば，すべての参加者はボランティアでなければならないし，実験実施以前に同意を得る必要がある。さらに，事後説明がなされなければならない。このガイドラインに沿って野外実験を実施することはきわめて難しい。なぜなら参加者が実験に参加していることを認識していないことに野外実験の1つの意味があるからである。結局，研究者自身が研究の意義と参加者の人権の両方を考慮すること，他の研究者や大学の倫理審査機関の認可を得ることが必須である。

### 野外実験の研究例①――大阪のエスカレーター利用者の同調実験

野外での同調実験としてよく知られている実験がミルグラムら (Milgram et al., 1969) により行われている。彼らはニューヨークの人通りが多い通りで，すぐそばのビルの6階を数人が見上げているような状況を実験的に設定した。見上げている人はサクラであった。

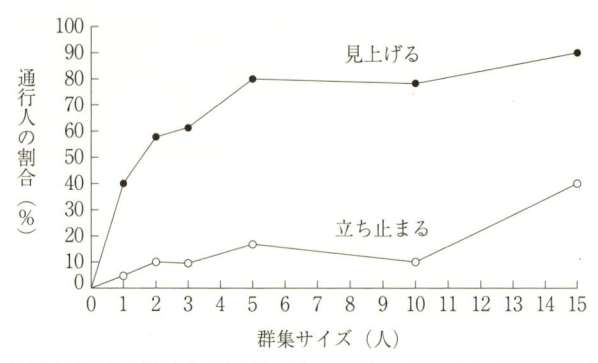

**図7-2 ビルを見上げている群集の数と通行人の行動**
(出典) Milgram et al., 1969.

サクラの人数の違いによって，そこを通りかかった人の何割がそこを見上げ，また何割が立ち止まるかを観察した。図7-2はそれを示したものである。

横軸はサクラの人数，縦軸が見上げたり立ち止まったりした通行人の割合である。この図7-2からサクラが少人数でもその影響力は大きいことがうかがえる。また人数の増加と，立ち止まるという時間的な面でのコストの低下に従って，影響力が増大することが示されている。

このような同調行動が別の場面でも生起することを示した研究がある。エスカレーター利用者の並び方の同調実験である。大阪と東京でエスカレーター利用者の並び方が異なる。大阪ではほとんどの人が右に並んで左を空ける。一方，東京では逆に左に並んで右を空ける。このようなインフォーマルな規範がどのようにして成立したのかについては，はっきりわかっていない。

阿形ら（2006）はこの規範に反する行動を他者が示した場合，それにどの程度の人々が同調するのかを明らかにするための野外実験を行った。実験は右並びの規範が強い大阪モノレールの門真市駅

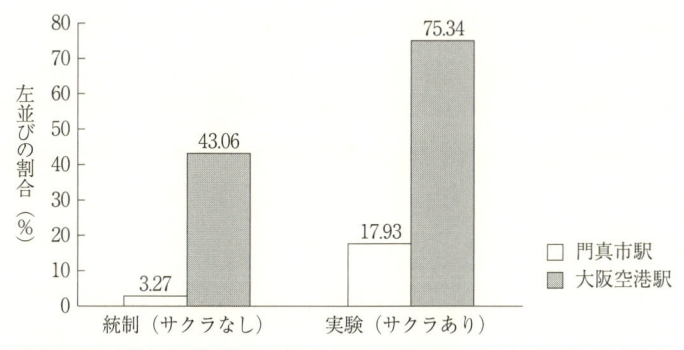

**図7-3 サクラの有無による左並びの割合（全体）**
（出典）阿形ら，2006。

（利用者の88％が近畿在住者）とその規範が弱い大阪空港駅（53％が近畿在住で関東在住が28％，その他の地域在住者が19％）で実施した。実験条件はサクラの人数（1人，2人，3人）とサクラ同士の関係（友人と他人）であった。実験は見渡しやすい上りエスカレーターで行われた。友人条件ではサクラ同士が互いの間に段数を空けずにエスカレーターに乗り込み，体を向き合わせて会話を続けた。一方，他人条件では2段空けて乗り込み，先に乗り込んだサクラは後ろを振り向かなかった。このような条件を設定したのは，単なるサクラの人数だけでなく，他集団の成員の関係認知が同調圧力に影響するのではないかと考えたからである。すなわち，友人条件であれば特殊集団だと解釈される可能性があるため同調圧力が弱くなるとの仮説を立てた。

　実験の結果，サクラ同士の関係の効果は見出すことはできなかったが，規範の効果とサクラの効果は見出された（図7-3）。図中の統制条件とはサクラがいない自然観察条件である。

　門真市駅では元来左並びがほとんどなかったにもかかわらず，2割近くの人がサクラにつられて左に並んだ。それからサクラの人数

の効果に関しては統計的有意差は見出されなかったが，門真市駅に関してはサクラの人数の増大に伴って左並びの割合が増加していく傾向が見られた。すなわちサクラが1人の場合には1割ほどの人が左に並んだのが，サクラが3人の他人条件の場合は3割弱の人が左に並んだ。またサクラの後に続いて並んだ人数をカウントしたところ，門真市駅では多くても4人しか並ばないのに対して，大阪空港駅ではサクラが2, 3人になると10人以上並ぶケースがかなりの割合で観察された。このようなことから，人は暗黙の規範に拘束されると同時に，その場の集団の同調圧力の影響も受けながら，その微妙なバランスの上に立って行動していることが推測される。

## 野外実験の研究例②——行列に割り込む者に対する人々の反応に関する野外実験

ミルグラムら（Milgram et al., 1986）は，割り込みに対する人々の反応に関する実験を行った。ここでは駅の切符売り場に並んでいる6人ほどの行列を実験対象とした。サクラは「すみません。ここに入りたいのですが」と言って，行列の前から3番目の後にそっと割り込む。文句を言われた場合はすぐそこを離れた。もしそのようなことがなければ，1分間だけ列に止まった。女性3名と男性2名の大学院生がサクラとなった。

実験計画は，割り込み者の人数と緩衝人物（buffer）の人数の2要因であった。割り込み者の人数は1人と2人の2水準，緩衝人物の人数は0人，1人，2人の3水準であった。緩衝人物とは割り込み者が割り込む場所の直後に並んでいる人（これもサクラ）である。緩衝人物がいない条件も設定されていた。

実験の結果，割り込みに対してさまざまな反応が見られた。物理的な働きかけ（割り込み者の袖を引っ張るとか肩を叩くとか突き飛ばす

**表 7-1　行列割り込み実験の結果（拒絶率）**

|  |  | 緩衝人物の人数 | | |
|---|---|---|---|---|
|  |  | 0人 | 1人 | 2人 |
| 割り込み者の人数 | 1人 | 54.0% | 25.0% | 5.0% |
|  | 2人 | 91.3% | 25.0% | 30.0% |

（出典）　Milgram et al., 1986 より作成。

等）が全ケースの 10.1% 発生した。言語的な働きかけもさまざまであった。「すみません，一番後ろにまわってください」とか「おい，俺たちはずっと待っているんだ，そこをどいて後ろへまわれ」などがあった。一方，婉曲ではあるが割り込みを拒絶するものとして「すみません，列になっているのですが」とか「えーと，あなたは切符を買うために待っていたのですか」などの発言があった。これらは全体の 21.7% であった。非言語的働きかけとしては"にらみつけ"や"軽蔑・侮蔑した目つき"や"出ていけという意味を表すジェスチャー"等があった。これは 14.7% であった。この研究では，以上のすべての反応が割り込みに対する拒絶反応として分析された。拒絶率は割り込み者が1人で緩衝人物が2人の場合は 5% であった。そのほか表 7-1 のような結果となり，割り込み者の数が多いほど，かつ緩衝人物の数が少ないほど拒絶率が高くなることが明らかになった。

　行列の位置と拒絶反応の生起率については，割り込み者の後方に位置する人の拒絶率が前方に位置する人よりも高くなった。割り込み者のすぐ後ろの人の拒絶率は 60% 以上，その後ろの人は 25% ほどで，直前の人は 15% ほどであった。

　割り込みが人々の拒絶反応や怒りを引き起こす要因として，順番が遅れるというコストの要因と社会秩序が乱されたというモラルの要因が考えられる。上述のように，割り込み者の後ろの人の拒絶率

が前の人より高いことや，2人の割り込み者がいた場合には1人の場合に比べて拒絶率が約2倍になったことは，コストの要因の重要性を示唆している。しかし，モラルの要因の効果を完全に否定することはできない。その理由として第1に，前の人の拒絶がまったくなくなるわけではないこと，第2に後ろの人の場合にはモラルの要因の効果がコストの要因によって促進されている可能性があること，第3に後ろの人は割り込みを目撃しやすいことなどが考えられる。後ろにいる人の拒絶率が高いことは確かであるが，割り込み者から離れるに従って拒絶率は急激に低下している。割り込み者に近かろうと遠かろうとコストは同じであるから，この現象をコストの要因のみで説明するのは難しい。

# 第8章 危機事態の行動
## ――パニック

## *1* パニックは発生するのか

　まず最初に，危機事態では人間は本当にパニックになるのかどうかということについて考えてみたい。パニックという言葉は，ギリシャ神話に由来する。『オックスフォード英語辞典』(The Oxford English dictionary)には「Pan は図 8-1 に示されているように上半身（頭，腕，胸）は人間の姿をしているが，下半身は羊の姿である。羊のような角や耳をもっている場合もある」と記されている。

　また『ランダムハウス英語辞典』(The Random House dictionary of the English language)には「パニックは昼寝を妨げられて怒った Pan によってもたら

**図 8-1　Pan の神（牧神）**
（出典）『世界大百科事典 25』平凡社，1972 年より作成。

される突然の圧倒的な恐怖である。それはヒステリーや非理性的な行動を惹起する。そしてそれは集団を介して急激に拡散する」と記してある。この定義によれば，パニックは個人の内的状態としては突然の異常な恐怖，外的状態としては非理性的な行動と，集団を通しての拡散を意味している。

危機事態の人間行動に対して，一般の人々が抱くイメージはこのようなパニックである。すなわち恐怖に駆られた多数の人々が理性を失い，原始的本能のおもむくままにヒステリックになって他者とぶつかり，あるいは蹴落としながら出口に向かって突進する。そのために群集の中で大混乱が発生し，人が押しつぶされたり，踏み倒されたりして，多数犠牲になるというものである。

しかし社会学者や社会心理学者の多くはこのようなパニック観について否定的である。パニックはマスコミによってつくられた神話であると見なす研究者も存在する。すなわち彼らは，危機事態においても人間は非理性的になることはほとんどなく，また反社会的な行動をすることも滅多にないと主張する。例えばキーティングとロフタス（Keating & Loftus, 1981）は，毎年アメリカでは 8000 名以上の人が火事で死亡しているが，それは設備の欠陥や判断の誤りが主要な原因であり，パニックによって引き起こされた非理性的な反応によるものではないと述べている。また火事にあった人に対するインタビューでも，ほとんどの人が自分は火事のとき適応的な反応をしたと信じていたことがわかった。

## コラム4　パニックに関する新聞記事の分析

　筆者は6年分の『朝日新聞』(2000年1月1日〜2005年12月31日朝刊・夕刊)の記事を対象として，パニックという言葉のイメージを分析した。「パニック」という単語が使用されているすべての記事のうち，映画の題名などの固有名詞を除く1530件を対象とした。1530件ということは1日あたり0.7回になる。ちなみに1993〜1995年の3年間のアメリカの全国紙『USA Today』では649（1日あたり約0.6回）あった。この1530件以外にもパニック障害や，自閉症や知的障害の子どもが起こすパニック，症状としてのパニックに関する記事が209あった。しかしここでは，一般的なパニックのイメージを検討することを目的としているため，障害によるパニックは分析から除外した。また記事にはパニックが発生したという事実を伝えるものと発生を懸念あるいは予測するものがあったが，それを含めて分析した。これらの記事を分類するために表8-1に示されているような事象例を示し，182名の大学生に各事象の社会的影響力の強さ，自身の遭遇経験およびマスメディアを通じての接触経験について評定を求めた。その得点により，クラスター分析を行った。その結果，表に示されているような4つのクラスターが抽出された。この分析結果からパニックという言葉は，短期的脅威から長期的不安，深刻な事象からそれほど深刻でない事象，社会的問題から個人的問題，のようなさまざまな問題や事象に対して使用されていることがわかった。特に処理能力オーバーのような軽い問題に関する記事も多く，世間一般には，パニックという言葉が火事や地震等の危機事態における人間の情動や行動を表現する場合に用いられるだけでなく，広く人間のネガティブな情動状態や統制不可能な行動を誇張して表現する場合にも用いられるポピュラーな言葉であることを示している。

**表 パニックという言葉が含まれている記事例と分類**

| 大分類<br>(クラスター) | 小分類 | 記事数 | 事象例 |
|---|---|---|---|
| 生命・財産の脅威 | 自然災害 | 154 | 突然大きな地震があった。<br>海岸沿いの町を津波が襲った。 |
| | 戦争やテロ | 137 | 地下鉄で爆弾テロがあった。<br>村が戦場になり、住民は急いで避難した。 |
| 突発的かつ予想外 | 事故 | 85 | 高速バスが横転し、死傷者が出た。<br>電車が脱線した。 |
| | 犯罪 | 84 | スーパーで、子どもを刃物で刺した若い男が逃走している。<br>営業中のコンビニに強盗が押し入った。 |
| | 火事 | 41 | デパートで火災が発生した。<br>ホテルで小火災があり、宿泊客は避難を行った。 |
| 中長期的不安 | 経済 | 71 | 大手の銀行が倒産の危機にある。<br>株価が暴落した。 |
| | 感染症 | 61 | 新型インフルエンザが発見された。<br>日本では感染例のなかった熱病の発病者が出た。 |
| | 社会的不安 | 103 | 国内で狂牛病の牛が見つかった。<br>全国の学校の建築資材にアスベストが使用されていることが発覚した。 |
| | もの不足 | 30 | 冷夏のため米不足になった。<br>石油価格の高騰により、石油を原料とする製品が品薄になった。 |
| 個人的・精神的 | 処理能力オーバー | 282 | 店が予想以上に繁盛して人手が足りない。<br>突然外国人に話しかけられた。 |
| | 精神的ショック | 76 | 近親者が突然亡くなった。<br>事故で脊髄を損傷し、二度と歩けないと宣告された。 |
| | スポーツ | 53 | サッカーの試合の重要な場面でミスをしてしまった。<br>バスケの試合で、最初リードしていたが途中から猛反撃を受けた。 |

## *2* 理性モデルと非理性モデル

**2つの見方**

 このように，危機事態における人間行動に対する2つの対立する見方がある。サイム（Sime, 1994）はそれをモデルA（工学的モデル，ボールベアリング・モデル）とモデルB（社会科学的，心理学的モデル）としている。モデルAは非理性モデルで，マスコミの報道や役所の災害対策もこのモデルに沿っていることが多いとする。このモデルは，人を流体や気体の変動によって動く自発性がない物体のようなものと見なす。そしてその挙動は，炎や煙の拡散速度，人数，脱出口の広さや数，あるいは出口までの距離等の物理的条件によって決定されると考える。それに対してモデルBでは，人を入手された情報や，集団の絆，役割等に従って自発的に考え判断し行動する主体としてとらえる。

 クァランテリ（Quarantelli, 1957）は理性や非理性という用語ではなく無理性（nonrational）という用語でパニック行動を表現している。彼によれば，人間はパニックのときでも状況に対する認識はあり，人間性を完全に失うことはないが，理性的思考レベルは低下する。例えばパニック状態に陥った人にとっては，逃げること以外のことは頭に浮かばないことや，逃げることによってどのようなことになるのか見通しをもたないという意味で無理性であるとクァランテリは述べている。パニック反応は無理性であるが，それは必ずしも不適切な行動であるとは限らない。しばしば逃げることは最善の行動である場合が多い。

 それからモーソン（Mawson, 1980）はパニック・モデルと親和（affiliation）モデルを提案している。パニック・モデルは，強い絆

がある家族などの1次集団でさえも,避難時にはそれがバラバラになると仮定する。一方,親和モデルでは災害時における避難行動は心理的な絆が強い人への接近によって特徴づけられるとした。この見解によれば親和行動が脱出行動より優先する。すなわち1人で避難するよりも,親しい人と一緒にいたいという気持ちが強くなる。これは比較動物学的な見方である。同種の生物が寄り集まることは,敵に対する防御能力の向上につながる。親和行動はその意味で生存にとって価値がある。

このような理性と非理性の2つの対立する考えは,2つの異なる危機事態の対応策に行き着く。それは創発能力モデルと命令統制モデルである。前者は危機事態においても人間の理性や柔軟な適応能力や自発性が維持されることを前提とする対応策であり,後者はそのようなものが失われることを予期した対応策である。命令統制モデルは,命令系統が厳格である軍隊のような組織を想定する。このモデルは危機時の社会的混乱発生の必然性,事態に対処すべき個人や組織の能力の低下,人間の意思決定能力や市民社会に対する不信を前提としている。そして官僚組織的構造やルールの厳格な運用と,場当たり的対策ではなくきちんと文章化された官僚組織的な手続きこそ,効果的な対応策であるとする。それに対して,創発能力モデルは非官僚的な緩やかに統合された柔軟な組織こそ,危機時の人々の要請に応えうることを強調する。

## 理性モデルと非理性モデルの対立の原因

このような2つの対立的見方が生じる要因の1つは,理性モデル支持者と非理性モデル支持者が異なった種類の災害を研究対象としたこと,それから前者が行為者(actor)としての被災者を研究対象としたのに対して後者が被災者を観察者(observer)の立場から分

析したことが考えられる。

① 災害の種類（物理的空間構造と人数や密度と緊急度）

ひとくちに災害といってもその時間的・空間的広がりはさまざまである。1995年1月17日に発生した阪神・淡路大震災や1994年1月17日のロサンゼルス大地震のように、広範囲に、しかもその影響が数年にわたって残るような災害もあれば、航空機の火災事故のように狭い空間の中で、しかも2〜3分で決着がつくような災害もある。

パニック発生に影響を与える物理的・環境的要因として、第1に空間構造がある。被災者がおかれた物理的空間構造はさまざまである。1つの狭い出口しかないような部屋に人々が集合している場合もあるし、広場で爆弾が爆発した場合のように、人々が同時に、しかもあらゆる方向に逃走することが可能な場合もある。人々の行動は、隘路であるとか、迷路であるとか、あるいは複数の出口が存在する場合であるとかのように、部屋の形状や通路の形状、すなわち物理的空間の形状によって大きく左右される。社会心理学者によって行われた従来の災害調査研究は、このことをあまり考慮していない。

第2に、被災者の数やその密度も行動に影響する重要な要因である。物理的空間構造や状況が被災者にとっていかに絶望的であっても、密度が低ければ他者を押しのけて脱出するパニック発生の可能性は低くなる。

第3に、災害発生に気づいてから脱出が完了するまでの脱出許容時間も被災者の行動に影響する。もし時間がなければ、たとえ他の合理的方法があっても柔軟な対処ができなくなる可能性がある。

池田（1986）は、1983年10月3日に発生した三宅島の雄山噴火や1981年10月31日に神奈川県平塚市で発生した地震発生の誤報騒ぎに巻き込まれた人々の証言から、危機事態における非理性的な

行動の存在を否定している。しかし、いずれの災害も2～3分の間に脱出しなければ死んでしまうようなものではなく、また人々の密度が高いわけでもなく、さらに多数の人々が狭い少数の出口から競争して脱出しなければならないような状況でもなかった。すなわち、非理性的な行動発生の物理的条件が存在していなかったといえる。またドナルドとキャンター (Donald & Canter, 1992) も地下鉄駅火災の死者の行動を分析して、やはり非理性的な行動が見られなかったことを報告している。しかし、この火災もフラッシュオーバーが発生したのは火災発生から10分以上経過してからであった。また、5～6カ所の出口があった。このような研究者はいずれも、非理性的・反社会的な行動が発生していないことを強調している。しかしこれらの災害は、物理的空間構造の面から見ても脱出許容時間の要因から考えても、非理性的な行動が発生する状況にはなかったとも考えられる。

② 災害分析の視点（行為者からの視点と観察者からの視点）

ジョーンズとニスベット (Jones & Nisbett, 1971) によれば、自分自身の行動の原因は外的要因に帰属し、他者のそれは内的なものに帰属する傾向は行為者-観察者効果 (actor-observer effect) とよばれる。またブラウンとロジャーズ (Brown & Rogers, 1991) によれば、良い結果は内的要因に、悪い結果は外的要因に帰属する傾向があり、それは自己防衛的バイアス (self-serving bias) とよばれている。このような認知バイアスが存在することは、行為者や観察者のいずれか一方からの視点からだけで、危機事態の行動の意味づけをすることは問題があることを示唆している。例えば煙や火に向かって突進したために命を失った人の行動は、観察者の視点に立てば非理性的であるが、当人はその向こう側に出口があると思ったためにそのように行動したのかもしれない。あるいは倒れた人を踏みつけ

て脱出した場合でも，後ろから押されたため倒れた人を避けようがなかったと答えるであろう。あるいは狭い出口に多数の人が殺到したために，出口が詰まってしまって結局誰1人として脱出できないような状況が発生した場合，行為者は待っているよりも殺到した方が脱出の可能性は高いと考えたと答えるであろう。これは行為者にとっては理性的な行動である。このように危機事態の行動は行為者の視点に立てば，ほとんどが理性的な行動と解釈されてしまう。

キーティングとロフタス（Keating & Loftus, 1981）は火事の被災者の行動をレビューして，観察者から見て非適応的と思えるような行為者の行動を行為者自身は適切な反応をしたと思っている場合が多いことを指摘している。事後インタビューでは，ほとんどの被災者は合理的な行動理由を語る傾向がある。面接調査や質問紙調査では，被災者が自分が行ったネガティブな行動を言いたがらないから，そこをピックアップできないという点で弱点があるとも考えられる。

それから安倍（1986）らが「混雑したデパートで火事や大地震にあったらどうするか」というテーマで，東京・上野にあるデパート「松坂屋」の店内の客と，周辺地域に住む主婦計600人に調査したところ，周囲は混乱してパニック状態になるが，自分は冷静に誘導・指示に従うことができると思っていることが明らかになった。すなわち自分は理性的，他人は非理性的な行動をするとたいていの人が思っている。

以上のことから，人が危機事態に遭遇した場合，物理的空間構造や密度や脱出許容時間によって理性的にも非理性的にもなることが予測される。また同一の行動が行為者の視点からは理性的と解釈される一方，観察者の観点からは非理性的と解釈される可能性がある。

## *3* 危機事態における意思決定

　先述したように，社会学者や社会心理学者はパニックが発生するようなことはほとんどないと主張している。それよりも警報を無視して避難しないことの方を問題視している。「疾風に勁草を知る」という言葉があるが，逆境に陥った際の振る舞いがその人の真価を表していると考える人は少なくないのではなかろうか。死に臨んでも取り乱すことなく，歌を詠み泰然自若としていることが日本の武士道に沿った作法だと，新渡戸稲造が世界に広めた。欧米でも，「ノブレス・オブリージュ」という言葉があり，他者や社会のためにわが身を犠牲にすることは美徳だと思われている。このような規範の存在が，避難を遅らせる1つの原因であると考えられている。

　また，この分野で，研究者からしばしば言及されるのが「正常化偏見（normalcy bias)」である。われわれに危険を知らせる情報は，いつでもまわりの環境に満ちあふれている。そして，ほとんどが結果的には危険な状況に至らない。それは受け手にとっては，まるで占いのようなものであるともいえる。イギリス消防庁の調査によれば，火災報知器の発報は9割以上が誤報だそうである。このように，たいていの場合は「占い」が外れ，危険を知らせる情報通りに行動しなかった方が正しかったということになる。しかし，まれには災害が発生して占いが的中する場合もある。そうすると的中したことだけが注目されてしまい，適切な対応行動をしなかったことが大々的に報道され，人間には正常化の偏見があるという結論が導かれてしまう。「偏見」というと，ごく一部の人たちのものの見方と思われるかもしれないが，そうではない。「災害は忘れたころにやってくる」いう箴言がある。日頃は，忘れていた方が正しい場合が多い

が，まれに起こる災害1回あたりのコストの高さが，この箴言を価値あるものにしているといえる。

このような規範要因や正常化偏見が機能するのは意思決定の初期段階だと考えられる。意思決定は一般に次の段階を経て行われる(Polya, 1945)。第1は問題の理解（状況を定義・解釈し，解決すべき問題を決める），第2は計画立案（情報を収集し，決定を下し，行動を組み立てる），第3は計画の実行（決定した内容を実行に移す），第4は振り返り（問題解決のためにとられた行動が，機能したかどうか評価する）である。ただし，危機事態の意思決定は普段行うものとは異なる(Janis & Mann, 1977)面がある。それは生命の危機に瀕した中での決定であること，費やせる時間が少ないこと，利用できる情報が曖昧で非日常的であり，新たな情報を探そうにも時間がないうえ，得る手段もないことである。そのためにストレスが高い状況下での意思決定になる。

プロー（Proulx, 1993）は，次のような5つのループからなる危機事態の意思決定モデルを提案している（図8-2）。

① ループ1：曖昧な状況の知覚，コントロール感

情報は処理システム（processing system ; PS）の中で解読され，解釈される。人々ははじめ，状況を否認したり過小評価する。得られた情報から楽観的な説明を導き出そうとすることで，状況を一瞬の間だけはコントロールできたような錯覚に陥る。正常化偏見は特にこの段階で働く。

② ループ2：不確実性の発生

正常化偏見がうまく機能せず，繰り返し曖昧な情報を知覚していると，ストレスをもたらす不確実性が発生する。「曖昧」とは状況が明瞭さを欠いていることで，「不確実性」とは情報の意味が不明で人が困惑していることである。

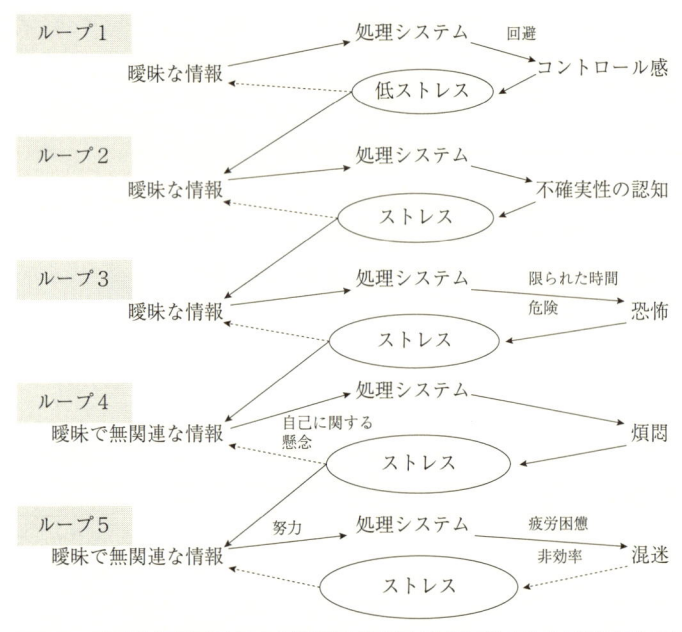

**図 8-2　危機事態の意思決定モデル**
（出典）　Proulx, 1993.

③　ループ3：恐怖の発生，状況を危機場面と見なす

さらに，新たな曖昧な情報を処理するうちに，より不確実さを感じるようになる。「何かおかしい」「どうも火事のようだ」と解釈し，状況を危機場面と見なす。危険が迫る中で，安全を得るために，限られた時間の中で，特別な行動をとらなければならないという状況での意思決定はストレスを高める。時間が限られていること，状況が危険であることが覚醒水準を高め，恐怖感を引き起こす。恐怖は苦痛の予期により起こる。

④　ループ4：自己に関する懸念

解決すべき問題とは無関連な情報（「自分は状況にうまく対処できて

いるか」といった懸念や恐怖感や，すでにとった行動の効果への自己評価など）が処理システムに加わってくる。それが煩悶を引き起こし，それに対応することで，問題解決に利用できる時間の40％も消費してしまう。これがさらなるストレスとなる。

⑤　ループ5：疲労，混迷

曖昧な情報や余計な情報を処理するのに，補償的方略（気にかかる問題にさらに注意を向け，コントロールしようとする試み）を使用するが長くは続かない。結局，処理システムがうまくいかなくなり，ストレスが増大し，疲労困憊になり混迷に陥る。

図8-2のように，ストレスは時間の経過とともに，ループ1からループ5へとスパイラルのように増大していく。このモデルではパニックはループ5の段階になって発生することになる。ゆえにループ5に陥る前に，正確な情報をなるべく早く伝えることが大切ということになる。正確な情報は，状況否認に費やす時間（行動がストップしている時間）を減少させ，避難時間を確保できることにつながる。

## *4* 危機時の人間行動の特徴

危機時の人間行動には，次のような行動傾向が見出されている（第9章の第4節も参照）。

**個人の避難傾性**

正田（1985）は，危険物からのとっさの退避行動，例えば頭上から物が落下してくるような場合の退避行動について実験的研究を行っている。この実験では，まず実験参加者をある建物の外壁そばに

立たせ，写真を撮ると称して直立姿勢をとらせる。そして実験参加者の頭上7mの3階の小窓から実験助手が実験参加者の名前を大声でよぶ。実験参加者がその声に気づき上を見上げたら，それと同時に落下物を実験参加者の真上より落とす。落下物は真っ黒に塗色された30cm立方の発泡スチロールの塊であり，それは紐で窓枠に連結されていて，実験参加者の頭上30cmくらいのところで停止する。実験の結果，安全に退避できた実験参加者の割合は15%にすぎなかった。特に女性の場合，防御姿勢をとらずにその場にしゃがみ込んでしまったり，体を硬直させるような反応が多く見られた。また，退避方向としては後方が多く全体の6割であった。さらに横方向の退避特性としては，右利きの人の場合は左へ退避する割合が多いことが明らかになった。この結果は退避行動におけるラテラリティ（左右の非対称性）の側面の重要性を示すものである。安倍 (1977) は退避行動の一般的傾向として，左曲がりの方向をとることを指摘している。これは右利きの人は右足のけりが強いために起きる現象であるとされているが，正田の研究もこれを支持したといえる。

**傍観者効果**

ダーリーとラタネ (Darley & Latané, 1968) は，小部屋に煙が入ってくるという模擬的な危機事態をつくって実験した。実験参加者の学生が部屋に1人でいるときは，煙の出てくるところを調べたり，においをかいだりし，廊下に出て事情を知っていそうな人に煙のことを報告する者も多かったが，その部屋に複数でいると煙を見ても我慢したり見て見ぬふりをする人が多くなった。また発作を起こして苦しんでいる人がいる場合でも，1人のときには助けるが，複数の人がいるときには助けようとしない，他者に冷淡になる傾向が強

くなることも明らかになった。これを傍観者効果という。その原因として，以下が挙げられる。

① 多元的無知あるいは多元的衆愚：他の人が援助しない様子を見て，援助しないことがその事態では適切であると誤って解釈される。
② 責任の分散：他にも人がいる場合，援助に対する責任性や援助しないことに対する非難や罪の意識が人々の間で分散する。
③ 聴衆抑制：援助が不必要な事態で，援助したり，援助に失敗した場合，人の前で恥をかくことになる。ゆえにたくさんの人がまわりにいるから安心だと思っていても，それが思い違いのこともある。このことは最近問題になっている電車内での暴力事件でも明らかである。

**脱出行動の性差**

　脱出行動の性差もある。迷路からの脱出実験を行うと，明らかに男性の方が女性よりも脱出が早い。また迷路構造の把握も正確である。これは空間把握能力に性差があるためだと思われる。また迷路構造の把握の仕方にも違いがある。男性は空間構造をそのまま把握するのに対して，女性は建物の微細な特徴をもとに出口までのルートを把握する。例えば廊下のシミとか置き物や壁の色等を記憶しながらルートを把握する傾向がある。ゆえに煙等で見通しが悪くなると，かえって女性の方が迷わないで脱出できることもある。

## 5 危機事態への対処方法

**対処方法**

　危機事態の人間行動には，前節で述べたような特徴がある。ただ危機事態はさまざまである。災害の種類（航空機事故，高層ビル火災，病院火災）も災害の程度も脱出までの余裕時間も，それから人もさまざまである。したがって，対処方法もケース・バイ・ケースであり，一般的かつ具体的提言をすることは難しいが，次のようなことはいえるであろう。

　① 家族や知人が離ればなれにならないように可能な限り接近した場所にいること。

　ガルーダ航空機事故（第9章の第2節参照）で知人や友人や家族等の他者の存在の重要性が明らかになった。すなわち，そのような集団の存在がリーダーシップの発生を促し，パニックの発生を小さくし，相互の助け合いを促したようである。それから親しい人のよびかけでわれに返ったと報告している人もいる。自分の名前をよばれることほど心強いことはないようだ。助ける方も「誰か助けて」と言われる場合よりも「誰々さん助けて」とよばれる方が，切実感を感じるようだ。心には心の主体である主我と，自分を対象として見る客我がある。鏡やカメラは自分を客体視することを促進するといわれている。親しい他者の存在も鏡の作用と同じように，それがあればむき出しの主我だけの状態は避けられるかもしれない。

　② 荷物や靴のようなもち物に執着する傾向が強くなるので，それらの物が容易に取得可能にしておく。

　③ 脱出口が1カ所ではないことを明確に知らせる。

　ガルーダ航空機事故でも利用可能な非常口がすべて利用されてい

るわけではなかった。危険な亀裂からの飛び降りや，1つの出口への集中殺到が生じていた。危機時にはすべての出入口にスタッフが実際に立ち，人々の注意を向けさせることが必要であろう。

④　日常的に指導的立場にある人が危機時でもリーダーシップをとる。

上司はいかなるときでも上司であり，父親はいかなるときでも父親であることを頭の片隅においておくべきかもしれない。部下や家族は，上司や父親がどのような指示を出すか待っている。リーダーシップとして重要なことは第1に，自分がリーダーであることを事故発生の瞬間に集団メンバーにはっきりわかるように行動すべきであろう。「俺がここにいる」でも「落ちつけあわてるな」でも「順番にいけ」でも何でもよい。リーダーが存在することが集団成員に安心感を与えるようである。また集団成員はリーダーに依存的になり，リーダーの指示に忠実に従うような傾向が強くなるので，リーダーは脱出方法や方向に関する明確な情報をもっておく必要がある。リーダーに対する依存性が高まっているときに誤った指示をすれば，悲惨な状態になる可能性がある。ゆえにそのような立場にある人は他の人よりもまして，少なくとも非常口についての情報は事前にしっかりと頭の中に入れておくべきであろう。

⑤　複数のリーダーが協力する。

危機事態では集団成員の同調性や服従性が高まって，1つの脱出口に多数の人が殺到してパニックが生じる可能性がある。踊り場やジャンプしなければならない場所等では，どうしても人の流れが遅くなる。それにもかかわらず，後ろの方から人々が同じ早さで接近すれば押し出されて転倒したり落下したりする人が出てくる可能性がある。そこで，少なくとも集団の前方と後方にそれぞれ1人，合わせて最低でも2人のリーダーがいて，前方のリーダーはできるだけ

速やかに脱出するように指示し，また脱出の手助けをする。後方のリーダーは前方が詰まった状態にあることをメンバーに知らせ，集団の後方の進行速度が遅くなるようにコントロールすべきであろう。

⑥ 警報システムを整備する。

不特定多数の人が集まるデパートや劇場ではパニックの発生が非常に恐れられている。ある大型店舗では，何か異常が生じたときにはまず軍艦マーチを流し，店員だけに異常事態発生を知らせて店員に必要な行動への心構えをさせ，そして状況の如何によっては非常放送の手段に移るという計画が立てられている。またある劇場の火事では「劇場で火事が発生しました。たいしたことはありませんが，とりあえず屋外階段を開けましたから静かに退出してください」といった放送を行っている。塚本（1979）によればこのように情報を過少的に伝え，まず客に落ち着いた行動をとるように仕向けているということである。このように火災発生時の放送や内容については，さまざまな工夫がこらされているところもある。しかし，最も効果的な警報や放送内容や声の調子はいかなるものかということについて，系統だった研究はほとんどなされていない。そうした中にあってロフタス（Loftus, 1979）は避難誘導システムを開発している。ここでは，その中の高層ビルと病院火災の警報システムについて少しふれてみる。

1960〜1970年にかけて建てられたビルは，移動式の壁やプラスチックの家具を備え，またエアコンの効率を上げるために窓を密閉したものが多い。このような中で，いったん火災が発生すれば熱や火炎が急激に広がる可能性が高い。それからビルの収容人数が大きくなったために，火災時の同時避難は危険なものとなった。ロフタスは，1つの集団が避難している間は他の集団は避難を控えるようなシステムをつくることを提言している。それからロフタスは音声

放送システムを開発した。従来ほとんどのビルの火災報知システムは警報ベルが使用されていた。ベルの場合,対処方法に関する情報がないために人々の対応が遅れることになりがちである。音声放送の内容は避難方向や対処方法を含んだ,その場所に最も適切かつ具体的なものであった。

その中で例えば火災発生時のエレベーターの使用方法に関するメッセージがある。現代のエレベーターは危機事態では自動的にロビーへ動くように設計されているものが多い。その場合,エレベーター乗客への速やかなメッセージが必要となる。そこで次のようなメッセージが構成された。

1:「みなさまに申し上げます。」
2:「このビルの管理者はすべてのエレベーターをロビーに移動させました。」
3:「このビルで火災が発生したとの報告がありました。」
4:「新たな情報をお伝えしますので,どうかロビーの方にお進みください。」

これらのメッセージは,何が発生して,どうしてそうなったのか,そしてエレベーターが停止したときどうしたらよいのかということについて正確な情報を伝えている。それからメッセージ2は,ビルの管理者がしっかりと状況を把握しコントロールしているとの印象を与える。メッセージ3は,流言やパニックを生起させないために危機事態という曖昧な言葉を使用せず,はっきりと「火災」といっている。

また場所によって異なったメッセージの必要性も強調している。例えば20階で火災が発生した場合,19階と20階にいる人々に対

しては 18 階に降りるように，また 21 階にいる人に対しては 22 階に上がるよう指示がなされる。火災発生階にいる人に対しては，次のようなメッセージが開発された。

1：「[女性の声] みなさまに申し上げます。みなさまに申し上げます。」
2：「[男性の声] 20 階で火災が発生したとの報告がありました。ただいまこの報告を確認しているところですが，このビルの管理者は階段を通って 18 階に行くように指示しています。18 階でまた指示をお待ちください。どうかエレベーターを使用しないでください。どうかエレベーターを使用しないでください。階段をご利用ください。」

このように重要な内容（階段を利用すること，18 階に行くこと，エレベーターは使用しないこと）は 2 回繰り返された。また日常使われている簡単な言葉が使用された。それから最初は女性の声，次に男性の声で放送するようにしている。これはこれまでの研究により，人々が放送に注意していないときでも，女性から男性への声の変化は気づかれやすいことが明らかにされているからである。そして男性の声でおもな指示を行うのは，危機事態では男性が責任を負うという慣習を考慮したものである。それから，人は一般的な傾向として下に降りようとする。しかし多くの人が狭い階段に殺到すれば，混雑が発生して被害を大きくする可能性が高い。そこで上階に移動するように要請された人々に対しては，標準的なメッセージに加えて"上階は安全である"ということも強調する必要があるとロフタスは述べている。それからロフタスは，病院火災警報システムについても言及している。

病院火災は想像以上に発生件数が多い。たばこの投げ捨てなどの不注意が原因のおもなものである。病院には特殊な問題がある。火災が発生した場合，その情報は医者や看護師やその他の職員には伝えなければならないが，患者に伝われば混乱を引き起こす可能性がある。そこで多くの病院では，火事とその発生場所についての情報を暗号化している。病院によっては「コード赤，4の西」というメッセージを流して職員に4階の西ウイングに火災が発生したことを知らせている。他の色や数のコードは患者の心臓停止，爆弾などの他の危機事態発生を意味する。ただ，キーとなる言葉が明確でなければ職員は混乱してしまう。そこで，誰でもが火事を連想できる言葉を採用することをロフタスはすすめている。例えば「Nurse Braze, four west（ブレーズ看護師さん，4-西です）」というものであった。日本の場合はさしずめ「梶山看護師さん4の西です」ということになろう。

　⑦　誤報効果を防ぐ。

　今出（1975）は1968年の1年間のイギリス消防庁のデータによれば，火災報知器の真実の発報に対する誤報の割合は1：11であったことを報告している。そのために大多数の人は報知器の音を"うるさい"と思いこそすれ，火災を想定しての何らかの対応行動をとるといったことはしない。このように予知情報や警報が空振りに終わった場合，情報に対する人々の信頼感が低下し，そのために，次の警報が無視されがちになる。

　これをブレズニッツ（Breznitz, 1984）は，誤報効果と名づけている。この誤報効果は，地震予知の場合特に深刻な問題になってくる。誤報による社会的・経済的影響はかなり重大なものになることが予想され，これを恐れて当局者は予知情報を出すことをためらいがちとなる。ブレズニッツは，誤報効果を低減するためには，予知情報

を出す以前に行うべき方策（防御的対策）と，誤報となった後に立てるべき対策（復旧対策）があることを指摘し，またそれらについての実験的研究を行っている。防御的対策としては，例えば脅威を取り消すタイミング，すなわち誤報であったと発表するタイミングや，災害発生の確率についての情報等を取り上げている。前者に関していえば，誤報であったと発表するタイミングが早ければ早いほど望ましいとしている。"早い"というのは時期的な早さではなく，予知情報がいくつかの段階に分かれている場合，早い段階での取り消しを指す。例えば注意報，警報，避難命令という3段階の情報がある場合には，注意報の段階での取り消しが望ましいとするものである。というのは誤報効果は恐怖の強さと正の相関があることや，最終段階で予報が取り消された場合，最終段階まで情報の信憑性がなくなることになるからである。注意報の段階で取り消しがなされれば，その段階までしか誤報効果の影響は受けない。

　上述の事柄を検証するために，ブレズニッツは次のような実験を行った。まず実験参加者は2群に分けられ，両群とも警告A，警告B，警告Cが与えられた。警告Cが出された後に強い電気ショックがくるという教示がなされた。一方の群では警告Aの段階（実験開始から3分経過した後）で取り消しがなされたが，もう一方の群では警告C（ここでも同じく実験開始から3分経過した後）の段階で取り消しがなされた。その後，第2試行として両群ともに警告A，警告B，警告Cが与えられ，そして警告Cの段階で再び取り消しがなされた。従属変数は心拍数やGSR（皮膚電気反射）や質問紙に対する実験参加者の回答であった。実験の結果，第1試行の警告Aの段階で警報が取り消された場合の方が，警告Cの段階で取り消された場合よりも第2試行後の誤報効果が小さいことが明らかにされた。そして，それは警報が発せられてから取り消されるまでの

時間の長さとは関係ないことも明らかにされた。

　次にブレズニッツは、警報の確率が誤報効果に与える影響についても検討している。警報の確率はそれが高いほど人々の恐怖を高め、また発災を予想しての対応行動をとらせることになるが、一方、高い確率の警報はそれが誤報になった場合、より大きな誤報効果をもたらすことになる。すなわち高い確率の警報は短期的には警報を出す当局者にとってポジティブな結果をもたらすことが予想されるが、もし誤報であった場合には長期的には逆にネガティブな結果を招くことが予測される。ここにもジレンマが存在する。

　確率に関する研究として、ブレズニッツは5%、50%、100%の3種の警報を設定し、それが誤報効果に与える影響について実験的に検討している。その結果、予想通り、確率が大きくなるほど、警報が空振りに終わった場合の誤報効果が大きくなることが明らかになった。

　以上のような実験結果をもとにして、ブレズニッツは誤報効果を低減する方法として警報の種類をより細分化することを提案している。細分化すればするほど、最終段階の警報を出す可能性がそれだけ少なくなる。ゆえに、最終段階における誤報効果は防げることが考えられる。

　次にブレズニッツは警報が空振りに終わった後に、警報に対する信頼性を再び高めるための復旧対策をも提案している。その第1は、空振りに終わった警報と将来発せられる警報の区別が明確にわかるようにすることである。誤報経験の般化が誤報効果の中核だから、過去の経験が将来の経験に般化しないようにしなければならない。ブレズニッツはそのための1つの方法として、似たような災害、例えばハリケーンに対してイースト・ストーム、サウス・イースト・ストーム、ジューン・ストームのように異なったラベリングをする

ことを提案している。ラベルが多ければ多いほど，同じものが経験される可能性が少なくなり般化が起きにくくなる。

　復旧対策の第2の方法として，警報が空振りに終わった場合，そこに至った経過についてくわしく説明することである。なぜ誤報になったのか，そもそも何をきっかけとして警報が出されたのか，誰に責任があるのか，こういったことについて人々は疑問をもつ。これらの疑問について納得できるような十分な説明がなされる必要がある。普通，誤報は警報システムにおける予測できないノイズによるものである。それが理解されれば人々の不信感や怒りが警報システムそのものに向かわず，それ以外のところに帰属される可能性もある。できれば絶えず災害に関する情報を流すことが望ましいかもしれないが，事後説明を十分行うことによっても警報システムに対する信頼感を回復することが可能であるとブレズニッツは考えている。

　誤報効果を低減するための方法として，以上述べた方法のほかにも数多くの方法をブレズニッツは提案しているが，その中で彼は，危険の種類によっては誤報がかえってその後の警報に対する人々の信頼性を強めることもありうることを述べている。その危険とは"皮肉な危険"(cynical danger)とよばれるものである。それは例えば戦闘時の危険のようなものである。戦闘の場合，一方の軍隊は敵の軍隊の防衛線が薄い箇所やあるいは油断しているときをねらって攻撃をしかけることが多い。よって何月何日，どこで敵襲があるという情報がもたらされれば，そこで戦闘体勢を整えるということになる。その後この情報が空振りに終わった場合，迎撃体勢を整えていた方の軍隊は「われわれの戦闘体勢を察知して敵は攻撃を差し控えたのだ」といった解釈を行うのである。この場合，誤報による警報に対する信頼性の低下は起こらず，逆に高くなる。皮肉な危険と

はこのように人々の対応行動によって影響を受ける可能性がある危険である。

　一方,自然災害の多くは"純真な危険"(naive danger)とよばれるもので,この場合は人々の対応行動がいかに完全であろうと,それとは関係なく襲ってくるものである。しかし自然災害の場合も人々の解釈如何によってはそれが"皮肉な危険"にもなりうる。例えば巨大地震発生を唱える新興宗教の教祖の託宣を信じる人々は,たとえ地震が発生しなかったとしても容易に信仰を捨てようとはしない。逆に自分たちの祈りが天に通じて地震が起こらなかったと解釈するのである。この場合,予言があたらなくても信頼性は低下しない。このような現象も誤報効果の低減に参考になると考えられる。

**対応にひそむパラドックス**

　以上,危機事態での混乱を防ぎ,合理的な行動を促進するためのいくつかの対応策を述べてきた。このような対応策を実行すればフェイル・セーフとフール・プルーフにつながるであろう。フェイル・セーフ(間違っても安全なように)はシステムの一部に故障があった場合でも,常に安全状態に向かうように設計することを意味する。それに対してフール・プルーフ(間違わないように)は,ミスを起こさないようにシステムを設計するということである。これは災害やリスクに対する対応策としては基本的な原則であるが,これが完全なものに近づけば近づくほど別の問題が出てくることも考えられる。すなわちシステム設計が完全であればあるほど(あるいは人々が完全なものであると思い込めば思い込むほど),そのようなシステムは硬直化してしまう可能性もある。そしてそれが現実にそぐわなくなり,別のもっと効率的な解決方法があっても気づかなかったり,それを取り入れることが難しくなる。すなわちいったん解決の枠組

**表8-1 ルーチンスの水瓶問題**

| 問題 | 与えられた桝 | | | 汲むべき量 | 回答 |
|---|---|---|---|---|---|
| | a | b | c | d | e |
| 1 | 21 | 127 | 3 | 100 | |
| 2 | 14 | 163 | 25 | 99 | |
| 3 | 18 | 43 | 10 | 5 | |
| 4 | 9 | 42 | 6 | 21 | |
| 5 | 20 | 59 | 4 | 31 | |
| 6 | 26 | 55 | 3 | 23 | |
| 7 | 23 | 61 | 5 | 28 | |
| 8 | 21 | 53 | 11 | 10 | |
| 9 | 25 | 92 | 14 | 39 | |

(出典) Luchins, 1942.

み(シェマ)ができて,過去それで何とかやっていけていけるということを経験(成功体験)すれば,それにこだわり,硬直化して新しい事態に柔軟に対応できなくなることも考えられる。例えば訓練で想定していた事態と現実が少しでも異なると,立ち往生ということになりかねない。

表8-1はルーチンス(Luchins, 1942)の水瓶問題である。a,b,cという桝を使って,dの量だけを汲み上げるのが課題である。例えば問題1ではb−a−2cが正解である。この方法で問題9まですべて解決可能である。しかしよく見れば,問題6はa−cでも正解であり,問題7はa+cでも正解である。すなわち上から順に回答していった場合,途中から以前より効率的な解決方法が使用できるのである。しかし時間的なプレッシャーがかかっていたりすると,効率的な解法に気づきにくくなるのである。要するに訓練や対策がなされればなされるほど,危機事態では過去の方法にこだわって逆効果になるというパラドックスの存在も考えられる。

それから，また別の側面で，そのような対策が逆効果となる可能性も考えられる。リスク管理においては，「二重三重の安全対策」が大切であるといわれている。しかし，そのような対策により，それに関わる人が無意識に「自分だけいい加減でも他の人がいるから大丈夫」と思ってしまう可能性もある。御神輿を10人でかつぐ場合，一所懸命支えているのは2人，ぶら下がっているのが2人，後の6人はただかついでいるふりをしているといわれる。安全対策というのは考えようによっては責任の分散を図る対策とも考えられる。ゆえに防災担当者や責任者はこのようなパラドックスがあることも念頭に入れて，安全対策やシステム設計を行わなければならない。また啓蒙活動を行う際は，このようなパラドックスがあることを伝える方が望ましい。

# 第9章 危機事態の行動の実証的研究

## *1* 流体力学的研究──コンピュータ・シミュレーション

　危機事態における人の行動傾向をモデル化して，そのモデルに従って個々人や集団全体の挙動を観察するシミュレーション研究がなされている。例えばヘルビングら（Helbing et al., 2000）は行動を次のようにモデル化した。
① 普段よりもかなり早く動く。また動こうとする。
② 押し合いを始めれば相互作用は物理的法則に従う。
③ 多数が隘路を通る際には混雑が生じる。
④ 出口では，アーチ状や目詰まりが観察される。
⑤ 混雑は積み上がっていく。
⑥ 混雑した群集の身体的相互作用は危険な圧力水準（4450 N/m）まで達する。これは鋼鉄の柵を曲げたり，レンガ壁を破壊するレベルである。
⑦ "障害物"となる死傷者によって，脱出がさらに遅くなる。
⑧ 他の人々に追随するといった群集行動をする。
⑨ 代わりの出口が見落とされる。あるいは効果的に用いられない。

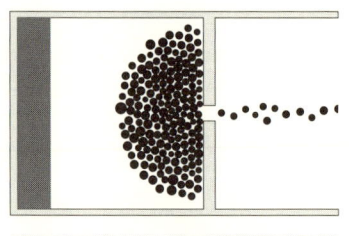

図9-1　隘路からの脱出シミュレーションの様子

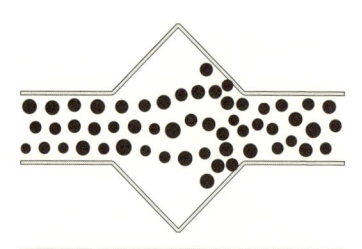

図9-2　通路を通過する群集流の乱れに関するシミュレーションの様子

　図9-1は，出口が1つしかない部屋で200人が背後から迫り来る炎に押し出されるように脱出している状況のひとコマである。脱出しようという動機づけを横軸にとり，縦軸に脱出所要時間をとってプロットすると，U字曲線になることが明らかになった。すなわち人々の動機づけが高くなりすぎると，脱出成功率が低下したのである。図9-1のような危機事態では人々が出口に殺到して，アーチ構造ができる。その構造が後ろからの圧力で崩壊すれば，その瞬間に数人の人が脱出できるが，すぐにまたアーチ構造が形成されてしまう。このようになればスムーズな脱出ができなくなる。

　図9-2は途中が膨らんでいる廊下を群集が左から右に向かって移動している様子を示したものである。膨らみがなければスムーズな流れになるが，このように膨らみがあれば，空きスペースを利用して前の人を追い越そうとする者が出現し，これが流れを乱してしまう。廊下を設計する際にはこのようなシミュレーションが参考になる。

　図9-3は出口が2カ所ある部屋から群集が脱出する様子を示したものである。ここでは人々の同調傾向が高い場合，中程度の場合，低い場合を設定してシミュレーションを行っている。その結果，最も短時間で全員が脱出できたのは同調傾向が中程度の場合であった。

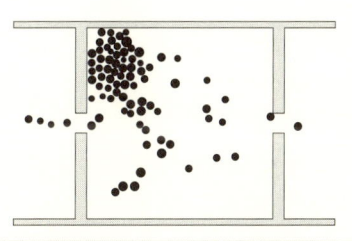

図9-3 他者に対する同調傾向の強さと脱出効率に関するシミュレーションの様子

危機事態では他者にむやみに追従すべきではないし，他者にかまわず自分だけで勝手に行動するのも問題があり，結局最も適切な行動は「ほどほど」に他者に追従することであろう。中庸の徳がここでも大切なのである。

## 2 面接・質問紙研究——航空機事故の分析

1996年6月13日12時8分頃，インドネシアのガルーダ航空機865便は福岡空港離陸失敗事故を起こした。同機は離陸滑走を開始直後，エンジン・トラブルが発生した。機長は緊急停止操作を行い，そのために機体は滑走路を逸脱し，飛行場南側の県道を越え空港管理用地内で擱坐大破し炎上した（図9-4）。また機体から脱落したエンジン，左右主脚その他の機体破片等が広範囲にわたり散乱していた（運輸省事故調査委員会）。この事故では乗員乗客合わせて275人中，乗客3人が死亡し，その他多数の人（99名）が負傷した。本事例は異常な危機事態で，2〜3分で脱出しなければ確実に死に至る事態であった。

被災者の証言から，事故発生直後，機内が激しく損壊したことがわかる。ただ機内前方3分の1程度は破損の程度が少なかったよう

**図9-4　ガルーダ航空機炎上の様子**
（出典）　共同通信社。

である。しかしそれより後方では天井が落下したり，荷物や座席が飛んだり，足下からバーナーのように火が吹き付けてきたり，黒煙で1m先も見えなくなり，また呼吸も困難になったようである。特に最後部では機体が折れ非常口へ向けて上り坂になっていたり，壁や天井にまわりをふさがれたりして脱出も難しかったことがうかがえる。死者が出たのも最後部である。筆者は，260人の乗客のうち219人にアンケートならびに電話によるインタビューを実施した。調査時期は1996年6月17日から7月14日まであった。

　分析の結果，次のことが明らかになった（Kugihara, 2005）。その第1は，機体損壊が激しかった後方領域ほど家族や同僚や友人からの援助を受けた割合が高かったことである。後方領域の乗客の具体的証言としては，次のようなものがある。

　「前方の出口に座席の上を進み，あわてて降りたとたんに左足が座席の間にはさまれて身動きが出来なかった。人々に押されて

倒れた。踏み倒されると思い，必死で座席の端にしがみついていた。ちょうど友人の顔が見えたので，はずしてと頼みはずしてもらった。」

「妻・子供・親・兄弟の声に励まされた。」

「子どもの泣き声に気づいてくれたのか，後方の非常口付近におられたTさん（知人）が，子どもを先に渡してと声をかけてくれた。子どもをお願いしますと言った。夫が私から子どもを受け取りTさんに手渡そうとしたとき足下が悪く亀裂の方にずるずると滑り落ちそうになった。私はあわてて夫の腕を引っ張りあげ子どもを受け取り，Tさんにもう一度お願いしますと言って私ごと引っ張りあげてもらった。」

第2は，後方領域の方がリーダーシップを発揮する人が発生する割合が高かったことである。そのリーダーはほとんど社会的地位が高い（会社の経営者や専務，医者等）男性16名であった。証言として次のようなものがあった。

「荷物はいいから早く逃げなさいと自分が会社の部下に声をかけた。爆発するかもしれないから早く機体から遠ざかるように言った。」

「すごい悲鳴が聞こえていたが，一方後ろの方で若い男性の声で，落ち着いて！ 大丈夫だ！ などの大声が聞こえていた。それでこちらの気持ちも落ち着いた。ああいうのを天の声というのかもしれない。」

「機体が止まってから，ベルトを外せ！ 出るぞ！ 出るから落ち着け！ 火が入ってきたぞ急げ！ と言った。自分が出した声にまわりの人が反応した。」

第9章　危機事態の行動の実証的研究

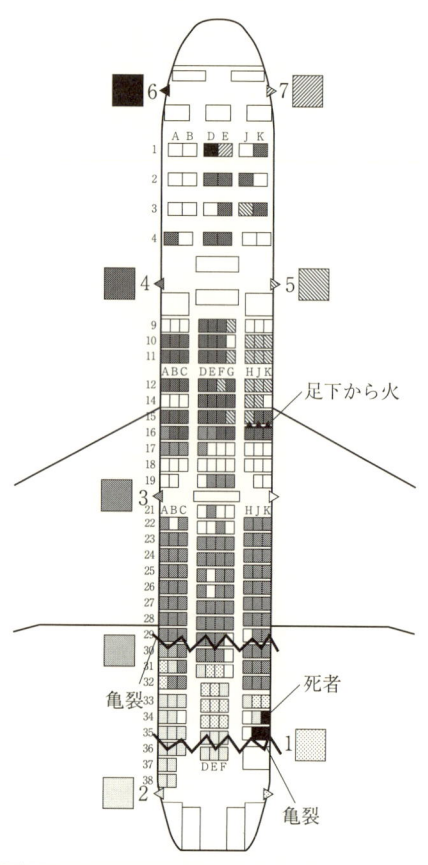

**図 9-5　乗客の座席位置と脱出口の選択**

　第 3 は，図 9-5 に示しているように，左主翼上の機体中央付近の非常口（図の 3 の出口）から 120 名以上の人が脱出したため，この出口付近で激しい混雑が生じたことである。ここでは密度が高くなり，他者に対する同調や追従の発生があった。次のような証言があった。

「よくわからないが，前の人が行く方向について行き，前の人の背中だけを見た。通路まで行くと，もう人の波ができていたので，それに押されて進んだ。」

「通路に出てからは人の混乱に紛れて，後ろの人に押されて非常口から外へ出た。」

「右後方を見ると1人2人裂け目の方に向かっているのを見て自分もその方に行って飛び降りた。」

上述の結果から，第8章で述べた理性モデルと非理性モデルを比較すれば，理性モデルの妥当性が相対的に高いように思われる。その理由は危険状況では日常の絆がバラバラに壊れて，人々が我先に逃げるというのではなく，危険の程度が高い方がより日常の役割（リーダーシップ）や絆（援助行動）が顕在化したことによる。ただし密度が高い状況では，被災者は自分は理性的であるが，他者は非理性的な行動をしたと知覚する傾向があることも明らかになった。また上述の第3の結果から，危険知覚よりも密度の高さの方が群集の混乱に影響することも示された。このことから物理的危機は人々の理性性をかえって高めるが，他者の存在によってもたらされた危機，人間による危機は混雑や盲目的追従，つまり非理性性を高めることが示唆された。

## 3 野外実験

**群集の遭遇・衝突実験**

人々が集団で避難する場合に懸念されることは群集事故である。避難場面など，早急な移動を要求される場面においては，異なる方

(a) 対向　　　(b) 交差　　　(c) 合流

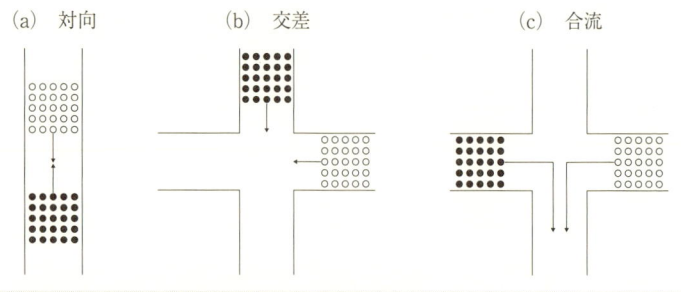

**図9-6　3種類の群集遭遇パターン（対向・交差・合流）**

向から来る高密度の集団同士の接触が起こることが予想される。群集は年齢層がまちまちであることが多く，子どもや高齢者のような社会的弱者が含まれている。このような社会的弱者が，集団の歩行にどのように影響するのかを知ることは必要である。

そこで釘原（2003, 2004）は擬似高齢者が含まれている密集している2つの集団（それぞれ25名）が速く歩きながら遭遇し離合する状況を構成し，実験的研究を試みた。この研究では第1に対向，交差，合流の3条件を設定した（図9-6）。対向条件とは2つの集団が互いに正面から遭遇し離合する条件である。交差条件は集団が90度の角度で交差する条件である。合流条件は2つの集団が途中で合流し，合流後は同じ方向に進行する条件である。

第2の実験条件は，高齢者体験セット（図9-7）を装着した擬似高齢者の数である。擬似高齢者体験セットは，視覚が低下するゴーグル，右肘と右膝の関節の動きが鈍くなるサポーター，耳栓，右手首と右足首につけるおもりからなる。ただし実験では，試行の指示が聞こえずうまく実験が行われないことが考えられたので，耳栓は装着させなかった。擬似高齢者の数は1つの集団に0人，5人，11人の3条件を設定した。さらに第3の条件としてスタート時の集団の配置を5×5の正方形にして，擬似高齢者も含めて指定された配

置に整列してもらう整列条件と，定められた空間内でランダムに集まってもらう非整列条件の2条件を設定した。試行ごとに集団成員の移動角度（歩行の方向の不安定さ）や移動距離を算出し，それらが遭遇の条件，擬似高齢者の数，整列条件とどのような関係があるかを調べた。

実験参加者は男子大学生50人であった。道幅は3.5 mとした。これは1人の肩幅を70 cmとして，5名の実験参加者が隙間なく並んだときの幅である。実験参加者の装備としては転倒事故に備えるためにヘルメット（集団を識別するために赤と灰色のものを使用）と膝，肘，手のプロテクターを装着した。

**図9-7 高齢者体験セット（中学生以上）**

（ラベル：特殊メガネ、ヘッドフォン型耳栓、肘サポーター、チョッキ（ポケットにおもり）、手首おもり、手袋とサポーター、膝サポーター、杖、足首おもり、靴型サポーター）

遭遇条件3通り，擬似高齢者の数3通り，整列条件2通りの計3×3×2の18通りの試行を各3回ずつ行い，計54回の試行を行った。実験の様子は近くの建物の屋上（高さ35 m）から撮影した（図9-8）。実験参加者には次のような教示が与えられた。

- 「スタート」の合図で歩き出し，ゴールまで歩く。
- この実験は2つのグループのタイムを競うものであり，全員がより速くゴールした方が勝ちである。
- けっして走ってはならない。
- 接触が予想されるが極力避けること。
- あらかじめ決められた道幅の中を超えてはならない。
- 実験中の私語は禁止。

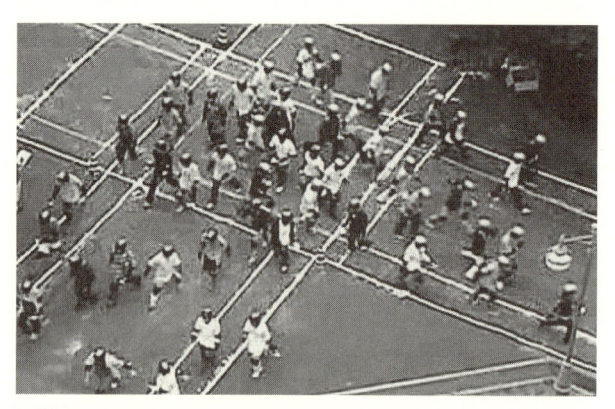

図9-8 地上35mから眺めた実験の様子

・ゴールしても合図があるまでそのままの勢いで進んでもらう。

上記2番目の教示を実験参加者に与えた理由としては,「なるべく速く歩く」という条件を与えるよりも,チーム同士の競争意識を与えることが実験参加者に効果的に「速く歩く」という意識をもたせることができると考えたためである。

実験の結果,遭遇の種類で移動速度が異なり,合流が最も速く,交差,対向の順に遅くなることがわかった。そして当然のことながら,擬似高齢者が多いほど集団全体の速度が低下した。さらにどの遭遇条件でも擬似高齢者が多いほど速度は低下するが,合流条件が最も擬似高齢者の数の影響を受ける(速度が低下する)ことがわかった。また,擬似高齢者が多いほど,集団全体の歩行方向が不安定になり,ジグザグに進行する程度が高くなった。そして歩行方向に関しては,交差条件が最も擬似高齢者の数の影響を受けることがわかった。この結果は,離合が困難な遭遇条件ほど擬似高齢者の影響を受けやすいことを示している。このように,歩行の困難さは遭遇条件や擬似高齢者の数と関係があることがわかった。特に,擬似高齢

者が多くなると移動流の構造化ができにくく、歩行が困難になることが明らかになった。その理由は、健常者が擬似高齢者を追い越そうとしたり、前に進むことの妨げになったりして、擬似高齢者の周囲で滞留が生じることによる。避難場面などで、高齢者を含む集団を円滑に誘導するには特別な注意が必要だと思われる。

## 群集誘導法に関する野外実験

福岡の地下街の一画で避難訓練の際に実験が行われた。ここでは指差誘導法と吸着誘導法の比較検討がなされた（杉万・三隅、1984）。指差誘導法とは、誘導者が「出口はあちらです。あちらに逃げてください」と大声で叫ぶとともに、上半身全体を使って出口の方向を指し示し、誘導者自身も出口へ移動するものである。

それに対して吸着誘導法では、誘導者は、自分のごく近辺にいる1名ないし2名の少数の避難者に対して、「自分についてきてください」と働きかけ、自分が働きかけた少数の避難者を実際に引きつれて避難するものである。したがって、この誘導法においては誘導者が出口の方向を告げたり、多数の避難者に対して大声で働きかけることはしない。

図9-9に示されているように、実験が行われた地下街の通路の長さは75m、幅は8mであった。また図中の黒丸で示す避難者42名を点線で囲まれたように5群に分けて配置した。避難者の構成は20歳代ないし30歳代の男性であった。実験では、避難者に対して「普段、買物をしているようにぶらぶらしていてください。訓練が開始されたら誘導者が指示する通りに行動してください」という教示が与えられた。図中、三角形で表される誘導者8名は、所定の位置で待機するようにしていた。白抜き三角形▷で示す誘導者4名は、指差誘導法により南側出口へ誘導、黒塗りの三角形◀で示す残りの

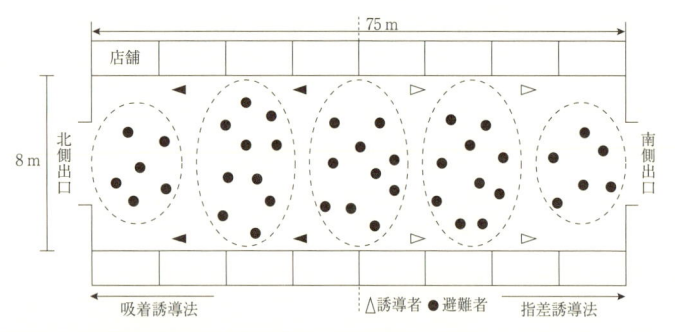

図9-9 実験開始時における避難者および誘導者の配置

4名は吸着誘導法により北側出口へ誘導した。どちらの条件も男子2名，女子2名でいずれも20歳代である。

実験の結果，吸着誘導法の方がより短時間に多くの避難者を誘導することが見出された。これは誘導者が人を引きつけて小集団の核となり，この集団がさらにまわりの人を引きつけるという小集団の波及効果によって，多数の人々が迅速に誘導されたと考えられる。

## 4 実験室実験

釘原（2006）は，下記のような条件がすべてそろえばパニックになる可能性が高くなると考えた。第1はある程度の危機の存在，第2は逃走する以外に適切な対処手段がない状況，第3は時間が切迫していて脱出可能性が低下している状況，第4は逃走に際して他者と競合する状況の4つの条件である。火災のような物理的危機の場合は，これに加えていくつかの副次的条件，例えば人々の過剰な集中と混雑，混雑や騒音や煙による知覚能力の低下，不正確な警報の発令や遅れ，不適切な誘導などが挙げられる。ただし，経済パニッ

クと災害時のパニックに共通する条件は上記 4 条件である。この 4 条件が不安定な報酬構造を形成する。これは他者の行動如何によってポジティブな報酬構造（例えば脱出可能な事態）からネガティブな構造（脱出不可能な事態）へ容易に転換してしまうような事態である。

　2006 年 1 月 18 日に起きた事件はこの 4 条件がそろえば容易にパニックになることを示している。東京証券取引所は，ライブドアの家宅捜索をきっかけとした株の売り注文 730 万件が殺到して処理能力の限界を超えそうになり，売買停止に追い込まれた。株価も前日に比べて一時 746 円も低下してしまった。ライブドア株の取引数は全体の取引数の中では微々たるものであるが，それが一挙に広がり株価全体の下落を引き起こした。谷垣財務相は「狼狽売りの面もあり冷静な対応を」とのよびかけを行った。この事件は上記 4 つの条件をすべて満たしている。金銭を失うという危機，売る以外に方法がない状況，株価は時間が経つに従ってますます低下し，ぐずぐずしていれば紙切れになってしまう可能性，多数の投資家が売るために殺到している状況である。

　釘原（1995）は，上述のような条件がそろった状況を実験的に設定することを試みた。そして，このような状況のもとでの人々の間の競合，攻撃，譲歩，追従や脱出等の諸現象を検討した。

## 危機事態における人間行動を研究するための方法ならびに実験装置

　危機事態の人間行動を研究する方法としては，事後調査研究をはじめとしてさまざまな研究方法が存在するが，それぞれ長所と短所があり，いずれの研究方法が最も優れているとはいえない。例えば，インタビューやアンケート調査による方法は，実際にパニックや災害を体験した人の認知や感情状態について直接問いかけるわけで，その意味ではパニック研究の方法としては第 1 に挙げられるもので

ある。しかしこの方法に対しても，重要な要因を容易に同定できないとか，定量的な結果を十分に得られないとか，方法論上の厳密性が欠如しているとかいったさまざまな批判がなされている。例えば事後インタビューの場合，記憶や認知の歪みもさることながら，面接者が期待している方向や社会的に望ましい方向，あるいは自身をよりよく見せるような方向に被面接者が回答することが考えられる。人によっては，ある事件に関心をもっていた場合，実際には事件が発生した場所にいなくても，あたかもそれを目撃したごとく語ることや，あるいはそう思い込む場合さえある (Buckhout, 1983)。また悲惨さをことさら誇張するようなこともある。

　実験的研究に対しても，「生命が脅かされ極限的ストレスに人々がさらされている実際の状況と実験事態とはあまりにもかけ離れている」という批判がなされる。すなわち現実場面の実証的基盤が欠落しているという批判がある。この批判は言葉を変えれば，状況に対する自我関与の程度の差に言及したものであるとも考えられる。

　釘原（1995）は複数の人間間の利害が対立し，競争・葛藤・混乱・追従行動等が発生するようないわば一種の実験ゲーム的状況を設定した。ゲーム的課題は一般に人々を夢中にさせ，その状況にかなり自我関与させる性質をもっている。コンピュータ・ゲームが今日のように普及しているのも，そのような人間の性質の一面を表しているものと考えられる。さらに実験を行う際には，視聴覚両面の感覚遮断や電撃による脅し等の手続きを用いることにより，恐怖や不安を高めるような操作を行った。このような状況において，実験参加者がかなりのストレスを体験していることは，実験参加者の実験中の表情や反応や実験後のインタビューの結果からもわかる。

　筆者は以下に述べる3種類の状況を実験的に設定した。まず第1のタイプは隘路状況をシミュレートするものである（釘原ら, 1980）。

これは，危機的場面から複数の人間が短時間で脱出しなければならないが，脱出口は1つ，ないしはごく少数しか存在せず，しかも多数の人間が同時に通り抜けることが不可能な状況を設定するものである。また実験参加者には脱出，攻撃，譲歩という3つの行動オプションが与えられている。この装置では混雑発生の度合い，攻撃や譲歩反応発生頻数が分析される。第2のタイプは複数のコンピュータを連結したシステムを用いて，集合成員が同時に，立体的3次元空間迷路の中を脱出する状況を設定するものである（釘原・三隅，1984)。迷路の中で各実験参加者は，他者と遭遇したり衝突したりしながら迷路の中を移動することになる。第3のタイプは複数の脱出口が存在し，また複数の実験参加者にそれぞれ他の実験参加者の脱出口選択反応の様子をフィードバックするものである（釘原，1985)。ここで使用する装置はクラッチフィールド（Crutchfield, 1955)・タイプの同調行動分析装置（後掲の図9-18参照）のように，実験者がフィードバックを操作することが可能である。この装置により，複数の出口に対する複数の実験参加者の集合および離散の様子を時系列的にとらえることができる。以下では，それら3つの実験を順に解説する。

**隘路状況設定実験**

① ミンツの装置

パニック行動や危機事態における集合行動に関する従来の実験的研究といえばミンツ（Mintz, 1951）の実験が有名である。ミンツは複数の実験参加者たち（15〜21名）が瓶の中から，糸に結びつけられた円錘体を取り出すという実験課題を設定した。ただし瓶の口が狭いために，円錘体を同時に2個以上取り出すことはできないようになっていた。そのために，複数の実験参加者が同時に取り出そ

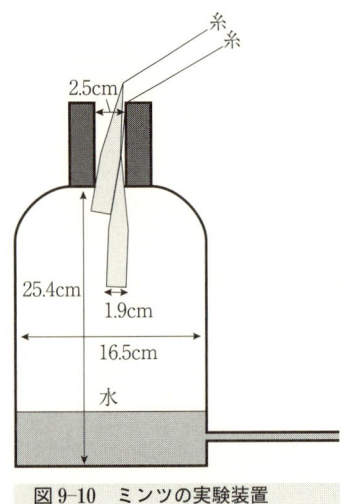

とした場合，出口が閉塞状態となる。すなわち混雑（jam）が生じる。また，瓶の下方からは水が少しずつ注入された。実験参加者に与えられた課題は，自分の円錐体が水に触れる以前に，それを取り出すというものであった。図 9-10 はミンツの装置である。

この装置がパニックの実験的研究の基本的モデルとなった。そしてそれ以後もこれとほぼ同じタイプの装置を用いた研究が行われている（佐藤・釘原，1983）。これを筆者らは電子装置で置き換えた（釘原ら，1980）。

**図 9-10 ミンツの実験装置**

② 実験装置と実験手続き

図 9-11 は実験装置の配置図である。実験室にはＡからＩまでの 9 つのブースがおかれた。各ブースの机上には脱出，攻撃，譲歩の 3 つのボタンと発光ダイオードのカウンターがついたボックスがおかれた。またそこには，ヘッドフォンおよび電気ショックを与えるための電極も用意された。全実験参加者の前面約 2.5ｍ先には，赤，黄，青のパイロットランプがそれぞれ 9 個，計 27 個取り付けられているパネルがおかれた。このパネルは，すべての実験参加者から見えるように配置された。

実験が開始されると同時に，前面パネル上の赤ランプがいっせいに点灯する。このランプは危機状態（電気ショック発生装置からの電撃）接近を示す信号である。この合図とともに実験参加者は脱出ボ

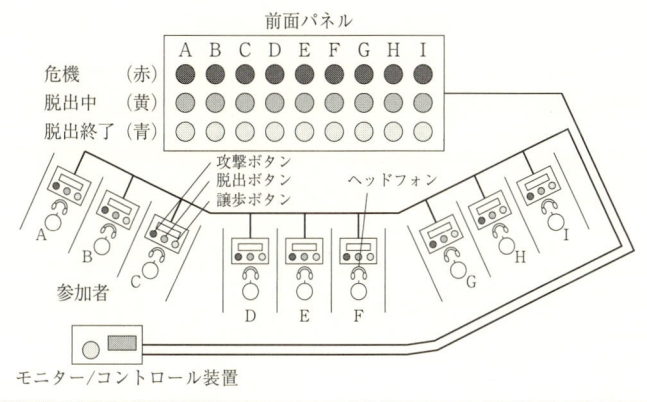

**図9-11 隘路状況設定実験装置**

タンの打叩（脱出反応）を開始する。脱出反応が試みられると前面パネル上の赤ランプが消えて黄ランプ（脱出反応信号）が点灯する。同時に，実験参加者の机上におかれたカウンターが脱出ボタンの打叩回数を示す。これにより実験参加者は出口までの距離を知ることができる。

　ただし，ある実験参加者が脱出ボタンの打叩を行っているとき，他の実験参加者が1人でも脱出ボタンの打叩をし始めると当人はもとより，全実験参加者のカウンターはストップし，脱出ボタンをいくら押しても数字を刻まなくなる。すなわち，混雑状態となる。この状態になると4.5 kHzの信号音がヘッドフォンを通して鳴り始める。この状態が続く限り，誰1人脱出できないことになる。したがって実験参加者は攻撃か譲歩の混雑解消手段をとることになる。攻撃ボタンがある実験参加者によって押された場合，当人以外の他のすべての実験参加者のカウンターの数値がゼロに戻ってしまう。すなわち，出口から最も遠い最初の出発点に押し戻されたことになる。また前面パネルの黄ランプが再び赤に変わる。もちろん，複数の実

験参加者がお互いに攻撃ボタンを押した場合，お互いのカウンターがゼロとなる。一方譲歩ボタンが押された場合には，攻撃ボタンの機能とは逆に，譲歩ボタンを押した当人のみが出発点（カウンター数値がゼロ）に戻ることになる。また前面パネルの黄ランプが赤に戻り，他者が優先できるような状態になる。

このように混雑が発生した場合，攻撃や譲歩をすることによって，それを解消しながらカウンターが100を示すまで脱出ボタンの打叩を続けることができれば，脱出に成功したことになる。脱出に成功すれば前面パネルの青ランプが点灯する。

実験参加者には次のような教示を行った。「本研究はパニックの研究であります。制限時間内に，1つしかない出口から脱出しないと電気ショックが与えられます。しかし，その出口は同時に複数の人が通り抜けることは不可能であり，1人ずつしか脱出できないのです」。ここで，実験参加者に実験参加についての了解を得た後，実験参加者の左手人差し指と中指に電気ショックの電極が着けられた。さらに，電気ショックが来るという真実性を増すために80 VPPmax, 25 Hzのサンプルの電気ショックが与えられた（図9-12）。そして次の教示を行った。「もし制限時間内に脱出しそこなうと，このような電気ショックの5倍の強さのショックが来ますから覚悟してください。ただし，けっして気絶したり死んだりすることはありません」。このような教示を行った後，実験参加者にかなり大きなザーッというホワイトノイズ（white noise）が常時発生しているヘッドフォンをつけた。

実験開始とともに実験室内は暗室となる。したがって実験参加者は装置から発生する夜光塗料とパイロットランプ，ならびに発光ダイオード等から出るわずかな光を除いては他には何も見えない状態におかれた（図9-13）。

図 9-12 電気ショック発生装置とモニター装置

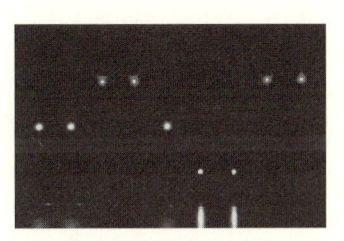

図 9-13 実験中の前面パネル

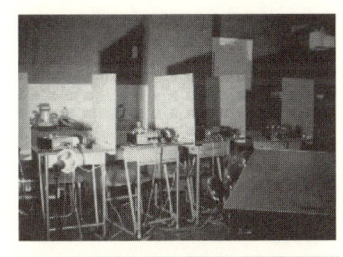

図 9-14 前面パネルの位置から見た実験装置の一部

図 9-15 実験参加者の位置から見た前面パネル

図 9-14 は前面パネルの位置から見た実験装置の一部，図 9-15 は実験参加者の位置から見た前面パネルの様子である。

## 迷路状況

① 迷路状況とは

2つ目の実験は，迷路状の曲がりくねった通路を，個人あるいは複数の人が避難する場合を設定したものである。危機事態における迷路脱出実験は，これまで松井ら（1982）や山本（1984）によってなされている。松井らは実際にベニヤ板などで迷路を作成している。一方，山本らはコンピュータ・グラフィクスを用いた実験を行っている。本装置の特徴は，従来の実験にはない複数の人の集合による同時脱出が可能な点である。

第9章 危機事態の行動の実証的研究

② 実験装置と実験手続き

　実験室には6つのブースがおかれた。各ブースの机上には，コンピュータ（子機）とディスプレイがおかれた。コンピュータは円状に連結された。また机上には，1本のスティックと1個のボタンがついたジョイスティック（コンピュータに連結されている）も用意された。実験参加者はジョイスティックを操作することによって——スティックを意図する方向に倒すことによって意図する方向に転換が可能であり，前進する際にはボタンの連続打叩を行う。7回の打叩で1歩（1ブロック）前進する——迷路の中を前後左右に移動することが可能であり，移動および方向転換に伴ってディスプレイ上の迷路の立体的線画（壁や廊下）が変化する。また集合脱出条件の場合，ある実験参加者の視野の中に他の実験参加者が存在しているときには，その他者が着色された縦長の棒形状のものでディスプレイ上に表示された。他者と実験参加者の距離によって"棒"（図9-16中の1が指し示しているもの）の長さが変化した。すなわち，接近すれば長くなり遠ざかれば短くなる。さらに実験参加者の移動方向に対する他者の移動方向を表示するため，棒に"矢印"（図9-16中の2が指し示しているもの）がつけられた。実験参加者と他者が同方向を向いている場合には上向き，向かい合っている場合には下向き，実験参加者に対して他者が右方向に移動している場合には右向き，左方向に移動している場合には左向きの矢印が表示された。ただし他者が壁の向こうにいる場合や，実験参加者の前方以外の方向に存在する場合には，他者は表示されなかった。あくまでも実験参加者の視野の中に入った他者のみが表示されたのである。集団脱出条件では6人グループのために"棒"は5本存在し，それぞれ異なった色で着色されていた。したがって実験参加者は他者を色によって識別できる。図9-17は迷路の鳥瞰図，図9-16は実験参加者が実際目

Other is just behind you.

図9-16　実験参加者が目にする
　　　　ディスプレイ画面

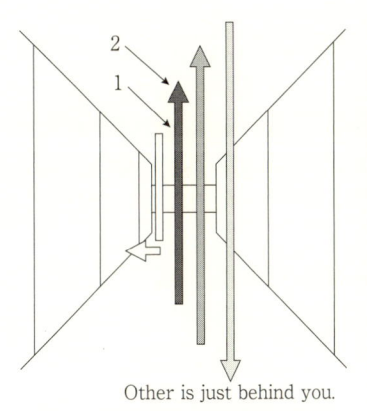

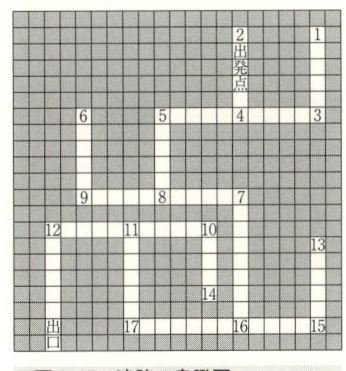

図9-17　迷路の鳥瞰図

にするディスプレイ画面の一例である。

　また迷路の道幅が狭いために，前方に他者がいる場合にはその他者を追い越して進むことはできない。つまり，直前と直後に他者がいてその間に挟まれた場合はサンドイッチ状態になり，どちらかが動かない限り前方にも後方にも動けないという状況が出現する。すなわち渋滞が生じる。このように前後に人がいる場合，脱出ボタンの打叩は無効であった。さらに，直後に他者が存在する場合には，"Other is just behind you."という文章がディスプレイ画面の下方に表示された。したがって，後方から他者に迫られている場合には，この表示が頻繁に出現するのである。

　すれ違うことも不可能であった。すれ違う前に衝突して停止してしまう。その場合，どちらか一方が来た道を引き返さなければ，両方とも停止したままで時間のみが経過することになる。

　集団脱出条件では，実験参加者はこのように渋滞に巻き込まれたり，あるいは他者との衝突を繰り返しながら出口に向かって進行するのである。恐怖条件では，この実験が危機事態（火災や地震等）

からの避難・脱出を想定しているとの説明を行い，実際場面の被害に対応するものとして電気ショックを与えるとの教示を行った。
時間経過はヘッドフォンを通じて，純音矩形波の音の変化（漸次高くなる）によって知らされた。実験は暗室で行われた。実験が終わった後に実験内容のくわしい説明をして，さらに実験参加者の迷路内の動きをディスプレイ上に再現して見せた。

**複数の出口がある状況**

① 複数の出口がある状況とは

3つ目の実験は，複数の出口を求めて人々が右往左往するような状況を設定するものである。危機事態では，1人の行動様式（例えば脱出口の選択）が他者の同様な行動様式を誘発しやすくなるものと考えられる。すなわち危機事態では，群集を構成している各成員の同調傾向が高まりやすいと考えられる。同調行動についてはこれまでかなりの研究が積み重ねられているが，しかし危機事態の脱出行動を対象として，それを時系列的に分析した研究は行われていなかった。

② 実験装置と実験手続き

図9-18は実験室内の装置の配置図である。図のように，実験室には5個のブースがおかれた。各ブースの中には，5個のボタン（図の1；1つのボタンが1つの出口や脱出ルートに対応する）と，他者の脱出ルート選択の様子を提示するためのランプ（図の2）が組み込まれているクラッチフィールド・タイプの同調行動分析装置がおかれた。また赤（図の4）と青（図の5）のランプが組み込まれた装置（赤は危機，青は脱出成功を示す），さらにはヘッドフォン（図の3）と電撃用の電極（実験参加者にサンプル・ショックを与えるためのもの）が用意された。

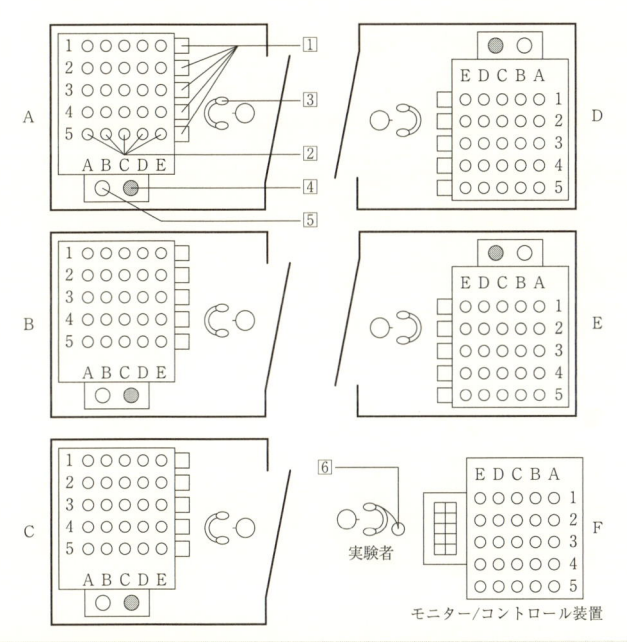

**図 9-18 同調行動分析装置**

　実験参加者はまず，互いに完全に遮断されるような箱形のブースに入れられた（図 9-19）。実験参加者がブースに入った後，次のような教示がマイク（図の⑥）を通して与えられた。「本研究は人々が危険な場面におかれたとき，どのような事態が生じるのか，それを調べるための基礎研究である」。

　実験開始とともに赤のランプ（図の④）が点灯する。この合図とともに実験参加者は複数のボタン（図の①）のうちから1つのボタンを選択して押す。赤ランプは3秒間点灯し，その3秒間に実験参加者はいずれか1つのボタンを押さなければならない。10秒間隔で赤ランプが点灯し，そのつど実験参加者はボタン押し，すなわちルート選択行動をする。複数のボタンのうち1つだけが正しい脱出

ルートであり，そのルートをたどれば，すなわち赤ランプがつくたびにそのボタンを一定回数繰り返して押せば脱出に成功するとの教示が与えられた。ただし実際には正しいルートは存在しない（すべて脱出できない）。また脱出成功に必要なボタン押しの回数については具体的に教示されなかった。

自分の押しているボタンが正しくないルートに対応しているものと実験参加者が思った場合には，随時別のボタンに変更できる。ただし，もし正しいルートをたどっていて，しかもあと1回のボタン押し反応で脱出に成功するというところまで来ていたとしても，そこでルートを変更して後に再びそのルートに戻った場合には，再度最初の出発点から脱出を開始することになる旨が教示された。このような教示を行ったのは以下の理由による。ある人がある脱出ルートを選択し，それを進行しているうちに，そのルートが外界と通じているルートではないことがしだいに明らかになってきた場合，あるいは，あるドアから一所懸命脱出を試みてもそれが開かなかった場合，その人はまた別の脱出ルート，あるいは別のドアに移ってそこで最初から脱出を試みなければならないことになる。本実験の手続きは，そのような場面を想定したものである。

試行時間は5分であり，その間実験参加者は30回のボタン押し

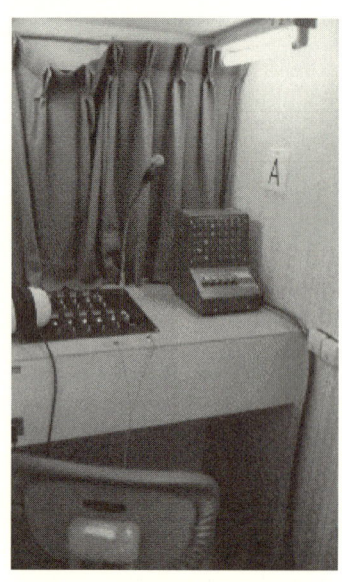

図9-19 同調行動分析装置のブース内の様子

反応をする。自分および他者のルート選択の様子は，ランプの点滅を通してリアルタイムで各実験参加者にフィードバックされる。

**実験の結果**

　このような実験から，次のようなことが示された。

　(1) 集団のサイズと比例する形で脱出許容時間や脱出口の幅が増大しても，脱出成功率は一定にならないことが明らかになった。隘路状況設定実験の場合，1人あたりの脱出許容時間として30秒が与えられた。これは脱出ボタンを100回打叩するのに約20秒かかるので，それに10秒の余裕時間を与えて30秒としたものである。ゆえに3人集団の脱出許容時間は90秒で，9人集団の場合には270秒となる。それにもかかわらず，集団サイズが大きくなれば脱出成功率が低下した。このように集団のサイズが増大した場合，脱出許容時間の延長や出口の幅員の増大にもかかわらず，混雑が増大し脱出成功率が低下することが明らかになった（図9-20）。そこで，1人ずつしか脱出できない状況で集団サイズが増大すればどのように脱出が困難になるのかについてのモデルを構成した。

　図9-20の理論値はそのモデルから導き出されたものである。次のような状況を考えてみる。

　ABCの3枚のカードがある場合を考える。A, B, Cは表を意味する。$\bar{A}, \bar{B}, \bar{C}$は裏を意味する。

　ⓐ　全部表のケースは次の1通りである。
　　　ABC
　ⓑ　2枚表で1枚裏のケースは次の3通りである。
　　　$AB\bar{C}$　　$A\bar{B}C$　　$\bar{A}BC$
　ⓒ　1枚表で2枚裏のケースも次の3通りである。
　　　$A\bar{B}\bar{C}$　　$\bar{A}\bar{B}C$　　$\bar{A}B\bar{C}$

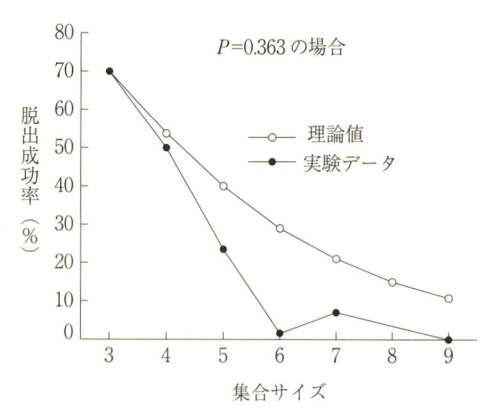

図 9-20 集合サイズにかかわらず1人ずつしか脱出できない場合の脱出成功率

ⓓ　全部裏のケースはまた次の1通りである。
　　$\overline{A}\overline{B}\overline{C}$

そこで，仮に表が出る確率を $\frac{1}{2}$ とすると裏が出る確率は $\left(1-\frac{1}{2}\right)$ となる。それに従えば，

　ⓐのケースの出現確率は $\frac{1}{2} \times \frac{1}{2} \times \frac{1}{2} = \frac{1}{8}$

　ⓑのケースの出現確率は $3\left\{\frac{1}{2} \times \frac{1}{2} \times \left(1-\frac{1}{2}\right)\right\} = \frac{3}{8}$

　ⓒのケースの出現確率は $3\left\{\frac{1}{2} \times \left(1-\frac{1}{2}\right) \times \left(1-\frac{1}{2}\right)\right\} = \frac{3}{8}$

　ⓓのケースの出現確率は $\left(1-\frac{1}{2}\right) \times \left(1-\frac{1}{2}\right) \times \left(1-\frac{1}{2}\right) = \frac{1}{8}$

となる。

　表が脱出の試み，裏が試みないこととして，2人が脱出を試みると混雑 (jam) が発生するとする。1人ずつしか脱出できない状況では混雑の発生はⓐとⓑのケースのみである。すなわち，ⓐとⓑを

加算した値 $\frac{1}{2}$ が混雑の発生確率となる。

これを数式で表現すれば下記のようになる。$P$ をある瞬間に個人が脱出を試みる確率とすると、3人集団の混雑の発生確率は、

$$PJ(3, t) = {}_3C_2 P^2(1-P)^1 + {}_3C_3 P^3(1-P)^0$$
$$= 3P^2(1-P)^1 + P^3(1-P)^0$$
$$= \frac{3}{8} + \frac{1}{8} = \frac{1}{2}$$

と表現される。

これを一般式の形で表現すれば、下記のようになる。

$$PJ(n, t) = \sum_{i=k+1}^{n} {}_nC_i P(t)^i (1-P(t))^{n-i}$$

$n$ は集団サイズ、$t$ はある瞬間、$k$ は同時脱出可能人数を意味する。$P$ が $\frac{1}{2}$ であれば試行中の $\frac{1}{2}$ は混雑となる。これは脱出困難度を表す。100%からこの確率を引いたものを脱出成功率とすると、これから $P$ が計算できる。$P$ が計算できれば逆に脱出成功率が計算できる。図中の $P=0.363$ は3人集団の脱出成功率（70%）から $P$ の値を算出したものである。$P=0.363$ とすれば他の集団サイズにおける脱出成功率が計算可能である（Kugihara, 2001）。図中の理論値と実験データの差が、心理的な意味をもつものであろう。このように、確率論的にも集団サイズが増大すれば脱出成功率は低下することが考えられるが、実験データはこれを上まわっていて、心理的プレッシャーがかかっている場合の集団脱出の困難さが示唆される。

それから別の実験では3人集団では1人ずつしか脱出できないが、9人集団では同時に3人が脱出できるような状況も設定した。それでもやはり実験参加者が他者を攻撃できる手段をもっている場合、9人集団の方が脱出が困難であることがわかった。

(2) 隘路状況設定実験では、攻撃が攻撃を誘発するという悪循環

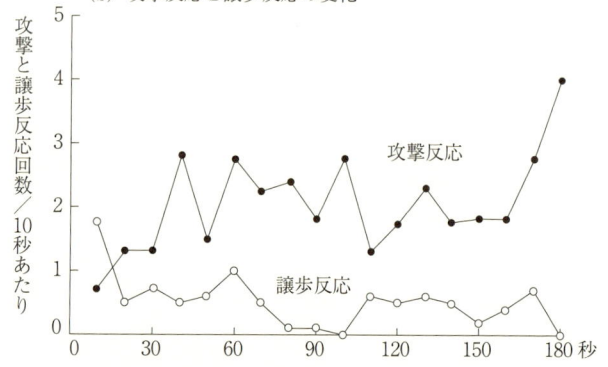

(a) 脱出ボタン打叩反応時間の分布

**図 9-21 全成員脱出失敗例（6 人集団）**

の発生により，脱出成功率が極端に低下することが示された。図 9-21 は 6 人集団で脱出に失敗したケースの脱出パターンの例を示したものである。図 9-21 の (a) は，脱出ボタンの打叩反応時間を実験参加者（A〜F）ごとに示したものである。横軸は制限時間までの時間経過を示す。図 9-21 の (b) の折れ線グラフは時間経過に伴う攻撃反応量，譲歩反応量の変化を示したものである。この図 9-21 の縦軸は，実験参加者 1 人あたりの 10 秒間の攻撃と譲歩ボタンの打叩回数の平均を示したものである。このケースではすべての実験参加者が絶えず脱出ボタンの打叩を行っており，特に実験参加者 C，

D, E は実験開始直後から制限時間に到るまで，ほぼ連続的に脱出ボタンの打叩を行っていることが示されている。それから時間経過に伴って，譲歩反応が低下し攻撃反応が上昇している。脱出に失敗した集団は例外なくこのような傾向を示した。

(3) 隘路状況設定実験では，中規模サイズ（6人）集団で，最も活発な脱出や攻撃反応（1人あたりの）が見出された。この結果は，パニックは脱出の見通しが半々のところで発生しやすくなることを示唆している。まったく絶望的なところや努力しても無駄なところ，例えば海底に沈んだ潜水艦やハイジャックされた航空機の中ではパニックは発生しようがない。ガルーダ航空機事故の証言の中に「がれきの下にいる私の上を踏み越えていった人がいる」というものがあった。脱出の可能性があるときこそ，そのような，他者を踏み越してでも，あるいは他者と競合することもかまわずに行動することになるのであろう。

(4) 電撃が与えられる可能性がある迷路状況の恐怖事態では，そのような可能性がない無恐怖事態と比べて他者の行動に追従する同調傾向が強くなった。

(5) 複数の出口がある状況の恐怖事態では，最初に自分が選択した脱出口に執着して，その出口を通っては脱出できない可能性が高い場合でも，他の出口に移ることをしない固着傾向が見られた。

(6) リーダーの発言のうち，「率先垂範」（表9-1のIND, ORD, SUP）に関する発言に関しては，実験開始直後の初期段階で脱出成功率を高めることが明らかになった。しかし時間が経過するに従って，この発言の効果は低下した。一方，「配慮」や「状況説明」に関する発言は，全般にわたって脱出成功率と相関が見られた（釘原ら，1982）。

隘路状況を設定した実験において実験参加者に自由な発言をして

**表9-1 集団成員の自由発言内容と脱出成功率の相関**

| リーダーシップ型 | 記号 | 発言内容 | 前半相関あり | 後半相関あり |
|---|---|---|---|---|
| 率先垂範・課題遂行 | IND | メンバーの座席位置や座席記号に関する具体的発言［例］「右端の人」（出てください），「Aさん」（出てください） | ○ | × |
| | ORD | メンバーを順位づける発言［例］「1人ずつ」（出てください），「順番に」（出てください） | ○ | × |
| | SUP | 脱出を支持する発言［例］「誰々さん逃げてください」「誰々から行って」 | ○ | × |
| | FAC | 脱出を促進する発言［例］「急いで」「早く早く」 | ○ | × |
| | PRD | 準備や待機行動を起こさせる発言［例］「次は誰々さんですよ」 | × | × |
| | SOM | 特定のメンバーを指定しない発言［例］「誰か」（逃げてください） | ○ | × |
| | CON | 譲歩を指示する発言［例］「ゆずれ」 | ○ | × |
| | FOB | 脱出を禁止する発言［例］「脱出するのをやめろ」 | ○ | × |
| 配慮 | ENC | メンバーを激励する発言［例］「頑張って」 | ○ | ○ |
| | STR | 緊張緩和発言［例］「ごめん」「ありがとう」「落ち着いてやろう」 | ○ | ○ |
| 状況説明・疑問 | EXP | 実験参加者自分自身の現在の状態の説明［例］「進まんぞこら」「いま逃げています」 | ○ | ○ |
| | QUC | 他者の現在の状態に関する質問［例］「誰々さん進んでいるの」「誰々さんどこまで行っているの」 | ○ | ○ |
| | EAC | 実験参加者自分自身の脱出要請［例］「私が行きます」「行かせてくれ」 | ○ | ○ |
| 非生産的発言 | MUM | 独り言［例］「わからないな」「やばいな」 | × | × |
| | BLA | メンバーを非難する発言［例］「馬鹿野郎」「あほ」 | × | × |

もらった場合，表 9-1 のような結果が得られた。表中の○印は発言と脱出成功の間に相関があったこと，×印はなかったことを示している。前半部分は実験開始後 90 秒（6 人集団）であり，後半は 90〜180 秒である。実験条件としては前面パネルが見える条件（他者の様子が把握できる「非視覚遮断条件」）と前面パネルが見えない条件（視覚遮断条件）を設定した。視覚遮断条件でのみ，表 9-1 のような結果が得られた。非視覚遮断条件ではこのような明確な結果は得られなかった。これは他者の行動に関する視覚的手がかりがあるために，コミュニケーションに頼らずとも行動可能だと判断されたためであろう。

他者の様子が把握できず，状況が曖昧な場合，特に「率先垂範」のようなリーダーシップが事故発生直後に必要であり，効果的であることがこの実験結果からも明らかである。ガルーダ航空機の事故でも，「落ちつけ」というある乗客の発言は，事故発生から間もない時期に行われていて，それが脱出成功率を高めたのではないかと推測される。また「配慮」や「状況説明」は，リーダーシップとして絶えず必要であることも示唆されている。

(7) 隘路状況設定実験では，実験中に集団成員（9 人）に自由に発言させた場合，その中の 1～2 人がほとんど終始発言し，集団の全発言量の 8 割以上を占める傾向が見られた（図 9-22）。その内容は他者に指示，命令するものが主であった。このように危機事態ではリーダーシップの集中化が生起した。

(8) 集団成員間に日頃の絆がある場合，緊急度が高いほど混乱は低下した。

表 9-2 は，隘路状況設定実験の 6 人集団条件における脱出成功率を示したものである。面識あり条件では，実験の 1 週間前に自己紹介ゲーム（吉田，1992）を行った。自己紹介ゲームとは「自分の名

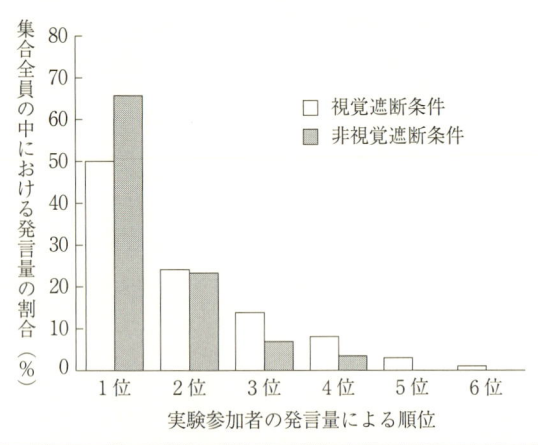

図9-22 集合各成員の率先垂範（IND, ORD, SUP）に関する発言量の割合

表9-2 集団成員間の絆と物理的脅威の有無が脱出成功率に与える影響

| 電気ショック | 集団成員間の絆 | |
|---|---|---|
| | 面識なし | 面識あり |
| あり | 11.11% | 64.44% |
| なし | 44.44% | 48.55% |

前の由来」「自分の子どもの頃」「これからの希望」について，それぞれのテーマについて1～3分間という決められた時間，述べるものである。それぞれのテーマについて全員が述べ終わった後，全員が他の成員の印象を紙に書き，ある評価対象者を決め，その対象者に対して，紙に書いたものを読み上げて渡すのである。全員が対象者になり，全員が評価者になる。

実験の結果，表9-2に示されているように，面識がある条件では脅威の程度が大きいほど脱出成功率は高くなった。ガルーダの事故の場合も，物理的脅威が大きい状況で理性的な行動が顕在化した。この事故の場合は，乗客のほとんどが職場旅行の団体旅行客で互い

に面識がある人が多かった。面識がない場合は上記実験の面識なし条件と同じようになる可能性がある。事実それを示唆するような事例報告もある。例えば1993年5月3日の『朝日新聞』の朝刊に次のような記事があった。

　「『いつ爆発するかわからない。機体から遠くへ逃げてください』。スチュワーデスの叫び声で，乗客475人が乗った最新鋭ジャンボの機内は，パニックに陥った。雨の羽田空港で2日夜，起きた全日空機事故。白煙が立ち込め，明かりが消えた機内では，乗客が先を争って非常口に殺到。非常口周辺は乗客が折り重なりあい，後ろからけられたり，押し出されるようにして脱出した。シューターがぬれていたため，多くの乗客がコンクリートの滑走路にたたきつけられ，重軽傷を負った。」

　この事故では，乗客はほとんど互いに面識がなかったものと思われる。集団成員間に面識がある場合とない場合では脅威の効果が正反対になるのか，さらに検討してみる必要があろう。

### 危機事態の心理的メカニズム

　いずれにせよ，上述のような事故や実験の結果から，次のような心理的メカニズムが機能することが推測される。つまり寸刻を争うような危機事態では，生理的あるいは心理的に非常にかき立てられた状態になる。そうすればいままでによく学習された行動（その人にとって簡単な単純な行動）が出やすくなる。逆に複雑な思考や判断を必要とされるような行動は抑制される。つまり自分が慣れ親しんでいる行動の枠組みに沿って，自動機械のような反応をする。危機事態だからといって普段と突然違った行動が出てくるわけではなく，

普段は無意識に行っている行動が強く表面に出てくる。具体的には下記のような行動が現れる。

① 慣れ親しんだ人に対する接近

ガルーダの事故では、団体旅行客が大部分を占めていたためか、全体で40%の人が家族や知人と一緒に行動したと報告している。ある外国のビル火災の事例研究の結果は親しい人同士、特に家族は集まって脱出するということを示している。そのために災害発生時に離ればなれになっているような場合、家族がそろうまで脱出しない傾向があるともいわれている。これが仇になって、かえって集団の脱出を遅らせることもありうる。

② 慣れ親しんだ場所に対する接近

ガルーダの事故でも、乗客の中には自分が乗ってきた搭乗口へ何も考えず突進したと報告した人がいた。このようなことから、自分が日常的に利用している出入口や、建物や部屋に入ってきたときに利用した出入口から脱出しようとする傾向があることがわかる。すぐ近くに別の出口がある場合でも、わざわざ遠い出入口を利用することもある。危機時に意思決定をする際、状況に関する情報や知識が不完全なため、不確実性（uncertainty）を経験する（Scholz, 1983）。その場合、人は限られた情報に目を向けやすく、その他の情報を無視しやすい（Kahneman & Tversky, 1982）。そしてなるべく簡略化された情報を用い、早く解決したいという思いが強くなる。そのため慣れた選択肢を優先し、不慣れなものは、より危険として無視しがちになる。

③ 慣れ親しんだ光景に対する接近

日常の光がある安全な世界に早く帰りたいという傾向が強くなる。ガルーダの事故の場合でも、16人が外の光が漏れる機体の裂け目から脱出したことが明らかになっている。窓があるところや裂け目

等に接近して，場合によってはそこからジャンプしてしまう。ある高層ビル火災では人が雨霰(あられ)のように降ってきて地面にたたきつけられて亡くなった事例がある。あるものに対する欲求が高まった場合，それが近接しているように感じられる。地表までの距離を実際よりも近いものと錯覚するようである。

④ 慣れ親しんだ役割をとろうとすること

ガルーダの事故ではほとんどの乗客が団体旅行客であった。そのような場合，その集団の高い地位の人がリーダーシップを発揮し，他の人は同調や服従行動を行う傾向がある。場合によっては，日常事態よりも役割の違いが大きくなり，リーダーシップの集中化が生起する。

⑤ よく慣れた行動をすること

よく慣れた行動の中に同調と服従がある。同調はわれわれにとって慣れた行動である。われわれは小さい頃から他者と同じような行動をするように日々強化されている。文化や思想や価値観等を他者と共有できるのは，ある意味では同調の表れであると考えることもできる。このような同調は災害時のように事態が曖昧で不明確な場合に強くなる。つまり事態を個人個人が冷静に判断せず，他の人が脱出している方向に追従することになる。ガルーダの事故のケースでも，人波についていったと回答した人の割合が4割近くある。それから服従も慣れた行動である。われわれは，両親をはじめとする目上の人の要求に従うように小さい頃から訓練されている。異常事態ではわれわれに行動の指示を与えてくれる強者を待ち望み，そのような人が現れたと見るやその命令に忠実に従う。ここにも，危機事態でのリーダーシップの集中化のメカニズムが働く。ガルーダの事故でも「落ちつけという人の声が神様の声に聞こえた」という回答があった。乱世が英雄を生むといわれているが，危機事態もある

意味では乱世のようなものでリーダーが発生しやすいと考えられる。

⑥　慣れ親しんだ生活や行動を続けようとすること

これは，第8章で述べた「正常化偏見」である。いかなる大災害が迫っていようとも，われわれはそれを認めたがらない傾向がある。われわれの情報処理には限界があって，映像などでいくら事実がわかっても，われわれの五感で知覚できない限り行動に移さないところがある。情報のもつ重みが情報源によって異なる。危機事態では特に狭い範囲のみを見て判断する。まわりの光景が異常でない限り，まわりの人々に変わりがない限り，自分のところだけは大丈夫と思い込んでしまう。場合によってはこれが脱出を遅らせることにもなるし，逆に落ちついた行動をとらせることにもなる。まわりの人の変わりのない様子を見て落ちついたと回答した人もいる。

⑦　慣れ親しんだ所有物や脱出方法に対する固着

固着には自分のもち物に対する固着と，脱出方法に対する固着がある。ガルーダの事故では，破損している機内を乗客が自分の靴やもち物を執拗に探しまわったことが明らかになっている。それからすぐ近くに安全に脱出できる出口があるような場合でも，いったんある出口からの脱出を始めるとそこに固着して動かないことがある。この事故でも8割以上の人が自分が脱出した出口以外の出口は見えなかったとか，考えもしなかったと回答している。行動の柔軟性が失われ視野狭窄(きょうさく)になっていることが示唆される。

# 第10章 スケープゴート現象

## 1 スケープゴートとは

　災害や戦争で多数の人々が死亡するような事態が発生した場合，しかもその原因を特定することが難しい場合，人は明確な原因（責任の所在）を見出すべく努力するような志向性をもっている。人間は曖昧な状況には耐えられず，フラストレーションに陥る。そして責任所在のターゲットとして最も選択されやすく，また人々のフラストレーションを解消しやすいのは，特定の人や組織・集団である。ゆえにたとえ自然災害のような不可抗力の場合でも，非難・攻撃の対象として個人や組織が選び出される。新聞は「これは自然災害ではなく人災だ」として報道する。その方が大衆のフラストレーションが解消されやすい。これが場合によっては，対象となった人物や組織だけでなく社会全体に対してもネガティブな影響を及ぼすことがある。例えば災害時に行政当局やマイノリティ集団に攻撃エネルギーが向けられると，本来の問題や課題解決に向けるべきエネルギーが拡散してしまったり，社会に軋轢や不協和を生み出したりする可能性がある。
　スケープゴート（生贄の羊）とは，個人や集団の攻撃エネルギー

が集中的に他の個人や集団に向けられる現象である。攻撃の量やレベルが異常に高いのが特徴である。非難・攻撃の対象が正当なものとしてきちんと確かめられているわけではないし，そのような行為の是非が十分吟味されているとは限らない。責任を特定の人になすりつけ，自分の罪悪感を軽減する手段としてスケープゴートが用いられるのは大昔からである。

　スケープゴートという言葉は，古代贖罪（しょくざい）の日に行われていたユダヤ人の儀式に由来する（Gollwitzer, 2004）。それは旧約聖書の一部のレビ記にも「そしてアロンは生けるヤギの頭の上に両手を置き，ユダヤ人のすべての悪行，犯罪，宗教上の罪を告白するであろう。そして，彼はヤギの頭に罪を被せ，荒野に追いやるであろう」と記載されている。

　この日には2頭のヤギが引き出され，そのうちの1頭は神の生贄となり，もう1頭は人々の罪を背負わされ荒野に追いやられたということである。後者をスケープゴートと称した。このような考え方は精神分析学の防衛機制の中核的メカニズムの1つである投射の中にも見られる。それは無意識の中にあって意識化されようとすると不安に陥るような，忌まわしく，邪悪で，恥ずかしい思考や感情を他者や他国や特に無抵抗の弱い者に押しつけて，自分の中にそれがあることを意識せずにすませようとするメカニズムである。これにより自分は正しく，落ち度がなく他者が一方的に悪いことになる。そして当人は自分の中の忌まわしいものから解放されて自分を理想化できる。大衆はこの意味で，絶えずスケープゴートとなってくれる罪人を必要としているとも考えられる。あるスケープゴートが消えれば，それに代わる者がスケープゴートとして引っ張り出される。新聞記事が暗いニュースに占められているのは，そのような大衆の欲望を反映している。この意味でも他人の不幸は好ましいのである。

**図 10-1　ロバート・キャパの写真**
（出典）　Robert Capa © International Center of Photography/Magnum Photos.

犯罪者を一方的に糾弾したり，「人間のすることではない，信じられない」といったコメントをしたり，社会の風潮を嘆いたり，社会改革の必要性について声高に語ったりする識者は大衆の代表者として欲望の発散に貢献しているとも考えられる。図 10-1 は，ロバート・キャパが 1944 年 8 月，解放後のパリ近郊のシャルトル市内で撮影したものである。ドイツ兵との間にできた赤ん坊を抱いた女性が坊主頭にされ，大勢の群集に取り巻かれ，引きまわされている。坊主頭とそれを見ている人々の笑い顔が強烈な印象を与える。

　スケープゴートに関する古典的研究として，ヴェルフォートとリー（Veltfort & Lee, 1943）のものがある。彼らは，1942 年 12 月 31 日にボストンで発生したココナッツ・グローブ・ナイトクラブ火災事故の事例研究を行っている。この事件では最初のマスコミの非難・攻撃のターゲットとなったのは，電球を取り替えるときに手元を照らすためにマッチを擦って，誤ってデコレーション・ツリーに火をつけたアルバイトの少年だった。その少年に同情すべき点があ

ることが明らかになると,次にターゲットになったのは,明かりにいたずらをした者(身元は明らかにならなかった)であった。その後,行政担当者や当局がターゲットとなった。具体的には消火設備を点検して許可した消防署,それから防火検査員,消防署長,警察官(私服ではあったが警察官としての職務を果たさなかったと非難された),警察署長(部下をしっかり監督・訓練をしていなかったと非難された),市議会(防火規則をつくった),市長(市のさまざまな部署に監督責任がある)などであった。その後,ナイトクラブのオーナーがターゲットになった。オーナーの場合には,新聞は責任だけではなく人格も非難した。可燃性の椅子や飾りを使用していたり,未成年者を雇って人件費を抑えようとしたりしたことを守銭奴として攻撃した。マスコミは,このような関係者をずらりと並べて,読者にスケープゴートとして気に入った者を好きに選ぶように仕向けているようなものだった。

　しかし,読者のターゲットは当局全体に対するものが多かった。それは個人個人の責任を問い始めると,話が錯綜してわかりにくくなることが考えられる。当局の複数の部局は,読者にとって弁別できない一体化されたシンボルであり悪人の巣窟のような単純なイメージがもたれることがある。役人や政治的権威や大企業や社会的地位が高い人に対して,人々は日常からある種の妬みや敵意を抱いている。日常はそのようなものは抑制されているが,それが許されたり奨励されるような状況になると潜在的敵意が活性化され,攻撃のはけ口として探し出されるのである。この意味で,人々はある個人を攻撃するよりも当局全体を攻撃することを好む傾向がある。彼らを引きずり下ろすことにより,一時的にでも自分たちの地位が上昇したような気分になる。

　上記のことを実証しようとした研究もある。ゴルウィツァー

(Gollwitzer, 2004)は参加者に,ある状況で逸脱的行為(盗み,ただ乗り,宿題の書き写し等)を行うことがあるかどうか,あるとすればどのくらい葛藤を感じるかどうか回答を求めた。その後,参加者は同じような状況で似たような犯罪を犯した者を裁くような状況を想像させられた。精神分析理論によれば,逸脱的行為を行う傾向がある者の方が犯罪者をより厳しく処遇することが考えられるが,結果はこれを支持しなかった。ただこの研究はシナリオによりそのような場面を想像させて回答を求めるビネット法であり,現実の場面で実施されたものではなかった。

## 2 スケープゴートの変遷に関する波紋モデル

小城(2003)は,神戸小学生殺害事件の新聞報道における目撃証言の分析を行っている。この研究では不審人物・不審車両の目撃証言を分析し,証言の増幅と収 斂(しゅうれん)過程の解明を試みている。それからチーとマコームズ(Chyi & McCombs, 2004)は,記事の性質や量の変動は時間と空間の次元で表現可能であることを示唆している。彼らは空間を国際,社会,地域,コミュニティ,個人の5水準に分類している。その中で事件発生時から時間が経過するに従って,個人に関する記事が減少し,社会に関する記事が増加することを明らかにしている(図10-2)。

このような研究から,釘原ら(2007)は図10-3のような波紋モデルを考案した。これは水面に石を投げ入れたときに,そこから波が発生し四方八方に拡散していくような状況のアナロジーである。

このモデルでは,質と量の両面を考慮する。事件直後には,その衝撃によって大きな波紋が発生する。振幅の大きさは攻撃エネルギ

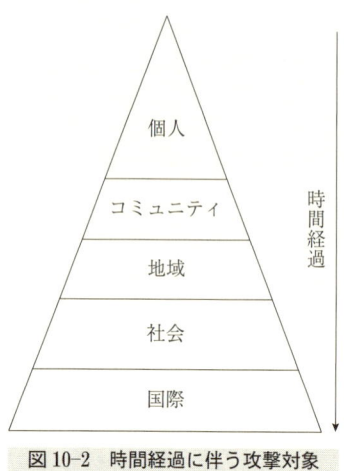

図 10-2　時間経過に伴う攻撃対象の拡大

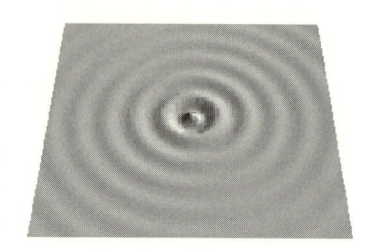

図 10-3　波紋モデル

ーの量であり新聞記事の数（量）に反映される。時間が経過するに従って，波の振幅はしだいに低下していく。全体的にはこのような経過をたどるのであるが，途中で記事数が若干増大したり減少したりすることを繰り返す。途中で記事数が増大するのは，その出来事から1週間，1カ月，1年というような記念日的な日であったり，事件や事故の重大な手がかりや新たなスケープゴートが発見された場合である。もちろん他の大きな事件が発生すると，その波動エネルギーによってエネルギーが低下してしまう。

　質的な面に関して，このモデルは非難・攻撃の対象（スケープゴート）の変遷について言及する。波紋の同心円の中心に近いところではその振幅エネルギーが狭い範囲に集中している。この狭い範囲を個人（攻撃の対象人物）とする。時間経過に従ってしだいに面積が広がり，中心から離れるに従って攻撃対象が個人から離れ，職場の同僚，職場のシステム，管理者，行政当局，社会，国家というように拡散していく。中心からの面積が狭い場合，エネルギーは狭い範

囲（例えば個人）に集中しているが，拡散するに従って1件あたりの攻撃エネルギーは低下する。しかし面積が拡大しているために全エネルギー量は恒常性を保つ。ただし1件あたりの攻撃エネルギーがあるレベルまで低下すれば，新聞記事として掲載されたり，テレビで報道されるようなことはなくなる。

## *3* 波紋モデルに関する実証的研究

### JR福知山線脱線事故に関する報道

　波紋モデルを実証的に検証するために，釘原ら（2007）は第1に，JR福知山線脱線事故の報道を対象にして分析を行った。その結果，①非難記事が個人，集団，文化・社会，システム，国家と変遷すること，②非難対象により波紋の周期が異なり，個人の場合は集団より周期が短いことが明らかになった。

　このように新聞記事の非難対象が変遷することが明らかになったが，このような変遷はわれわれのイメージの中でより強く生じている可能性がある。新聞記者をはじめとする報道担当者はその変遷イメージによって記事のフレームづくりをするために，こうした変遷が生じている可能性もある。すなわち，イメージが予言の自己成就をもたらしているものとも考えられる。

　そこで次に新聞記事の攻撃対象の変遷と，それをわれわれが想起する場合の変遷イメージとのズレを検討した（釘原ら，2008）。要するに，実際の新聞記事数と主観的記事数推定のズレを見たものである。調査は大学生を対象にして，JRの福知山線の事故に関して行った。調査時期は事故から約2年半後の2007年10月である。質問紙の内容は，個人，集団，文化・社会，システム，国家，の5カテ

ゴリーそれぞれの非難記事数（『朝日新聞』『読売新聞』『毎日新聞』の合計数）について，記憶を頼りにその回数を回答してもらった。回答対象期間は 2005 年 4 月 26 日（事故発生翌日）から 7 月 26 日であった。5 月 10 日までは毎日，その後は 1 週間おきに回答してもらった。具体的には方眼紙のようなマス目に推定した値をプロットして，点同士を結ぶという作業を行ってもらった。記入用のグラフは横軸が日付で縦軸が記事数となっていた。

　調査の結果，攻撃対象が，文化・社会，システム，国家などの攻撃回数の少ないものは，実際の新聞記事数より多く見積もられていることが明らかになった。また，マスコミの攻撃対象の変遷イメージが実際のマスコミの攻撃対象の変遷とズレが生じることも明らかになった。そして，そのズレは，以下の 2 つの傾向があることがわかった。第 1 の傾向は，時間経過に従って頻度が低かったものがしだいに過大視されるということである。第 2 は，その過大視にも順番があり，比較的頻度が高いものから順番に過大視される傾向があるということである。すなわち攻撃回数の頻度が低いものほど，主観的ピークがより後方にずれるということが示された。個人→集団→システム→国家→文化・社会という順番でマスコミの攻撃対象が変化するようなイメージをわれわれがもつのは，頻度判断のバイアスである可能性もありうる。

**感染症に関する報道**

　第 2 に，SARS（重症急性呼吸器症候群）と O157 という大流行した 2 つの感染症に関する報道を対象に分析した（村上ら，2008）。分析の結果，①感染症も社会にパニックを引き起こす原因の 1 つであり，また他の原因によるパニックより深刻であると見られていること，②災害や戦争やテロリズムと違って，マスコミ情報による間接

体験が感染症パニックのイメージ形成に最も影響していること、③非難の対象は個人→集団→システム→国→社会文化と拡散していくこと、④国に対する非難記事は少ないにもかかわらず、人々の国に対する非難量のイメージは誇張されていること、⑤感染症の場合、他の災害に比べて国に対する非難の割合が特に多いこと、等が明らかになった。

### スケープゴートの変遷に関する研究の意義

このような研究の意義は、スケープゴートの変遷の認知のズレを正しく認識することで日常生活の危機管理などへの応用が可能となることであろう。第2次世界大戦時中、アメリカでは戦意を喪失させるデマを防御するために心理学者や知識人を動員して、新聞などに「デマの診断欄」を設けたことが知られている。悪質なデマを正しく理解するのに必要な専門知識を一般に知らせようという試みが、心理学者によってなされた。これと類似する方法を用いて非難対象や広がりの一般的法則を示し、その背後にある感情や記憶の変容メカニズムを人々に周知させることで、過剰な非難・批判を抑制することが可能になると考えられる。

# 第11章 テロリズム

## *1* テロリズムとは

 2001年9月11日のアメリカ同時多発テロ（図11-1）発生以降，それをきっかけとしてアメリカでもわが国でもテロ（テロリズム）に関する本が出版され，また報道も数多く行われてきた。しかしそれでも，われわれにとってテロは他人事のように感じられているのではないだろうか。しかし「テロリズムとの戦い」の一環でイラクに自衛隊を派遣したり，「テロ対策特別措置法」を制定し，アメリカ軍艦船に給油活動を行ったこともあった。その意味では，いやおうなしに国際テロリズムとの関係をもたざるをえなくなっている。そして2010年7月には日本のタンカーを標的にしたテロ事件も起きている。さらに戦前も戦後もテロ事件（例えばオウム真理教による地下鉄サリン事件〔1995年〕，道庁爆破テロ事件〔1976年〕，三菱重工東京本社ビル爆破事件〔1974年〕，秋葉原通り魔事件〔2008年〕）が繰り返し発生している。今後もそのような事件が発生する可能性はけっして低くはない。それにもかかわらず，テロリズムは外国で起きるものであり，「テロリスト」は悪人で許すことができない人間であるとして，理解しようとしていないのではなかろうか。ここではテロリ

**図 11-1 アメリカ同時多発テロによる貿易センタービルの倒壊**
（出典）dpa/PANA.

ズムを理解すべく，その定義，分類，方法，歴史，テロリズム行動の心理学的説明，テロリズムの原因について述べる。

### テロリズムの定義

アメリカ国務省は，合衆国法律集 22 編 2656f（a）条でテロリズムを「国家の下部集団，または不法集団の工作員等により行われる非戦闘員を対象としたさまざまな動機に基づく計画的暴力行為であり，通常その視聴者に影響を与えることを意図するものである」と定義している。しかし定義は時代によって変わり，メディアも国家も用語の使用に一貫性がない。アメリカ国内でも，担当部局によって定義が異なる。国際的にも，定義に関して意見が一致していない（Miller & File, 2001）。

テロリズムに関する定義はさまざまであるが，下記のような点に集約される。①力や暴力の使用，②個人や集団による，③一般市民に向けられる，④恐怖心を植えつけることを意図する，⑤個人や集

団に対してその政策や社会的立場を強制的に変えさせようとする手段である (Marsella, 2003)。この定義の中で力や暴力の使用というものがあるが，この種類はさまざまである。例えば体に爆弾を巻き付けて人混みの中で爆発させたりする自爆テロリズム，誘拐や人質行為，サイバー・テロリズム（例えばコンピュータ・ウイルスをつくったり，防衛機関や政府のファイルを破壊したりするようなもの），バイオ・テロリズム（炭疽菌や腺ペストや天然痘のようなバクテリアやウイルスや細菌に感染させるやり方），化学テロリズム（例えば日本ではオウム真理教がサリンガスを使用した），農業テロリズム（植物の遺伝子操作を行う）などがある (Marsella, 2003)。

**テロリズムの分類**

　テロリズムは，政権とは関係ない集団や政権と対立している集団によって行われるものがある。また逆に，国家の支持のもとに行われるものもある (Post, 2002)。前者は例えば左翼革命家集団（ペルーのセンデロ・ルミノソ〔輝ける道〕，日本の連合赤軍）や右翼集団（ネオナチ）や国家からの分離を主張する集団（アイルランドのIRA，スペインのバスク地方のバスク祖国と自由）などがある。また宗教的過激派集団（アルカイダのような原理主義集団，オウム真理教のような新興宗教集団）や特定の主義主張をする集団（反堕胎集団，環境集団）などもある。一方，国家の支持のもとに行われるテロリズムとして，北朝鮮，リビア，スーダンの国家テロリズムや，政権が自国の市民に対する弾圧のために警察や軍隊のような国家の資源を使用する場合もある（例えばカンボジアのクメール・ルージュ等）。

**テロリストの分類**

　ハレット (Hallett, 2003) によれば，テロリストは下記の6種類に

分類される。

① 救世主的テロリスト

社会的,宗教的,政治的不満や不正義の糾弾のためと称して,テロ事件を起こすものである。彼らは「世界は腐敗しているから,救済のための破壊を行わなければならない」というのである。自分たちの主義主張を広く知らしめることがテロリズムの第1の目的であるので,マスメディアを活用することになる。テロリズムの規模が大きいほど,衝撃が強いほどニュースの価値は上がり,マスコミは大々的に報道する。その意味で,マスメディアとテロリストはもちつもたれつの関係にあることも否めない。こうしたテロリズムは,劇場型のテロリズムといえる。この範疇(はんちゅう)に入るものはオウム真理教信者やオサマ・ビン・ラディン（アルカイダ）などがある。そして彼らが権力を握った場合,国家権力による民衆殺戮やジェノサイド（ナチス〔ドイツ〕,クメール・ルージュ〔カンボジア〕,フツ族政権〔ルワンダ〕）につながる恐れがある。

② 自称兵士（別名,自由の戦士）

崇高な政治目的（例えば,独立）達成のためと称して,テロリズムに訴えるものである。敵にも味方にも兵士として識別可能な状態での戦闘には参加せず,秘密工作のみを行う。時には資金を得るために,犯罪（例えば,麻薬取引,恐喝,誘拐,銀行強盗）を実行する。この範疇にはアイルランド共和国軍,バスクETA,コロンビア民族革命軍などが入る。

③ 政治的タイプのギャングやマフィア

仕事や縄張りを守るため,犯罪行為を隠すために,政治集団のように偽装するものである。右翼政治集団の一部にはこの種の集団がある。

④ 公安関係者

権力を維持するためにテロリズムや拷問を行うものである。例え

```
      劇場型テロ                          道具型テロ
  ←─────────────────────────────────→
    救済のための破壊                      個人的利益
```

(図：中央に「テロの工作員」、周囲に「ゲリラ/パルチザン」「公安関係者」「救世主的テロリスト」「正直な犯罪者」「民衆殺戮を行う国家」「自称兵士」「ギャング/マフィア」)

**図 11-2　6種類のテロリスト**
(出典)　Hallett, 2003.

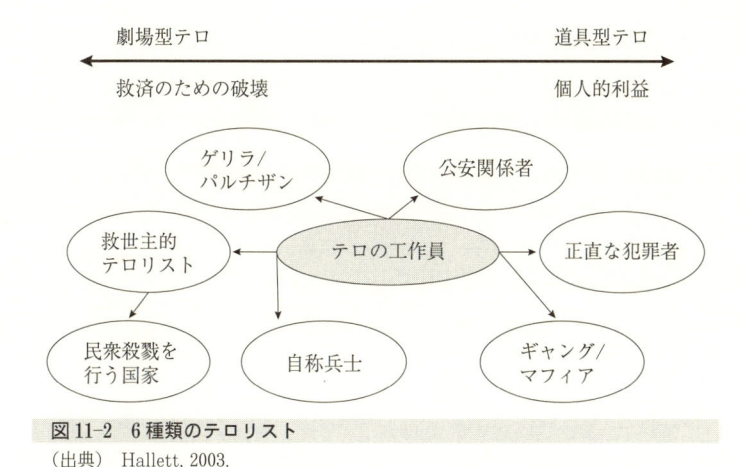

ば，戦前の日本の公安警察や現在の北朝鮮秘密工作員はこの範疇に入る。

⑤　ゲリラやパルチザン

政治目的（例えば，独立）達成のためにテロリズムを用いるものである。ただし敵味方に識別可能な兵士として戦闘に参加している場合は，テロリストとはいえない。この範疇にはパルチザンやベトコンが入る。

⑥　正直な犯罪者

犯罪を実行する過程の中で，意図せざる結果としてテロリズムを引き起こすものである。彼らは自分の利益のために行うものであり，政治的目的があるわけではなく，また不正義に対する憤りによって動機づけられているわけではない。

図 11-2 はハレットによるものであるが，図の左方に位置するテロリストほど民衆に与える心理的効果を狙ったものということになる。

**テロリズムの歴史**

アンダーソンとスローン（Anderson & Sloan, 1995）やラカー（Lacquer, 2001）やナッシュ（Nash, 1998）によればテロリズムの歴史は古く，紀元前200年のローマ帝国時代から記録があるということである。特にフランス革命時代（1789～1799）のロベスピエールの恐怖政治は有名である。彼は国王ルイ16世をギロチンで処刑し，さらに穏健派や過激派を1000名以上処刑した。しかし，彼は後に国民議会議長職を解任され，自身も断頭台の露と消えた。時代を下れば1914年，セルビア国粋主義者がオーストリアの皇太子と妃をボスニアのサラエボで暗殺した事件があった。これが第1次世界大戦の引き金となった。ロシアでもソ連時代（1930年代）にはスターリンが恐怖政治を行い，政敵を100名以上粛清し，さらに望ましからざる人々（例えばジプシー，富農，遊牧民）を殺害したということである。この時代には何千万というソ連市民が殺害され，強制収容所に送られ，拷問を加えられた事実がある。1930年代～1940年代にかけては，ナチス・ドイツが強制収容所でユダヤ人を大量処刑（600万以上）した。それはホロコーストとして知られている。1993年には，イスラム・テロリストによって仕かけられていた自動車爆弾が世界貿易センタービルの地下駐車場で爆発し，建物が損傷を受けた事件があった。6人が死亡し1000人以上の人がけがをした。世界貿易センタービルは，9.11以前にもテロ攻撃を受けていたのである。

このように歴史に残るようなテロ事件もあるが，小規模のテロリズムは過去も現在も枚挙の暇もないほど起きていることはいうまでもない。

## *2* テロリズム行動の心理学的説明

### テロリズム行動を説明する理論

テロリズム行動の説明に関連した理論はいくつか考えられる。

第1は精神分析理論である。フロイト（Freud, 1940）は，権威の象徴や人物に対する攻撃や暴力は人間の精神の根源をなすものであると考えた。テロリズムは，権威に向けられた本能的衝動を発散しようとして現れるとも考えられる。またフロイトは「人間は生存と破壊の2つの衝動の板ばさみとなっている」ことを指摘しているが，この生と死の本能であるエロスとタナトスも，テロリズムの理解に役立つ。それから防衛機制という概念も，テロリズムの心理機制と関連しているものと思われる。テロリストは日頃の苦境から逃れるために，あるいは自分の行動を正当化するために，スケープゴート，投射，否定，合理化，抑圧のような自我防衛方略を駆使している可能性がある。

第2はアドラー（Adler, 1964）の理論である。彼は「人間は優越や征服に向けての根源的衝動をもっていて，発達が正常ではない場合，それが歪んだ方向に行ってしまう」と考えた。この衝動は，権力，支配，優越，統制というような優越性追求という形で現れる。アドラーによれば，優越性への衝動は劣等感に由来するのである。暴力や攻撃のようなテロリストの反社会的行動は，優越性を獲得する試みであると解釈される。

第3はフロム（Fromm, 1973）の理論である。彼は，人々は一般に曖昧な状況や不確実な状況におかれた場合，不安になり，その不安から逃れて，安心感を得ようとして権威ある人物に盲目的に追従してしまうと考えた。何でも自由にできる状態では，将来が見通せ

ないままに,人々はすべて自分で考え,自分で意思決定し,自分で責任を引き受ける必要がある。この自由の耐え難さから逃れるために,生きる指針を与えてくれそうな権威への絶対服従を望むことになる。服従することによって,人々は容易にアイデンティティと生きる意味を得ることができるのである。そのようになると,人々は自分で考えたり決定しようとはしなくなる。権威を受け入れることによって,人は自分の行動に個人としての責任を問われることもなくなる。戦争や紛争,経済恐慌などの不安定な状況におかれたとき,人々は頼る術を求めることになる。そのようなときに,力強い発言をするリーダーが現れるや,人々はその人に服従することになる。ヒトラーに当時のドイツ国民が従ったことや,アメリカ同時多発テロの直後にブッシュ前大統領の支持率が9割に達したことなどは,上記のような心理機制が働いていたために発生した現象であると解釈することも可能である。

　第4は精神病理学的理論である。良心の呵責を感じることなく暴力を使用するようなテロリストは精神病の可能性がある。しかし一方では,崇高な目的(例えば宗教や解放)のために行っているとテロリストが認識しているという事実もある。テロリストの心の中ではその行動が正当化されていて,ほとんど良心の呵責がないままに,意図的に行われているものと思われる。その背景には,疎外やアノミーや社会的孤立に伴う病理的問題が存在することが考えられる。多くのテロリストは,その行動によって引き起こされた破壊(例えば無辜の人々の死)から自分の行動を明確に分離している。病理的服従や他者に対する冷酷な行動や妄想を伴ったパラノイア(例えば暴力的行為を行うように神が命令しているというような信念をもつこと)も,この観点から分析可能であろう。

**テロリズム行為に伴う良心の呵責の軽減方法**

　無辜の人々や無防備の相手を攻撃する場合，それを正当化する（特に心の中で自分自身を納得させる）必要がある。

　そのためには第1に，行為を中性的・事務的な言葉に変換して，婉曲的に表現することがある。例えば特定の目標を爆撃する場合，「外科的切除」という言葉が用いられる。あるいはテロリズムを実行するに際して「任務」という用語で表現されたりする。

　第2の方法は，責任転嫁や責任の分散を図ることである。権威者（場合によっては神）の命令に従って行動したとすれば，当事者の責任は軽減される。また仕事を複数の人で分割することで，責任の所在を曖昧にすることも可能である。テロリズムではないが，死刑の執行は3人の刑務官がそれぞれ別々の執行ボタンを押すことによって行われるそうであるが，2つのボタンはダミーであり，どのボタンが真のボタンであるのか，わからないような仕組みになっているということである。また武器の生産から売却まではさまざまな企業や人々が関わっている。そして，そのほとんどが他の商品と同じシステムに基づき，生産され販売される。武器の生産に関わっている工場の労働者は，自分が組み立てている部品が人の命を奪う目的のために使用されることなど，ほとんど考えないのではなかろうか。また民生品が武器に転用されることもあり，そのことを知らない生産者は当然良心の呵責や責任を感じることはない。

　第3の方法は，残虐行為を行わざるをえない状況を敵がしいたと非難する（テロ行為の犠牲者に責任をなすりつける）ことである。外交問題でも「すべての責任は相手国にある」といった見解が某国のスポークスマンにより発表されることがある。「いじめ」の論理もこれに近い。いじめっ子はいじめられっ子に対して「汚いから，だらしないから，嘘をつくから，決まりを守らないから」などといった

理由をつけ，そのような子を正す，あるいはこらしめるためには暴力をふるうこともやむをえないと思い込んでいる可能性がある。そしてその懲罰行為が思い通りの結果をもたらさなかったり，相手がささやかな反抗を示したりすれば，さらに激しい懲罰が行われることになる。このように加害者にはいわば正義の理由があるが，被害者はわけもわからず一方的に攻撃されるということになる。

## *3* テロリズムの原因

次に，テロリズムの原因について検討する。

**人口統計学的問題**

第1は人口統計学的問題である。ハインゾーン（Heinsohn, 2003）は人口ピラミッドの中で若年層の占める割合が高い場合は人口統計学的時限爆弾となり，紛争やテロリズムをもたらすと述べている。

表11-1はハインゾーン（Heinsohn, 2003）から引用したものである。この表によれば1914年頃，欧州では若い男性の割合が高い。この時代は，欧米列強が全世界に植民地を拡大していった時期である。すなわち，欧米が最も攻撃的であった時代であったともいえよう。若者が増えれば，その数に見合う職場を確保する必要がある。しかし職にあふれた若者に残される道は，国外移住，犯罪，国内クーデター，内戦または革命，集団殺害と追放，越境戦争しかなかったとハインゾーンは主張する。事実，欧州は国外植民や征服戦争で人口問題を処理し，1918年までには世界の10分の9を支配した。現在ではイスラム圏で若者の人口比が高く，失業率も高い。1990年代の24歳以下の失業率は，エジプトで24.5%，ヨルダンで

表11-1 「戦闘に最適な年齢」(15～29歳) の男性の分布 (1000人あたりの人数)

| 年 | 欧州 | 北米 | 豪州圏 | 中南米 | アフリカ | イスラム圏 | 世界人口 |
|---|---|---|---|---|---|---|---|
| 1492 | 110 | ? | ? | ? | 115 | ? | 4億人 |
| 1750 | 190 | 1 | 3 | 15 | 130 | ? | 7億人 |
| 1914 | 275 | 73 | 5 | 47 | 75 | 95 | 18億人 |
| 2005 | 89 | 39 | 4 | 90 | 160 | 280 | 64億人 |
| 2020 | 70 | 44 | 5 | 87 | 182 | 300 | 80億人 |

(出典) Heinsohn, 2003.

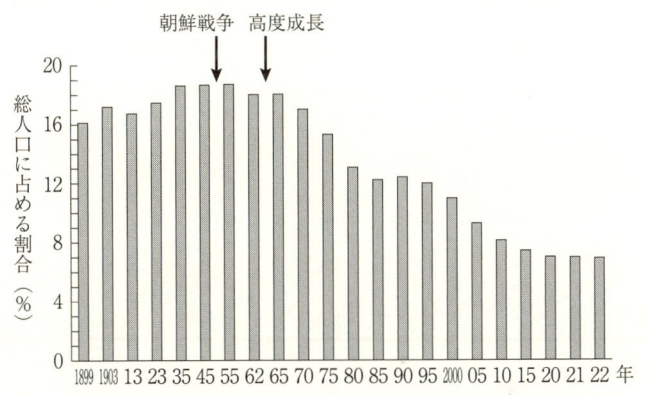

**図11-3 日本の15～29歳男性人口の割合**
(出典) 総務省統計局『国勢調査報告』『日本長期統計総覧』『人口推計年報』より作成。

28.5％である。低賃金雇用や海外への移住を含めれば実質失業率はさらに上昇するということである。そのような状態の中で，毎日することがなく，力をもてあました若者たちに，聖戦（ジハード）という単純で力強い思想は強い影響力をもつのである。パレスチナ自治区ガザやイスラエルでテロリズムが絶えないのは，産業のないガザに暮らすパレスチナ人青少年にとって，テロや紛争に参加することは日々の勤労に代わって生括の一部ともなっている（『日本経済新

聞』2009年1月7日朝刊)。

　日本の場合は, いかに人口統計学的問題を解決したのだろうか。図11-3は総務省統計局のデータである。この図によれば, 1935〜1965年にかけて若い男性の割合が最も高くなっている。1945年までは日本自身による対外戦争 (第2次世界大戦) を行い, それ以降はアメリカによる戦争 (朝鮮戦争やベトナム戦争) があった。戦後のアメリカによる戦争特需によって, 日本の産業は復興し成長したといわれている。また1955〜1970年は高度成長期でもあった。このように, 戦争と産業の発展によって日本は若者の職場を提供することができたとも考えられる。戦後日本社会が比較的安定して発展できたのは, アメリカの戦争と高度成長の影響が考えられるのである。

**心理的要因**

　第2は心理的要因である。ここでは第1にアイデンティティの問題, 第2にテロリストの独特の世界観, 第3に過去の伝説, 第4にマスコミの問題が関わってくる。

　① アイデンティティ

　アビ＝ハシム (Abi-Hashem, 2003) は, アメリカが個人主義, 商業主義, 競争, 自由, 人権などの価値観を中東の国々に押しつけ, それにより, それらの国々がもっていた集団主義や安定と分かち合いの精神や家族構造を変化させ, 結果としてアイデンティティを危うくしたことを指摘している。そしてそのアイデンティティを回復することが, テロリストの動機となっていると述べている。このことは尊皇攘夷を唱えた勤皇の志士がいた幕末の日本にもあてはまるように思える。尊皇を前面に打ち出した彼らの戦いは, 日本人としてのアイデンティティを保持するための戦いだったとも解釈できる。

② テロリストの世界観

　テロリストは一般に，社会は不正義に満ち，不公正であり，自分たちは抑圧されていて，自己の運命への決定権がないと思っている。このような認知は，敵対者の偽善的政策によってますます強化される。例えば，所得向上や開発の名のもとに領土拡張と資源の収奪が行われていると人々が認知すれば，それは憎悪をかき立てることになる。善意の中の悪意には，人々は敏感に反応するのである。チベットやウイグルやチェチェンの問題は，人々のこのような心理機制に関連しているものと思われる。

　そして，そのような世界を変えるための行動を起こすためには，よるべき明確な原理やイデオロギーが必要となる。その原理により敵の正体は明らかになり，善と悪の対立という単純な世界観が描き出されるのである。そして，理想社会を建設するためにはどのような手段も正当化されることになる。

　ディツラー（Ditzler, 2003）は，テロリストはプロセスの中に生きていることを指摘している。彼は，テロリストにとって目標達成よりもテロリストになって集団と一体化していくプロセスと，それを成員が相互に確認することの方が大切であると述べている。目標が達成されると，より過激な目標が設定され，ますますエスカレートしていく。目標が達成されてしまうと，組織とその成員の存在意義が薄れてしまうからである。テロリストはそのような状態に陥るのを避けるためには，目標や要求をエスカレートせざるをえない。このようなエスカレーションは破滅的なもののように思えるが，そもそもテロリストには意味のある目標など存在しない。意味をもつのは，自分がテロリストであり続けるプロセスの方である。このようにディツラーは述べている。このような考え方はニーチェの言葉「人間の意志は目標を必要とする。この意志は何も欲しないよりは

むしろ虚無を欲する」と一致する。ニーチェ (Nietzsche, 1887) は「人間にとって苦悩そのものが問題なのではなくて，『何のために苦悩するのか？』という問いの叫びに対する答えが欠けていることこそが問題であった。苦悩の意味，苦悩の目的が示されたとなれば，人間は苦悩を欲し，苦悩を探し求めさえする。これまで人類の頭上に広がっていた呪いは，苦悩の無意味ということであって，苦悩そのものではなかった」と述べている。テロリストにとって生きる目的がない状態ほど恐ろしいものはないのであって，理想や目標追求のための苦悩は歓迎すべきものである。敵を打倒するという目標がある場合，敵が強大であるほどその目標の価値は高まる。その意味では，アメリカの存在はイスラム・テロリストの生きがいを提供していると思われる。

③ 過去の伝説

マーセラ (Marsella, 2003) によれば，セルビアでは父親が生まれたばかりの息子を頭の上に差し上げて「コソボの復讐者になれ」と叫ぶそうである。セルビア人は 600 年前のイスラム教徒との争いを忘れておらず，それがイスラム教徒に対する残虐行為の理由づけとして用いられたということである。このことは「恨みは容易には消えない」ということを示唆しているかもしれないが，それより歴史が格好の口実としてテロリズム行為に用いられることを意味しているのかもしれない。いったん紛争が生じると，何百年も前のネガティブな出来事が相手を残虐に扱う正当な理由となってしまう。一方，ポジティブな交流や出来事があったことは紛争時には忘れ去られてしまう。現在が過去を規定してしまうのである。

④ マスコミの報道

ある意味でマスコミとテロリズムはもちつもたれつの共生関係にある。テロリズムの中には先述したように劇場型犯罪の側面をもち

合わせているものもあり，観衆の注目と恐怖と賞賛がテロリズムの主要動機となっている。ゆえに国家的イベント開催時（オリンピック）にテロリズムが発生することが多く，また国家を象徴するもの（国防総省，世界貿易センタービル）や権力者などの重要人物がターゲットになる。そのようなテロ事件が発生すれば，マスコミは大々的に報道し利益を得ることになる。このような問題を解決するには，マスコミの自主規制，政府とメディアの調整が考えられる。福田（2009）は，マスメディアについては報道ガイドラインの整備，政府についてはマスメディアとの対話ルートの確立，市民についてはテロリズムについての理解を促進することが必要であることを提言している。

# 引用文献

阿部謹也 (1988).『ハーメルンの笛吹き男——伝説とその世界』筑摩書房

安倍北夫 (1977).『入門群集心理学』大日本図書

安倍北夫 (1986).『パニックの人間科学』ブレーン出版

Abi-Hashem, N. (2003). Peace and war in the Middle East: A psychopolitical and sociocultural perspective. In F. M. Moghaddam & A. J. Marsella (Eds.), *Understanding terrorism: Psychosocial roots, consequences, and interventions* (pp. 69-90). American Psychological Association. (釘原直樹監訳, 2008『テロリズムを理解する——社会心理学からのアプローチ』ナカニシヤ出版)

Adler, A. (1964). *Problems of neurosis*. Harper & Row. (岸見一郎訳, 2001『人はなぜ神経症になるのか』春秋社)

阿形亜子・岩井恵美・岩下恵子・西浦真喜子・原田詳枝 (2006).「公的空間における規範が同調行動に及ぼす影響——エスカレータ利用時の行動観察を通して」『大阪大学人間科学部対人社会心理学研究室学部実験共同研究報告書』未刊行

会田雄次 (1973).『アーロン収容所』中央公論社

Allport, F. H. (1924). *Social psychology*. Houghton Mifflin.

Allport, G. W., & Postman, L. (1947). *The psychology of rumor*. Rinehart & Winston. (南博訳, 1952『デマの心理学』岩波書店)

American Psychological Association (1992). Ethical principle of psychologists and code of conduct. *American Psychologist*, **47**, 1597-1611. (富田正利・深澤道子訳, 1996『サイコロジストのための倫理綱領および行動規範』社団法人日本心理学会)

Anderson, C. A., & Anderson, D. C. (1984). Ambient temperature and violent crime: Tests of the linear and curvilinear hypotheses. *Journal of Personality and Social Psychology*, **46**, 91-97.

Anderson, S. K., & Sloan, S. (1995). *Historical dictionary of terrorism*. Scarecrow Press.

安藤清志・村田光二・沼崎誠編 (2009).『新版 社会心理学研究入門』東京大学出版会

Aronson, E., & Mills, J. (1959). The effect of severity of initiation on liking for a group. *Journal of Abnormal and Social Psychology*, **59**, 177-181.

Arvey, R. D., Rotundo, M., Johnson, W., Zhang, Z., & McGue, M. (2006). The determinants of leadership role occupancy: Genetic and personality factors. *Leadership Quarterly*, **17**, 1-20.

asahi.com (2006).「祭りの人出, どうやって数えるの?」
http://www.asahi.com/showbiz/stage/koten/TKY200808260008.html

Asch, S. E. (1951). Effects of group pressure upon the modification and distortion of judgments. In H. Guetzkow (Ed.), *Groups, leadership and men*. Carnegie Press.

Bales, R. F. (1950). *Interaction process analysis: A method for the study of small groups*. Addison-Wesley. (友田不二男編, 手塚郁恵訳, 1971『グループ研究の方法』岩崎学術出版社)

Ballnard, R. D. (1987). *The discovery of the Titanic*. Madison Publishing. (中野恵津子訳, 1988『タイタニック発見』文藝春秋)

Bass, B. M. (1990). *Bass and Stogdill's handbook of leadership*. Free Press.

Bass, B. M., & Avolio, B. J. (1990). *Transformational leadership development: Manual for the multifactor leadership questionnaire*. Consulting Psychologists Press.

Baumeister, R. F., & Steinhilber, A. (1984). Paradoxical effects of supportive audiences on performance under pressure: The home field disadvantage in sports championships. *Journal of Personality and Social Psychology*, **47**, 85-93.

Berger, J., Rosenholtz, S. J., & Zelditch, M., Jr. (1980). Status organizing processes. *Annual Review of Sociology*, **6**, 479-508.

Blumer, H. (1946). The field of collective behavior. In A. M. Lee (Ed.), *New outlines of the principles of sociology*. Barnes and Noble.

Bond, M. H., & Shiu, W. Y. (1997). The relationship between a group's personality resources and the two dimensions of its group process. *Small Group Research*, **28**, 194-217.

Bordia P., & DiFonzo N. (2004). Problem solving in social interactions on the internet: Rumor as social cognition. *Social Psychology Quarterly*, **67**, 33-49.

Breznitz, S. (1984). *Cry wolf: The psychology of false alarms*. Lawrence Erlbaum Associates.

Brown, J. D., & Rogers, R. J. (1991). Self-serving attributions: The role of physiological arousal. *Personality and Social Psychology Bulletin*, **17**, 501–506.

Brown, R. (1954). Mass phenomena. In G. Lindzey (Ed.), *Handbook of social psychology* (Vol. 2, pp. 833–876). Addison-Wesley.

Brown, R. (1965). *Social psychology*. Free Press.

Buckhout, R. (1983). Psychologist v. the judge: Expert testimony on identification. *Social Action and the Law*, **9**(3), 67–76.

Burnstein, E., & Vinokur, A. (1973). Testing two classes of theories about group induced shifts in individual choice. *Journal of Experimental Social Psychology*, **9**, 123–137.

Campbell, D. T. (1958). Common fate, similarity, and other indices of the status of aggregates of persons as social entities. *Behavioral Science*, **3**, 14–25.

Canetti, E. (1962). *Crowds and power*. Viking Press.

Cantril, H. (1940). *The invasion from Mars: A study in the psychology of panic*. Princeton University Press. (斎藤耕二・菊池章夫訳, 1971『火星からの侵入』川島書店)

Cartwright, D., & Zander, A. (Eds.) (1960). *Group dynamics: Research and theory* (2nd ed.). Harper & Row. (佐々木薫・三隅二不二訳編, 1969-1970『グループ・ダイナミックス』1, 2, 誠信書房)

Centers for Disease Control (2010). *Suicide and homicide rates, U.S., 1900–94*.
http://www.suicidemethods.net/tables/sui-homi.htm

Chan, K. Y., & Drasgow, F. (2001). Toward a theory of individual differences and leadership: Understanding the motivation to lead. *Journal of Applied Psychology*, **86**, 481–498.

Chemers, M. M. (2000). Leadership research and theory: A functional integration. *Group Dynamics: Theory, Research, and Practice*, **4**, 27–43.

Chyi, H. I., & McCombs, M. (2004). Media salience and the process of framing: Coverage of the Columbine school shootings. *Journalism and Mass Communication Quarterly*, **81**, 22–35.

Collett, P., & Marsh, P. (1974). Patterns of Public behaviour: Collision avoidance on a pedestrian crossing. *Semiotica*, **12**, 281–299.

Cottrell, N. B. (1972). Social facilitation. In C. G. McClintock (Ed.), *Experimental social psychology* (pp. 185–236). Holt, Rinehart & Winston.

Crutchfield, R. S. (1955). Conformity and character. *American Psychologist*, **10**, 191–198.

Darley, J. M., & Latané, B. (1968). Bystander intervention in emergencies: Diffusion of responsibility. *Journal of Personality and Social Psychology*, **8**, 377–383.

Davis, J. H., Kerr, N. L., Atkin, R. S., Holt, R., & Meek, D. (1975). The decision processes of 6- and 12- person mock juries assigned unanimous and two-thirds majority rules. *Journal of Personality and Social Psychology*, **32**, 1–14.

Diener, E. (1980). Deindividuation: The absence of self-awareness and self-regulation in group members. In P. Paulus (Ed.), *Psychology of group influence* (pp. 209–242). Lawrence Erlbaum Associates.

Ditzler, T. F. (2003). Malevolent minds: The teleology of terrorism. In F. M. Moghaddam & A. J. Marsella (Eds.), *Understanding terrorism: Psychosocial roots, consequences, and interventions* (pp. 187–206). American Psychological Association. (釘原直樹監訳, 2008『テロリズムを理解する――社会心理学からのアプローチ』ナカニシヤ出版)

Dodd, S. C. (1956). Testing message diffusion in harmonic logistic curves. *Psychometrika*, **21**, 191–202.

Donald, I., & Canter, D. (1992). Intentionality and fatality during the King's Cross underground fire. *European Journal of Social Psychology*, **22**, 203–218.

Dray, P. (2002). *At the hands of persons unknown: The lynching of black America*. Random House.

Durkheim, E. (1897). *Le Suicide: Etude de sociologie*. Alcan. (宮島喬訳, 1985『自殺論』中央公論社)

Farkas, I., Helbing, D., & Vicsek, T. (2002). Social behaviour: Mexican waves in an excitable medium. *Nature*, **419**, 131–132.

Festinger, L. (1954). A theory of social comparison processes. *Human Relations*, **7**, 117–140.

Festinger, L., Pepitone, A., & Newcomb, T. (1952). Some consequences of deindividuation in a group. *Journal of Abnormal and Social Psychology*, **47**, 382–389.

Festinger, L., Riecken, H. W., & Schachter, S. (1956). *When prophecy fails: A social and psychological study of a modern group that predicted the destruction of the world*. University of Minnesota Press. (水野博介訳, 1995 『予言がはずれるとき――この世の破滅を予知した現代のある集団を解明する』勁草書房)

Fiedler, F. E. (1965). A contingency model of leadership effectiveness. In L. Berkowitz (Ed.), *Advances in experimental social psychology* (Vol. 1, pp. 149–190). Academic.

Fiedler, F. E. (1967). *A theory of leadership effectiveness*. McGraw-Hill. (山田雄一監訳, 1970『新しい管理者像の探究』産業能率短期大学出版部)

Fischhoff, B., & Beyth-Marom, R. (1976). Failure has many fathers. *Policy Sciences*, **7**, 388–393.

Flowers, M. L. (1977). A laboratory test of some implications of Janis's groupthink hypothesis. *Journal of Personality and Social Psychology*, **35**, 888–896.

Fodor, E. M., & Smith, T. (1982). The power motive as an influence on group decision making. *Journal of Personality and Social Psychology*, **42**, 178–185.

Foroohar, R. (2008). Don't trust anyone in a tie. *Newsweek*, Nov. 15.

Forsyth, D. R. (2006). *Group Dynamics* (4th ed.). Thomson Wadsworth.

French, J., & Raven, B. (1959). The bases of social power. In D. Cartwright (Ed.), *Studies in social power* (pp. 150–167). Institute for Social Research. (千輪浩監訳, 1962『社会的勢力』誠信書房)

Freud, S. (1940). *Jenseits des Lustprinzips*. S. Fischer Verlag. (井村恒郎・小此木啓吾ほか訳, 1970「快楽原則の彼岸」『自我論・不安本能論』フロイト著作集6, 人文書院)

Fromm E. (1973). *The anatomy of human destructiveness*. Holt, Rinehart & Winston. (作田啓一・佐野哲郎訳, 2001『破壊――合本 人間性の解剖』紀伊國屋店)

藤井厳喜 (2004).『「国家破産」以後の世界』光文社

藤森立男 (1992).「組織の公式構造がキャリアと業績に及ぼす効果」『心理学研究』**63**, 273–276.

藤谷俊雄 (1968). 『「おかげまいり」と「ええじゃないか」』岩波書店
藤原直哉 (2004). 『2005年 あなたの預金と借金がゼロになる！――国家破綻最終章』あ・うん
福田充 (2009). 『メディアとテロリズム』新潮社
淵上克義 (2002). 『リーダーシップの社会心理学』ナカニシヤ出版
Gabrenya, W. K., Wang, Y., & Latané, B. (1985). Social loafing on an optimizing task: Cross-cultural differences among Chinese and Americans. *Journal of Cross-Cultural Psychology*, **16**, 223-242.
現代科学研究会 (1975). 『現代化学概論』学芸出版社
Gladwell, M. (2000). *The tipping point: How little things can make a big difference*. Abacus. (高橋啓訳, 2007『急に売れ始めるにはワケがある――ネットワーク理論が明らかにする口コミの法則』ソフトバンククリエイティブ)
ゴルデル, ヨースタイン (池田香代子訳) (1995). 『ソフィーの世界――哲学者からの不思議な手紙』日本放送出版協会
Gollwitzer, M. (2004). Do normative transgressions affect punitive judgments?: An empirical test of the psychoanalytic scapegoat hypothesis. *Personality and Social Psychology Bulletin*, **30**, 1650-1660.
Green, J. A. (2003). The writing on the stall: Gender and graffiti. *Journal of Language and Social Psychology*, **22**, 282-296.
Grusky, O. (1963). Managerial succession and organizational effectiveness. *American Journal of Sociology*, **69**, 21-31.
Hackman, R. (1987). The design of work teams. In J. Lorsch (Ed.), *Handbook of organizational behavior* (pp. 315-342). Prentice-Hall.
Hall, G. S. (1904). *Adolescence: Its psychology and its relations to physiology, anthropology, sociology, sex, crime, religion and education* (Vol. I & II). D. Appleton.
Hallett, B. (2003). Dishonest crimes, dishonest language: An argument about terrorism. In F. M. Moghaddam & A. J. Marsella (Eds.), *Understanding terrorism: Psychosocial roots, consequences, and interventions* (pp. 49-68). American Psychological Association. (釘原直樹監訳, 2008『テロリズムを理解する――社会心理学からのアプローチ』ナカニシヤ出版)
Halpin, A. W., & Winer, B. J. (1952). *The leadership behavior of the airplane commander*. Ohio State University Research Foundation.
浜矩子 (2010). 『ユニクロ型デフレと国家破産』文藝春秋

半藤一利・秦郁彦・保阪正康・井上亮（2010）.『「BC級裁判」を読む』日本経済新聞出版社

Harrison, D. A., & Klein, K. J. (2007). What's the difference?: Diversity constructs as separation, variety, or disparity in organizations. *Academy of Management Review*, **32**, 1199-1228.

長谷川英祐（2004）.「お利口ばっかりでも，たわけばっかりでもダメよね！――『集団』行動の最適化」『日本動物行動学会 Newsletter』**43**, 22-23.

橋口捷久（1974）.「集団内の意思決定者数とリスク・テイキングの水準」『実験社会心理学研究』**14**, 123-131.

橋口捷久（2003）.「集団意思決定」白樫三四郎・外山みどり編『社会心理学』(pp. 151-178) 八千代出版

Havighurst, R. J. (1952). *Development tasks and education* (2nd ed.). Longmans Green.

Heinsohn, G. (2003). *Söhne und Weltmacht: Terror im Aufstieg und Fall der Nationen*. Zurich.（猪股和夫訳，2008『自爆する若者たち――人口学が警告する驚愕の未来』新潮社）

Helbing, D., Farkas, I., & Vicsek, T. (2000). Simulating dynamical features of escape panic. *Nature*, **407**, 487-490.

Henchy, T., & Glass, D. C. (1968). Evaluation apprehension and the social facilitation of dominant and subordinate responses. *Journal of Personality and Social Psychology*, **10**, 446-454.

Hersey, P., & Blanchard, K. (1982). *Management of organizational behavior: Utilizing human resources* (4th ed.). Prentice Hall.

Hinsz, V. B., Tindale, R. S., & Vollrath, D. A. (1997). The emerging conceptualization of groups as information processors. *Psychological Bulletin*, **121**, 43-66.

Hitler, A. (1938). *Mein Kampf: Zwei Bande in einem Band*. Bottom of the Hill.（平野一郎・将積茂訳，1973『わが闘争』上・下，角川書店）

Hoffman, L. R., & Maier, N. R. F. (1961). Quality and acceptance of problem solutions by members of homogeneous and heterogeneous groups. *Journal of Abnormal and Social Psychology*, **62**, 401-407.

House, J. S. (2008). Social psychology, social science, and economics: Twentieth century progress and problems, twenty-first century prospects. *Social Psychology Quarterly*, **71**, 232-256.

House, R. J. (1977). A 1976 theory of charismatic leadership. In J. G. Hunt & L. L. Larson (Eds.), *Leadership: The cutting edge* (pp. 189–207). Southern Illinois University Press.

いいだもも・生田あい・栗木安延・来栖宗孝・小西誠(2001).『検証 内ゲバ――日本社会運動史の負の教訓』社会批評社

池田謙一(1986).『緊急時の情報処理』認知科学選書9, 東京大学出版会

今出重夫(1975).『安全・防災システムと計画』東京電機大学出版局

五百旗頭真(2001)『戦争・占領・講和――1941～1955』日本の近代＝A history of modern Japan 6, 中央公論新社

伊佐公男・内田高峰・関崎正夫・本浄高治・増田芳男・宮城陽(1995).『化学の目でみる物質の世界』内田老鶴圃

伊藤君男・天野寛・岡本真一郎(1998).「緊急事態における避難行動に関する実験的研究――事前の探索経験の効果」『実験社会心理学研究』38, 17-27.

Jackson, J. M. (1960). Structural characteristics of norms. In N. B. Henry (Ed.), *The dynamics of instructional groups: Sociopsychological aspects of teaching and learning* (pp. 136–163). University of Chicago Press. (末吉悌次・片岡徳雄・森しげる訳, 1967『学習集団の力学』黎明書房)

Janis, I. L. (1982). *Groupthink: Psychological studies of policy decisions and fiascoes* (2nd ed.). Houghton Mifflin.

Janis, I. L., & Mann, L. (1977). *Decision making: A psychological analysis of conflict, choice and commitment*. Free Press.

Jones, E. E., & Nisbett, R. E. (1971). *The actor and the observer: Divergent perceptions of the causes of behavior*. General Learning Press.

Jones, M. B. (1974). Regressing group on individual effectiveness. *Organizational Behavior and Human Performance*, 11, 426-451.

Judge, T. A., Bono, J. E., Ilies, R., & Gerhardt, M. W. (2002). Personality and leadership: A qualitative and quantitative review. *Journal of Applied Psychology*, 87, 765-780.

Kahneman, D., & Tversky, A. (1982). On the study of statistical intuitions. In D. Kahneman, P. Slovic & A. Tversky (Eds.), *Judgment under uncertainty: Heuristics and biases* (pp. 493–508). Cambridge University Press.

神田崇行・石黒浩(2004).「対話型ヒューマノイドロボットからの日常生活の中の友達関係の推定」『情報処理学会論文誌』45, 2098-2104.

狩野素朗・田崎敏昭(1990).『学級集団理解の社会心理学』ナカニシヤ出版

Karau, S. J., & Williams, K. D. (1993). Social loafing: A meta-analytic review and theoretical integration. *Journal of Personality and Social Psychology*, 65, 681–706.

Katz, K. L., Larson, B. M., & Larson, R. C. (1991). Prescription for the waiting-in-line blues: Entertain, enlighten, and engage. *Sloan Management Review*, 32, 44–53.

川上善郎 (1997). 『うわさが走る――情報伝播の社会心理』サイエンス社

川名好裕・Williams, K., & Latané, B. (1982). 「社会的怠惰効果――日本の中学生の場合」『日本心理学会第46回大会予稿集』428.

Keating, J. P., & Loftus, E. F. (1981). The logic of fire escape. *Psychology Today*, 15, 14–19.

Kenny, D. A., & Zaccaro, S. J. (1983). An estimate of variance due to traits in leadership. *Journal of Applied Psychology*, 68, 678–685.

Kerr, N. L., MacCoun, R. J., & Kramer, G. P. (1996). "When are N heads better (or worse) than one?": Biased judgment in individuals versus groups. In E. Witte & J. Davis (Eds.), *Understanding group behavior* (Vol. 1, pp. 105–136). Lawrence Erlbaum Associates.

Kier, F. J., & Buras, A. R. (1999). Perceived affiliation with family member roles: Validity and reliability of scores on the Children's Role Inventory. *Educational and Psychological Measurement*, 59, 640–650.

木間瀬精三 (1974). 『死の舞踏――西欧における死の表現』中央公論社

木下冨雄 (1977).「流言」池内一編『集合現象』講座社会心理学3 (pp. 11–86) 東京大学出版会

木坂順一郎 (1982). 『太平洋戦争』昭和の歴史7, 小学館

児島襄 (1965). 『太平洋戦争』上, 中央公論社

小窪輝吉 (1994). 「課題の誘因が社会的手抜きに及ぼす効果」『日本グループ・ダイナミックス学会第42回大会発表論文集』88–89.

国立社会保障・人口問題研究所 (2005). 『一般人口統計――人口統計資料集 (2005年版) V. 死亡・寿命』

小城英子 (2003). 「神戸小学生殺害事件の新聞報道における目撃証言の分析」『社会心理学研究』18, 89–105.

河野由美 (2006). 「看護学生の入棺体験による死観の変化――Death education の効果に関する準実験的研究」『実験社会心理学研究』45, 122–135.

厚生労働省 (2010a). 『自殺死亡統計の概況――人口動態統計特殊報告』

http://www.mhlw.go.jp/toukei/saikin/hw/jinkou/tokusyu/suicide04/index.html

厚生労働省（2010b）.『「出生に関する統計」の概況——人口動態統計特殊報告』 http://www.mhlw.go.jp/toukei/saikin/hw/jinkou/tokusyu/syussyo-4/index.html

Krackhardt, D., & Porter, L. W. (1986). The snowball effect: Turnover embedded in communication networks. *Journal of Applied Psychology*, **71**, 50–55.

Kravitz, D. A., & Martin, B. (1986). Ringelmann rediscovered: The original article. *Journal of Personality and Social Psychology*, **50**, 936–941.

Krebs, V. (2000). The social life of routers: Applying knowledge of human networks to the design of computer networks. *Internet Protocol Journal*, **3**, 14–25.

Kroon, M. B., Van-Kreveld, D., & Rabbie, J. M. (1991). Police intervention in riots: The role of accountability and group norms: A field experiment. *Journal of Community and Applied Social Psychology*, **1**, 249–267.

釘原直樹（1985）.「危機状況からの脱出行動における同調性と固着性に関する実験的研究」『心理学研究』**56**, 29–35.

釘原直樹（1995）.『パニック実験』ナカニシヤ出版

Kugihara, N (1999). Gender and social loafing in Japan. *Journal of Social Psychology*, **139**, 516–526.

Kugihara, N. (2001). Effects of aggressive behavior and group size on collective escape in an emergency: A test between a social identity model and deindividuation theory. *British Journal of Social Psychology*, **40**, 575–598.

Kugihara, N. (2002). Subjective judgment for the number and probability of death depending on cause of death: Comparison of male/female, self/others, U.S./Japan. *Abstracts of the XXV International Congress of Applied Psychology*, (*Singapore*), 608.

釘原直樹（2003）.『九州工業大学地域貢献特別支援事業 平成14年度実施報告書』C1–C77.

釘原直樹（2004）.『九州工業大学地域貢献特別支援事業 平成15年度実施報告書』C1–C49.

釘原直樹（2005）.「新聞のスポーツ記事から人間の行動特性を読みとる」『大阪大学図書館報』**39**, 2–4.

Kugihara, N. (2005). Effects of physical threat and collective identity on prosocial behavior in an emergency. In J. P. Morgan (Ed.), *Psychology of aggression* (pp. 45-67). Nova Science Publishers.

釘原直樹 (2006).「パニック行動」『心理学ワールド』34, 25-28.

釘原直樹・三隅二不二 (1984).「緊急恐怖状況下の迷路脱出に及ぼすリーダーシップ条件効果に関する実験的研究」『心理学研究』55, 14-21.

釘原直樹・三隅二不二・佐藤静一 (1980).「模擬被災状況における避難行動力学に関する実験的研究 1」『実験社会心理学研究』20, 55-67.

釘原直樹・三隅二不二・佐藤静一・重岡和信 (1982).「模擬被災状況における避難行動力学に関する実験的研究 (2) ――緊急事態のリーダーシップの研究」『実験社会心理学研究』21, 159-166.

釘原直樹・植村善太郎・村上幸史 (2007).「マスコミが対象とするスケープゴートの変遷 (7) ――波紋モデルのワイブル関数とコレログラムによる表現」『日本心理学会第 71 回大会発表論文集』194.

釘原直樹・植村善太郎・村上幸史 (2008).「マスコミが対象とするスケープゴートの変遷 (9) ――JR 福知山線事故に関する非難記事量とその想起量のズレ」『日本心理学会第 72 回大会発表論文集』1051.

Lamm, H., & Myers, D. G. (1978). Group-induced polarization of attitudes and behavior. In L. Berkowitz (Ed.), *Advances in experimental social psychology* (Vol. 11, pp. 145-195). Academic Press.

Lacquer, W. (2001). *A history of terrorism*. Transaction.

Larson, R. (1987). Perspectives on queues: Social justice and the psychology of queueing. *Operations Research*, 25, 895-905.

Latané, B., Williams, K., & Harkins, S. (1979). Many hands make light the work: The causes and consequences of social loafing. *Journal of Personality and Social Psychology*, 37, 822-832.

Laughlin, P. R., & Ellis, A. L. (1986). Demonstrability and social combination processes on mathematical intellective tasks. *Journal of Experimental Social Psychology*, 22, 177-189.

Leavitt, H. J. (1951). Some effects of certain communication patterns on group performance. *Journal of Abnormal and Social Psychology*, 46, 38-50.

Le Bon, G. (1960). *The crowd: A study of the popular mind*. Viking Press. (桜井成夫訳, 1993『群衆心理』講談社)

Lewin, K. (1947). Frontiers in group dynamics: Concept, method and reality in social science; social equilibria and social change. *Human Relations*, 1, 5–41.

Lewin, K. (G. W. Lewin (Ed.)) (1948). *Resolving social conflicts: Selected papers on group dynamics*. Harper & Row.

Lichtenstein, S., Slovik, P., Fischhoff, B., Layman, M., & Combs, B. (1978). Judged frequency of lethal events. *Journal of Experimental Psychology: Human Learning and Memory*, 4, 551–578.

Lickel, B., Hamilton, D. L., Wieczorkowska, G., Lewis, A., Sherman, S. J., & Uhles, A. N. (2000). Varieties of groups and the perception of group entitativity. *Journal of Personality and Social Psychology*, 78, 223–246.

Lofland, J. (1981). Collective behavior: The elementary forms. In M. Rosenberg & R. H. Turner (Eds.), *Social psychology: Sociological perspectives* (pp. 411–446). Basic Books.

Loftus, E. F. (1979). Words that could save your life. *Psychology Today*, 13, 102–137.

Longley, J., & Pruitt, D. G. (1980). Groupthink: A critique of Janis' theory. In L. Wheeler (Ed.), *Review of personality and social psychology* (pp. 507–513). Sage.

Lovaglia, M. J., & Houser J. A. (1996). Emotional reactions and status in groups. *American Sociological Review*, 61, 867–883.

Luchins, A. S. (1942). Mechanization in problem solving: The effect of Einstellung. *Psychological Monographs*, 54, 1–95.

Mahler, W. (1966). In memory of my teacher, Kurt Lewin. *Psychologie und Geschichte*, 7, 268–276.

Maier, N. R. F., & Solem, A. R. (1952). The contribution of a discussion leader to the quality of group thinking: The effective use of minority opinions. *Human Relations*, 5, 277–288.

Mann, L. (1969). Queue culture: The waiting line as a social system. *American Journal of Sociology*, 75, 340–354.

Mann, L. (1981). The baiting crowd in episodes of threatened suicide. *Journal of Personality and Social Psychology*, 41, 703–709.

Mann, L., & Taylor, K. F. (1969). Queue counting: The effect of motives upon estimates of numbers in waiting lines. *Journal of Personality and*

*Social Psychology*, **12**, 95–103.

Mann, R. D. (1959). A review of the relationships between personality and performance in small groups. *Psychological Bulletin*, **56**, 241–270.

Marsella, A. J. (2003). Terrorism: Reflections on issues, concepts, and directions. In F. M. Moghaddam & A. J. Marsella (Eds.), *Understanding terrorism: Psychosocial roots, consequences, and interventions* (pp. 11–48). American Psychological Association. (釘原直樹監訳, 2008『テロリズムを理解する――社会心理学からのアプローチ』ナカニシヤ出版)

Marx, G. (1980). Conceptual problems in the field of collective behavior. In H. M. Blalock (Ed.), *Sociological theory and research: A critical appraisal* (pp. 258–274). Free Press.

正田亘 (1985). 『安全心理学――安全態度と退避行動』恒星社厚生閣

松原敏浩・高井次郎・水野智 (1994).「カリスマ的リーダーシップの研究――リーダーシップ行動, カリスマ性および集団効果の相互関係」『産業・組織心理学研究』**8**, 29–40.

松井洋・安倍北夫・詫摩武俊・多湖輝・瀬谷正敏・島田一男・金城辰夫・太田英昭・中里至正・杉山憲司・風間亮一 (1982).「災害時の避難行動における人的要因の分析 (3)」『日本心理学会第46回大会発表論文集』424.

松繁寿和・井川静恵 (2007).「絶対評価・相対評価が学生の学習行動に与える影響――大学の専門科目における実験」『広島大学高等教育研究開発センター大学論集』**38**, 277–292.

Mawson, A. R. (1980). Is the concept of panic useful for scientific purposes? In Second International Seminar on Human Behaivor in Fire Emergencies. *Oct. 29–Nov. 1., 1978 Proceedings of Seminar NBS Report NBSIR 80–2070* (pp. 208–211). National Bureau of Standards.

McCauley, C. (1989). The nature of social influence in groupthink: Compliance and internalization. *Journal of Personality and Social Psychology*, **57**, 250–260.

McGrath, J. E., Arrow, H., & Berdahl, J. L. (2000). The study of groups: Past, present, and future. *Personality and Social Psychology Review*, **4**, 95–105.

McLeod, P. L., Lobel, S. A., & Cox, T. H. (1996). Ethnic diversity and creativity in small groups. *Small Group Research*, **27**, 248–264.

Meyersohn, R., & Katz, E. (1957). Notes on a natural history of fads.

*American Journal of Sociology*, **62**, 594–601.

Milgram, S. (1963). Behavioral study of obedience. *Journal of Abnormal and Social Psychology*, **67**, 371–378.

Milgram, S. (1967). The small world problem. *Psychology Today*, **1**, 60–67.

Milgram, S. (1974). *Obedience to authority: An experimental view*. Harper & Row. (山形浩生訳, 2008『服従の心理』河出書房新社)

Milgram, S., Bickman, L., & Berkowitz, L. (1969). Note on the drawing power of crowds of different size. *Journal of Personality and Social Psychology*, **13**, 79–82.

Milgram, S., Liberty, H. J., Toledo, R., & Wackenhut, J. (1986). Response to intrusion into waiting lines. *Journal of Personality and Social Psychology*, **51**, 683–689.

Miller, D. L. (2000). *Introduction to collective behavior and collective action* (2nd ed.). Waveland Press.

Miller, M., & File, J. (2001). *Terrorism factbook: Our nation at war!* Bollix Books.

Miller, C. E., Jackson, P., Mueller, J., & Schersching, C. (1987). Some social psychological effects of group decision rules. *Journal of Personality and Social Psychology*, **52**, 325–332.

Mintz, A. (1951). Non-adaptive group behavior. *Journal of Abnormal and Social Psychology*, **46**, 150–159.

三隅二不二 (1984).『リーダーシップ行動の科学 改訂版』有斐閣

三隅譲二・木下冨雄 (1992).「『世間は狭い』か？──日本社会の目に見えない人間関係ネットワークと推定する」『社会心理学研究』7, 8–18.

宮本正一 (1985).「聴衆の社会的地位が自由再生に及ぼす効果」『心理学研究』**56**, 171–174.

Moreno, J. L. (1934). *Who shall survive?: A new approach to the problem of human interrelations*. Nervous and Mental Disease.

Mullen, B. (1983). Operationalizing the effect of the group on the individual: A self-attention perspective. *Journal of Experimental Social Psychology*, **19**, 295–322.

Mullen, B. (1986). Atrocity as a function of lynch mob composition: A self-attention perspective. *Personality and Social Psychology Bulletin*, **12**, 187–197.

村上幸史・阿形亜子・植村善太郎・釘原直樹 (2008). 「マスコミが対象とするスケープゴートの変遷 (10) ――感染症の流行を例として」『日本グループ・ダイナミクス学会第55回大会発表論文集』48.

村田光二 (2009). 「さまざまな研究方法とその選択」安藤清志・村田光二・沼崎誠編『新版 社会心理学研究入門』(pp. 27-46) 東京大学出版会

Myers, D. G., & Bishop, G. D. (1971). Enhancement of dominant attitudes in group discussion. *Journal of Personality and Social Psychology*, **20**, 386-391.

中尾明 (1984). 『ポトマック川の英雄』講談社

Nash, J. (1998). *Terrorism in the 20th century: A narrative encyclopedia from the anarchists, through the Weathermen, to the Unabomber*. Evans.

Nietzsche, F. (1887). *Zur Genealogie der Moral: Eine Streitschrift*. Naumann. (木場深定訳, 1964『道徳の系譜』岩波書店)

日本社会心理学会・日本グループ・ダイナミックス学会 (2009). 『日本社会心理学会50回大会・日本グループ・ダイナミックス学会56回大会合同大会展示資料』

西口毅 (1996). 『現代の生活と物質』化学同人

Norman, E. H. (1956). *Kurio no kao: Rekishi zuiso shu (The face of Clio: Random essays on history)* (大窪愿二編訳, 1986『『ええじゃないか考』』『クリオの顔――歴史随想集』岩波書店)

Olson, J. M., Herman, C. P., & Zanna, M. P. (Eds.) (1986). *Relative deprivation and social comparison: The Ontario symposium*. Lawrence Erlbaum Associates.

Olzak, S. (1990). The political context of competition: Lynching and urban racial violence, 1882-1914. *Social Forces*, **69**, 395-421.

大江志乃夫 (1985). 『日本の参謀本部』中央公論社

Pelled, L. H., Eisenhardt, K. M., & Xin, K. R. (1999). Exploring the black box: An analysis of work group diversity, conflict, and performance. *Administrative Science Quarterly*, **44**, 1-28.

Pelz, D. C. (1956). Some social factors related to performance in a research organization. *Administrative Science Quarterly*, **1**, 310-325.

Pelz, D. C. (1967). Creative tensions in the research and development climate. *Science*, **157**, 160-165.

Pennebaker, J. W. (1982). *The psychology of physical symptoms*. Springer-

Verlag.

Phoon, W. H. (1982). Outbreaks of mass hysteria at workplaces in Singapore: some patterns and modes of presentation. In M. J. Colligan, J. W. Pennebaker & L. R. Murphy (Eds.), *Mass psychogenic illness, a social psychological analysis* (pp. 21-31). Lawrence Erlbaum Associates.

Pollard, R. (2006). Worldwide regional variations in home advantage in association football. *Journal of Sports Sciences*, **24**, 231-240.

Polya, G. (1945). *How to solve it: A new aspect of mathematical method.* Princeton University Press.（柿内賢信訳，1954『いかにして問題をとくか』丸善）

Post, J. M. (2002). Response. *Peace and Conflict: Journal of Peace Psychology*, **8**, 223-227.

Proulx, G. (1993). A stress model for people facing a fire. *Journal of Environmental Psychology*, **13**, 137-147.

Pruitt, D. G. (1971). Choice shifts in group discussion: An introductory review. *Journal of Personality and Social Psychology*, **20**, 339-360.

Quarantelli, E. (1957). The behaivor of panic participants. *Sociology and Social Research*, **41**, 187-194.

Raven, B. H., & Rubin, J. Z. (1983). *Social psychology* (2nd ed.). John Wiley & Sons.

ラズ，ヤコブ（高井宏子訳）（1996）．『ヤクザの文化人類学――ウラから見た日本』岩波書店

Reicher, S., & Levine, M. (1994). On the consequences of deindividuation manipulations for the strategic communication of self: Identifiability and the presentation of social identity. *European Journal of Social Psychology*, **24**, 511-524.

Reifman, A. S., Larrick, R. P., & Fein, S. (1991). Temper and temperature on the diamond: The heat-aggression relationship in major league baseball. *Personality and Social Psychology Bulletin*, **17**, 580-585.

RETROSHEET
http://www.retrosheet.org/gamelogs/

陸上自衛隊幕僚監部（1968）．『野外令合本――野外幕僚勤務・野外令1・野外令2』学陽書房

Rogers, E. M. (1962). *Diffusion of innovations.* Free Press.（藤竹暁訳，1964

『技術革新の普及過程』培風館)

Rosnow, R., & Fine, G. A. (1976). *Rumor and gossip: The social psychology hearsay*. Elsevier. (南博訳, 1982『うわさの心理学——流言からゴシップまで』岩波書店)

Rothman, A. L., & Weintraub, M. I. (1995). The sick building syndrome and mass hysteria. *Neurologic Clinics*, **13**, 405–412.

堺屋太一 (2002).『日本の盛衰——近代百年から知価社会を展望する』PHP 研究所

Sanders, G. S. (1984). Self-presentation and drive in social facilitation. *Journal of Experimental Social Psychology*, **20**, 312–322.

Sanders, G. S., & Baron R. S. (1975). The motivating effects of distraction on task performance. *Journal of Personality and Social Psychology*, **32**, 956–963.

佐々木薫 (1982).「集団規範の変化に関する研究」三隅二不二・木下冨雄編『現代社会心理学の発展 I』(pp. 151–178) ナカニシヤ出版

佐藤静一 (1987).「教師のリーダーシップ (A)」三隅二不二監修『現代社会心理学』(pp. 434–448) 有斐閣

佐藤静一・釘原直樹 (1983).「模擬パニック事態における集団行動の研究——Mintz 実験の再吟味」『年報社会心理学』**24**, 31–46.

Schaller, M., Park, J., & Mueller, A. (2003). Fear of the dark: Interactive effects of beliefs about danger and ambient darkness on ethnic stereotypes. *Personality and Social Psychology Bulletin*, **29**, 637–649.

Schlenker, B. R., Phillips, S. T., Boniecki, K. A., & Schlenker, D. R. (1995). Championship pressure: choking or triumphing in one's territory? *Journal of Personality and Social Psychology*, **68**, 632–643.

Schmitt, B. H., Dubé, L., & Leclerc, F. (1992). Intrusions into waiting lines: Does the queue constitute a social system? *Journal of Personality and Social Psychology*, **63**, 806–815.

Scholz, R. W. (Ed.) (1983). *Decision making under uncertainty*. North-Holland.

Schwartz, B., & Barsky, S. F. (1977). The home advantage. *Social Forces*, **55**, 641–661.

関文恭 (1993).「荒れた中学校における学校改善の実証的研究」『実験社会心理学研究』**33**, 122–130.

関文恭・吉田道雄・杉万俊夫 (1976). 「討議集団の発達過程の実証的研究 (I) ——T グループにおける位相の測定」『九州大学医療技術短期大学部紀要』3, 49-58.

Shamir, B. (1992). Attribution of influence and charisma to the leader: The romance of leadership revisited. *Journal of Applied Social Psychology*, 22, 386-407.

Shaw, M. E. (1964). Communication networks. *Advances in Experimental Social Psychology*, 1, 111-147.

Shaw, M. E. (1978). Communication networks fourteen years later. In L. Berkowitz (Ed.), *Group processes: Papers from advances in experimental social psychology*. Academic Press.

Shaw, M. E. (1981). *Group dynamics: The psychology of small group behavior* (3rd ed.). McGraw-Hill. (原岡一馬訳, 1981『小集団行動の心理』誠信書房, 第2版の翻訳)

Sherif, M. (1935). A study of some social factors in perception. *Archives of Psychology*, 27, 1-60.

Sherif, M., & Sherif, C. W. (1969). Interdisciplinary coordination as a validity check: Retrospect and prospects. In M. Sherif & C. W. Sherif (Eds.), *Interdisciplinary relationships in the social sciences*. Aldine. (南博監訳, 1971『学際研究——社会科学のフロンティア』鹿島研究所出版会)

Shibutani, T. (1966). *Improvised news: A sociological study of rumor*. Bobbs-Merrill. (広井脩・橋元良明・後藤将之訳, 1985『流言と社会』東京創元社)

白井常 (1968). 「発達」八木冕編『心理学 II』(pp. 213-271) 培風館

白樫三四郎 (1985). 『リーダーシップの心理学——効果的な仕事の遂行とは』有斐閣

白樫三四郎 (1991). 「社会的手抜き」三隅二不二・木下冨雄編『現代社会心理学の発展 II』(pp. 125-158) ナカニシヤ出版

Sime, J. D. (1994). Escape behaviour in fires and evacuations. In P. Stollard & L. Johnston (Eds.), *Design against fire: An introduction to fire safety engineering design* (pp. 56-87). E & FN Spon.

Simmel, G. (1994). Bridge and door. *Theory, Culture & Society*, 11, 5-10.

Smelser, N. J. (1962). *Theory of collective behavior*. Routledge & Kegan Paul. (会田彰・木原孝訳, 1973『集合行動の理論』誠信書房)

Snow, D. A., & Oliver, P. (1995). Social movements and collective behavior: Social psychological dimensions and considerations. In K. Cook, G. Fine & J. House (Eds.), *Sociological perspectives on social psychology* (pp. 571–599). Allyn and Bacon.

総務省『日本統計年鑑』

http://www.stat.go.jp/data/nenkan/index.htm

Sorrels, J. P., & Kelley, J. (1984). Conformity by omission. *Personality and Social Psychology Bulletin*, **10**, 302–305.

Soule, S. A. (1992). Populism and black lynching in Georgia, 1890–1900. *Social Forces*, **71**, 431–449.

Stasser, G., & Birchmeier, Z. (2003). Group creativity and collective choice. In P. B. Paulus & B. A. Nijstad (Eds.), *Group creativity* (pp. 85–109). Oxford University Press.

Stasser, G., & Titus, W. (1985). Pooling of unshared information in group decision making: Biased information sampling during discussions. *Journal of Personality and Social Psychology*, **48**, 1467–1478.

Steiner, I. D. (1972). *Group process and productivity*. Academic Press.

Stiles, W. B., Lyall, L. M., Knight, D. P., Ickes, W., Waung, M., Hall, C. L., & Primeau, B. E. (1997). Gender differences in verbal presumptuousness and attentiveness. *Personality and Social Psychology Bulletin*, **23**, 759–772.

Stogdill, R. M., & Coons, A. E. (Eds.) (1957). *Leader behavior: Its description and measurement*. The Ohio State University Bureau of Business Research.

末永俊郎・大場克己 (1978).「動物における社会的反応 I, 社会的相互作用」末永俊郎編『集団行動』講座社会心理学 2 (pp. 23–41) 東京大学出版会.

杉万俊夫・三隅二不二 (1984).「緊急避難状況における避難誘導法に関するアクション・リサーチ (II) ——誘導者と避難者の人数比が指差誘導法と吸着誘導法に及ぼす効果」『実験社会心理学研究』**23**, 107–115.

立花隆 (1983).『中核 VS 革マル』上・下, 講談社

田原総一朗 (2000).『日本の戦争』小学館

Tajfel, H. (1981). *Human groups and social categories*. Cambridge University Press.

Tajfel, H., & Turner, J. C. (1986). The social identity theory of intergroup behavior. In S. Worchel & W. G. Austin (Eds.), *The psychology of inter-

*group relations* (pp. 7-24). Nelson-Hall.

武田友宏 (2002).『ビギナーズ・クラシックス 徒然草』角川書店

田中耕治編 (2005).『よくわかる教育評価』ミネルヴァ書房

丹後俊郎 (1998).「潜伏期間に対数正規分布を仮定した集団食中毒の曝露時点の最尤推定法」『日本公衆衛生雑誌』**45**, 129-141.

Tetlock, P. E., Peterson, R. S., McGuire, C., Chang, S., & Feld, P. (1992). Assessing political group dynamics: A test of the groupthink model. *Journal of Personality and Social Psychology*, **63**, 403-425.

徳井厚子 (1998).「多文化クラスの集団発達過程一事例——大学・地域との接触から」『信州大学教育システム研究開発センター紀要』**4**, 77-93.

Triplett, H. (1898). The dynamogenic factors in pacemaking and competition. *American Journal of Psychology*, **9**, 507-533.

塚本孝一 (1979).『火事の話』白亜書房

Tuckman, B. W. (1965). Developmental sequence in small groups. *Psychological Bulletin*, **63**, 384-399.

Turner, R. H., & Killian L. M. (1972). *Collective behavior*. Prentice-Hall.

上野徳美・横川和章 (1982).「集団極化現象における社会的比較の役割」『実験社会心理学研究』**21**, 167-173.

宇佐美徹也 (1993).『プロ野球記録大鑑』講談社

U. S. Army (1990). *FM 22-100, Military leadership*. Department of the Army.

U. S. Army (2006). *FM 6-22, Military leadership*. Department of the Army.

van Zomeren, M., Postmes, T., & Spears, R. (2008). Toward an integrative social identity model of collective action: A quantitative research synthesis of three socio-psychological perspectives. *Psychological Bulletin*, **134**, 504-535.

von Clausewitz, C. (1832). *Vom Kriege*. Dümmlers Verlag.（篠田英雄訳, 1968『戦争論』上・中・下，岩波書店）

Veltfort, H. R., & Lee, G. E. (1943). The Cocoanut Grove fire: A study in scapegoating. *Journal of Abnormal and Social Psychology*, **38**, 138-154.

Vroom, V. H., & Yetton, P. W. (1973). *Leadership and decision-making*. University of Pittsburgh Press.

Wallach, M. A., Kogan, N., & Bem, D. J. (1962). Group influence on individual risk taking. *Journal of Abnormal and Social Psychology*, **65**, 75-86.

Wegscheider-Cruse, S. (1981). *Another chance: Hope and health for the alcoholic family*. Science and Behavior Books.

White, R. K., & Lippitt, R., (1960). *Autocracy and democracy*. Harper & Row.

Whyte, G. (1989). Groupthink reconsidered. *Academy of Management Review*, 14, 40–56.

Widmeyer, W. N. (1990). Group composition in sport: In the group in sport and physical activity [Special issue]. *International Journal of Sport Psychology*, 21, 264–285.

Williams, K. D., & Karau, S. J. (1991). Social loafing and social compensation: The effects of expectations of co-worker performance. *Journal of Personality and Social Psychology*, 61, 570–581.

Williams, K. Y., & O'Reilly, C. A. (1998). Demography and diversity in organizations: A review of 40 years of research. *Research in Organizational Behavior*, 20, 77–140.

Yamaguchi, S., Okamoto, K., & Oka, T. (1985). Effects of coactor's presence: Social loafing and social facilitation. *Japanese Psychological Research*, 27, 215–222.

山本七平 (1983).『「空気」の研究』文藝春秋

山本利和 (1984).「コンピューター・グラフィックスを用いた迷路におけるヒトの問題解決――火災場面を想定して」『心理学研究』55, 43–47.

吉田暁生 (2006).「ランダムサンプリングによる日本人の知人数推定――『連絡の取れる人』の数のインターネット調査との比較」『赤門マネジメント・レビュー』5, 381–392.

吉田道雄 (1992).「教育実習におけるグループ・ワークの試み」『熊本大学教育実践研究』9, 127–136.

吉村昭 (1977).『関東大震災』文藝春秋

吉村英祐 (1994).「群集流動と流体のアナロジー」『建築雑誌』109, 26–27.

吉村英祐 (2007).「群集事故を解析する――明石歩道橋事故での群集圧力と群集密度の推定」『生産と技術』59, 72–77.

養老孟司 (2001).「私の構造改革――共同体化は, 国民の性癖」『毎日新聞』8月19日朝刊

Zajonc, R. B. (1965). Social facilitation. *Science*, 149, 269–274.

Zhou, R., & Soman, D. (2003). Looking back: Exploring the psychology of queuing and the effect of the number of people behind you. *Journal of Consumer Psychology*, **29**, 517–530.

Zimbardo, P. G. (1969). The human choice: Individuation, reason, and order versus deindividuation, impulse, and chaos. In W. J. Arnold & D. Levine (Eds.), *Nebraska Symposium on Motivation, 1969* (pp. 237–309). University of Nebraska Press.

# 事項索引

## ●あ行

愛情　10
アイデンティティ　12, 234, 238
アイヒマン実験　127
曖昧な状況　163
隘路状況設定実験　195, 205, 207, 209, 211
アウトプットの性質　34
アーカイブ・データ　144
アーカイブ分析　142
アクション・リサーチ　27, 30, 84
アーチ構造　182
アノミー　234
アメリカ陸軍　80
アンケート　184, 193
意思決定　163
イスラム・テロリスト　232, 240
逸脱的行為　221
一般理論　28-30
インタビュー　184, 193
ウェーブ　110
ウェルビーイング　10
内ゲバ　107
噂　119
ええじゃないか　101, 118
エトス　80, 86
M機能　83
LPC　88
エロス　233
援助行動　184
おかげまいり　101, 118

## ●か行

外集団　68, 72, 132
外発的動機づけ　81
確証バイアス　62
覚醒水準　47, 51
過去の伝説　240
火災　192, 214
加算的課題　35
課題構造　34
課題達成　11
課題達成志向　43
課題動機型リーダーシップ　89
課題認知　74
課題分類　34
価値付加モデル　135
下方比較　116
過補償　48
カリスマ・リーダーシップ　82
ガルーダ航空機事故　168, 183, 209, 210, 212, 214, 215
関係動機型リーダーシップ　89
観察　5
観衆　109
感情関係の構造　22
感情感染　126, 134
感染症　224
危機　192
危機事態　153, 179
　　――の意思決定モデル　163
記述的規範　17
きっかけ要因　139
機能体　75
規範強度　18

265

規範の結晶度　18
ギャング　230
救世主的テロリスト　230
吸着誘導法　191
共行動状況　47
共通運命　3
恐怖　164, 201, 209
業務処理型リーダーシップ　81
共有情報バイアス　62
協力的行動　131
行列　115, 150
許容範囲　18
グループ・ダイナミックス　27
群集　101, 125, 182
群集行動　101, 141
　——の研究方法　141
　——の時間的・空間的広がり　141
群集事故　187
群集雪崩　111
群集密度　111
軍隊　80
警報システム　170
警報の確率　174
ゲシュタルト心理学　27
結合的課題　36
決定手法　60
決定様式　60
懸念　164
ゲーム理論　128
ケーラー効果　46
ゲリラ　231
権威　5
言語的コミュニケーション　21
公安関係者　230
行為者-観察者効果　160
抗議行動（デモ）　103

攻撃　197, 207-209, 217
攻撃エネルギー　217, 221
攻撃対象　222, 224
　——の変遷　223
構造づくり　82
構造的誘発性　135
行動経済学　58
神戸小学生殺害事件　221
拷問　230
高齢者　188
ココナッツ・グローブ・ナイトクラブ火災事故　219
心構え　80
ゴシップ　119
個人主義　42
個人特性　131
個人の貢献　34, 46
コストの要因　152
固着　209, 216
誤報効果　173
誤報発表のタイミング　174
コミュニケーション　90, 130, 211
コミュニケーション構造　22, 24
孤立　69, 73
混雑　196, 206
　——の発生確率　207
混迷　164

●さ　行

災害　159, 215, 224
最大リターン点　18
サクラ　5, 133, 147, 150
JR福知山線脱線事故　223
自我関与　46
視覚的手がかり　211
自己効力感　132
自己防衛的バイアス　160

自　殺　12
指　示　211
自称兵士　230
自然災害　177
シックハウス症候群　118
実験（的研究）　5, 188, 194
実験協力者　5
実験経済学　58
実験ゲーム的状況　194
実験参加者　5
実験室実験　142, 146
実験者　5
質問紙　5, 142, 183
CDQ（選択ジレンマ質問紙）　64
シミュレーション　179
社会運動　105
社会規範　134
社会心理学　5
　——の研究方法　5
社会的アイデンティティ　132
社会的カテゴリー理論　58
社会的緊張　137
社会的構造　135
社会的孤立　234
社会的弱者　188
社会的ジレンマ　129
社会的勢力　91
社会的促進　47
社会的手抜き　35, 41, 45
　——の性差　43
社会的統制　140
社会的努力　42
社会的認知　58
社会的比較理論　65
社会的補償　46
社会的抑制　47
視野狭窄　216

自　由　233
集　合　5, 101
集合行動　99
　——の理論　125
集合精神　125
囚人のジレンマ・ゲーム（PDG）　130
渋　滞　201
集　団　3, 5, 101
　——の機能　9
　——の構造　16
　——の定義　3
　——の発達　13
　——のパフォーマンス　25, 31
集団アイデンティティ　131
集団維持　65, 68, 74
集団意思決定　27, 59
　——の問題点　61
集団規範　16, 65, 134
集団凝集性　32, 69, 73
集団極化　65
集団研究　57
集団サイズ　24, 41, 131, 205, 207
集団実体性　4, 102
集団主義　42
集団成員　4, 31, 59, 169
　——の動機づけ　37
集団脱出　200, 207
集団的浅慮　65, 74
集団特性　4
集団ヒストリー　118
祝祭群集　110
純真な危険　177
状況説明　209, 211
正直な犯罪者　231
小集団　99
　——の波及効果　192

譲　歩　　197, 208
処理システム　　163
人口統計学的問題　　236
真実決　　60
信　念　　138
新聞記事（新聞報道）　　155, 221-223
親密さ　　10
心理学的場　　27, 29
親和モデル　　157
スケープゴート　　20, 108, 217, 222, 233
　——の変遷　　225
ステップ　　124
ストレス　　69, 74, 164, 194
成員構成　　31
成果主義　　38, 39
生活空間　　27, 29
正　義　　236
生産性低下　　41
政治集団　　230
政治目的達成　　231
正常化偏見　　162, 216
精神的同質性の法則　　125
精神病　　234
精神病理学的理論　　234
精神分析　　218, 221, 233
聖　戦　　237
生態学的妥当性　　142, 146
絶対評価　　38
説得議論理論　　65
戦　争　　224
戦争神経症　　93
選択ジレンマ質問紙　　→CDQ
扇動者　　140
相対的剥奪（理論）　　105, 132
相対評価　　38
創発規範理論　　134

創発能力モデル　　158
疎　外　　234
ソシオグラム　　22
ソシオメトリック・テスト　　22
率先垂範　　209, 211

●た 行 ─────────

大衆の欲望　　218
対処手段　　192
対人関係志向　　43
タイタニック号沈没事故　　99
退避行動　　166
太平洋戦争開戦　　70
ターゲット　　219
他者との競合　　192
多数決　　60
ただ乗り　　46
脱　出　　196, 202, 208, 209
脱出可能性　　192
脱出許容時間　　159, 205
脱出行動の性差　　167
脱出困難度　　207
脱出所要時間　　182
脱出成功　　182, 205, 207, 209, 211
タナトス　　233
多様性　　33
多様な個性　　33
地　位　　16, 20
　——の分化　　20
チャンピオンシップ・チョーク　　51, 53, 55
注意逸脱葛藤理論　　48
調　査　　5
聴　衆　　109
調整困難性の効果　　42
追　従　　186
デマ　　119, 225

デモ　→抗議行動
テロリスト　229, 239
　——の世界観　239
テロリズム　107, 224, 227
　——の定義　228
　——の歴史　232
電気ショック　5, 8
動機づけ　182
当局　220
統計データ　143
同時脱出可能人数　207
同時多発テロ　105, 227, 234
投射　218, 233
同調　9, 33, 133, 147, 148, 169, 182, 186, 202, 209, 215
同調圧力　66, 70, 149
匿名性　127, 145
トポロジー　29
努力の正当化　6

●な　行
内集団　132
内容分析　144
ナチス・ドイツ　126, 232
二八の法則　40
日本グループ・ダイナミックス学会　56
日本社会心理学会　56
任意的課題　37
ネットワーク　16, 24, 123
　——の中心　25
能力　31

●は　行
配偶者　10
配慮　82, 209, 211
パーソナリティ　31

発達課題　13
発達段階　15
パニック　117, 129, 135, 153, 192, 224
パニック・モデル　157
パフォーマンス　25, 31
　——の低下　68
　——の容易さの幻想　68
波紋モデル　221, 223
パラノイア　234
パルチザン　231
犯罪　230
犯罪者　219
　正直な——　231
犯罪発生率　106
反社会的行動　233
PMリーダーシップ理論　82, 84
P機能　82
非共有情報　62
非言語的コミュニケーション　21
被災者の数　159
ピッグス湾事件　66
PDG　→囚人のジレンマ・ゲーム
非難　217
避難　187
避難訓練　191
皮肉な危険　176
評価　37
　——の基準　38
　——の次元　37
評価懸念説　48
病理的服従　234
非理性（モデル）　157, 158, 187
比例決　60
疲労　164
不安　233
フィールド実験　→野外実験

フェイル・セーフ　177
部　下　88
不確実性　163, 214
服　従　33, 127, 169, 215, 234
複数の出口がある状況　202, 209
輻輳理論　131
不正義の知覚　132
復旧対策　175
物理的環境　106
物理的危機　187, 192
物理的（空間）構造　135, 159
不平等　33
フラストレーション　217
フランス革命　232
フール・プルーフ　177
分　離　33
分離的課題　35
変革型リーダーシップ　81
防衛機制　218, 233
傍観者効果　167
防御的対策　174
報酬構造　193
暴　動　106, 131, 135
補償的方略　164
補正的課題　35
没個性化（理論）　108, 127, 145
ポトマック川の英雄　99
ホーム・アドバンテージ　49
ホロコースト　232
本能的衝動　233

● ま 行 ─────────
マインドガード　67, 71
マスコミ　219, 224, 230, 240
　──の報道　240
マスメディア　230, 241
街角群集　109

マフィア　230
水瓶問題　178
密　度　159, 187, 188
ミンツの装置　196
無理性　157
命　令　211
命令的規範　17
命令統制モデル　158
迷路状況　199, 209
迷路脱出実験　199
面　識　211
面接・質問紙研究　143, 183
目撃証言　221
モデル A　157
モデル B　157
モラルの要因　152

● や 行 ─────────
野外実験（フィールド実験）　142, 146, 187
役　割　16, 19
　──の分化　20
野次馬　109, 145
優越性　233
優勢反応　47, 51
指差誘導法　191
予言の自己成就　21, 137, 223

● ら 行 ─────────
陸上自衛隊　81
理性（モデル）　157, 158, 187, 212
リーダー　26, 63, 76, 79, 86, 140, 209, 216, 234
リーダーシップ　27, 69, 74, 79, 168, 185, 211, 215
　──の原理　91
　──の集中化　211, 215

——の定義　80
　リーダーシップ・スタイル　88
　リーダーシップ測定　85
　リーダーシップ・タイプ　83
　リーダーシップ特性　87
　リーダーシップ2次元モデル　82
　リーダーシップ・ロマンス　79
　リーダー特性　80
　リターン・ポテンシャル・モデル
　　17
利得行列　130
流　言　118, 138, 171
　　——の拡散　122
　　——の動機　121
　　——の発生原因　120
　　——の変容　122
流　行　113
流体力学理論（流体力学的研究）
　　141, 181
良心の呵責　234, 235
リンゲルマン効果　41
リンチ　107, 131
倫　理　9, 147
ロジスティック・モデル　122

●わ 行 ─────────
割り込み　116, 150

# 人名索引

● あ 行

会田雄次　127
阿形亜子　148
アッシュ（S. E. Asch）　6, 133
アドラー（A. Adler）　233
アビ＝ハシム（N. Abi-Hashem）　238
安倍北夫　161, 166
アリストテレス（Aristotle）　28
アロンソン（E. Aronson）　5, 6
アンダーソン（C. A. Anderson）　106
アンダーソン（D. C. Anderson）　106
アンダーソン（S. K. Anderson）　232
池田謙一　159
石黒浩　23
伊藤君男　8
今出重夫　173
ウィドマイヤー（W. N. Widmeyer）　31
ウィリアムス（K. D. Williams）　43, 46
ウェークシャイダー＝クルーズ（S. Wegsheider-Cruse）　19
ヴェルフォート（H. R. Veltfort）　219
オルポート（F. H. Allport）　47
オルポート（G. W. Allport）　120, 122

● か 行

カッツ（E. Katz）　113
カーネマン（D. Kahneman）　58
ガブレンヤ（W. K. Gabrenya）　42
カラウ（S. J. Karau）　43, 46
ガリレイ（G. Galilei）　28, 29
神田崇行　23
キーティング（J. P. Keating）　154, 161
木下冨雄　124
キャンター（D. Canter）　160
キャンベル（D. T. Campbell）　4
キリアン（L. M. Killian）　132, 134
クァランテリ（E. Quarantelli）　157
釘原直樹　143, 188, 192-194, 221, 223
クライン（K. J. Klein）　33
クラッチフィールド（R. S. Crutchfield）　195
グリーン（J. A. Green）　128
ケーラー（W. Köhler）　27
ケリー（J. Kelly）　17
河野由美　7
小城英子　221
ゴルウィツァー（M. Gollwitzer）　220

● さ 行

ザイアンス（R. B. Zajonc）　47, 48, 51

サイム（J. D. Sime） 157
堺屋太一 75
佐々木薫 18
サルトル（J.-P. C. A. Sartre） 19
サンダース（G. S. Sanders） 48
シェリフ（C. W. Sherif） 4
シェリフ（M. Sherif） 4, 133
シブタニ（T. Shibutani） 120, 121
ジャクソン（J. M. Jackson） 17
ジャニス（I. L. Janis） 66, 73, 76
シュレンカー（B. R. Schlenker） 52, 53
ジョーンズ（E. E. Jones） 160
ジョーンズ（M. B. Jones） 31
白井常 13
白樫三四郎 42
ジンバルドー（P. G. Zimbardo） 127, 128
スタイナー（I. D. Steiner） 34
スターリン（J. Stalin） 232
スメルサー（N. J. Smelser） 135
スローン（S. Sloan） 232
関文恭 14, 15, 84
ゾー（R. Zhou） 116
ソマン（D. Soman） 116
ソレム（A. R. Solem） 36
ソレルス（J. P. Sorrels） 17

●た 行 ──────────
タジフェル（H. Tajfel） 4
タックマン（B. W. Tuckman） 14, 15
ターナー（R. H. Turner） 132, 134
ダーリー（J. M. Darley） 166
チー（H. I. Chyi） 221
塚本孝一 170

ディツラー（T. F. Ditzler） 239
テトロック（P. E. Tetlock） 76
ドイッチ（M. Deutsch） 27
徳井厚子 14, 15
ドナルド（I. Donald） 160
トリプレット（H. Triplett） 47

●な 行 ──────────
ナッシュ（J. Nash） 232
ニスベット（R. E. Nisbett） 160
ニーチェ（F. Nietzsche） 239, 240

●は 行 ──────────
ハインゾーン（G. Heinsohn） 236
バウマイスター（R. F. Baumeister） 51, 53, 55
ハーシー（P. Harsey） 89
長谷川英祐 40
ハリソン（D. A. Harrison） 33
ハレット（B. Hallett） 229, 231
ファン・ゾメルン（M. van Zomeren） 132
フィードラー（F. E. Fiedler） 88, 89
フェスティンガー（L. Festinger） 27
フォン・クラウゼヴィッツ（C. von. Clausewitz） 86
福田充 241
ブラウン（J. D. Brown） 160
ブラウン（R. Brown） 102
ブランチャード（K. Blanchard） 89
ブレズニッツ（S. Breznitz） 173-176
フレンチ（J. French） 91
プロー（G. Proulx） 163

フロイト（S. Freud） 30, 233
フロム（E. Fromm） 233
ベイルズ（R. F. Bales） 4
ヘルビング（D. Helbing） 179
ポストマン（L. Postman） 120, 122

●ま 行 ─────────

マイヤー（N. R. F. Maier） 36
マコームズ（M. McCombs） 221
正田亘 165, 166
マーセラ（A. J. Marsella） 240
松井洋 199
マーラー（W. Mahler） 27
マン（L. Mann） 116, 145
三隅二不二 82
三隅譲二 124
ミラー（D. L. Miller） 104
ミルグラム（S. Milgram） 5, 123, 124, 126, 147, 150
ミルズ（J. Mills） 5
ミンツ（A. Mintz） 195
メヤーソン（R. Meyersohn） 113
モーソン（A. R. Mawson） 157
モレノ（J. L. Moreno） 22

●や 行 ─────────

山本利和 199

養老孟司 75
吉村昭 138
吉村英祐 111

●ら 行 ─────────

ラカー（W. Lacquer） 232
ラタネ（B. Latané） 41, 42, 166
リー（G. E. Lee） 219
リッケル（B. Lickel） 4, 5
リヒテンシュタイン（S. Lichtenstein） 143
リンゲルマン（M. Ringelmann） 41
ルーチンス（A. S. Luchins） 178
ル・ボン（G. Le Bon） 125, 127, 128
レイブン（B. Raven） 91
レヴィン（K. Lewin） 3, 27–30, 58
ロジャーズ（R. J. Rogers） 160
ロフタス（E. F. Loftus） 154, 161, 170, 172, 173
ロベスピエール（M. F. M. I. de Robespierre） 232

●わ 行 ─────────

ワラック（M. A. Wallach） 64

●著者紹介

釘原 直樹（くぎはら なおき）
東筑紫短期大学食物栄養学科教授
（大阪大学大学院人間科学研究科名誉教授）

---

グループ・ダイナミックス──集団と群集の心理学
*Group Dynamics: Psychology of Group and Crowd*

---

2011年3月30日　初版第1刷発行
2022年5月25日　初版第6刷発行

| | |
|---|---|
| 著者 | 釘原 直樹 |
| 発行者 | 江草 貞治 |
| 発行所 | 株式会社 有斐閣 |

郵便番号 101-0051
東京都千代田区神田神保町2-17
http://www.yuhikaku.co.jp/

印刷・株式会社理想社／製本・大口製本印刷株式会社
© 2011, Naoki Kugihara. Printed in Japan
落丁・乱丁本はお取替えいたします。
★定価はカバーに表示してあります。
ISBN 978-4-641-17378-1

JCOPY　本書の無断複写（コピー）は、著作権法上での例外を除き、禁じられています。複写される場合は、そのつど事前に（一社）出版者著作権管理機構（電話03-5244-5088、FAX03-5244-5089、e-mail: info@jcopy.or.jp）の許諾を得てください。